· 教育家成长丛书 ·

龚春燕
与创新学习

GONGCHUNYAN YU CHUANGXIN XUEXI

中国教育报刊社 · 人民教育家研究院 组编

龚春燕 著

北京师范大学出版集团
BEIJING NORMAL UNIVERSITY PUBLISHING GROUP
北京师范大学出版社

图书在版编目（CIP）数据

龚春燕与创新学习/龚春燕著；中国教育报刊社人民教育家研
究院院组编. —北京：北京师范大学出版社，2015. 10
（教育家成长丛书）
ISBN 978－7－303－19169－7

Ⅰ．①龚…　Ⅱ．①龚…②中…　Ⅲ．①中小学－教学研究
Ⅳ．①G632. 0

中国版本图书馆 CIP 数据核字（2015）第 150544 号

营 销 中 心 电 话　010－58802181　58802123
北师大出版社高等教育分社网　http://gaojiao.bnup.com
电 子 信 箱　gaojiao@bnupg.com

出版发行：北京师范大学出版社　www.bnupg.com
　　　　　北京市海淀区新街口外大街 19 号
　　　　　邮政编码：100875
印　　刷：三河市兴达印务有限公司
经　　销：全国新华书店
开　　本：787 mm×1092 mm　1/16
印　　张：20. 25
字　　数：350 千字
版　　次：2015 年 10 月第 1 版
印　　次：2015 年 10 月第 1 次印刷
定　　价：42. 00 元

策划编辑：倪　花　　　责任编辑：周　鹏
美术编辑：焦　丽　　　装帧设计：焦　丽
责任校对：陈　民　　　责任印制：陈　涛

教育家成长丛书

编 委 会

总 顾 问：柳 斌　顾明远

顾　　问：叶 澜　田慧生　林崇德　陈玉琨

编委会主任：杨春茂

编　　委：（按姓氏笔画为序）

于 漪　方展画　田慧生　成尚荣

任 勇　刘可钦　孙双金　杨九俊

杨春茂　李吉林　吴正宪　张志勇

张新洲　陈雨亭　郑国民　徐启建

唐江澎　龚春燕　韩立福　程红兵

赖配根　鲍东明　窦桂梅　魏书生

主　　编：张新洲

副 主 编：徐启建　赖配根

总 序

　　教育是国家发展的基石，教师是基石的奠基者。古人云："国将兴，必贵师重傅。"兴国必先强教，强教必先重师。党中央、国务院高度重视教师队伍建设。2013年教师节，习近平总书记在给全国广大教师的慰问信中指出："百年大计，教育为本。教师是立教之本、兴教之源，承担着让每个孩子健康成长、办好人民满意教育的重任。"2014年，在第30个教师节前夕，习总书记到北京师范大学视察并发表重要讲话，指出："一个人遇到好老师是人生的幸运，一个学校拥有好老师是学校的光荣，一个民族源源不断涌现出一批又一批好老师则是民族的希望。"《国家中长期教育改革和发展规划纲要（2010－2020年）》也明确提出，"有好的教师，才有好的教育"，要"努力造就一支师德高尚、业务精湛、结构合理、充满活力的高素质专业化教师队伍"。"倡导教育家办学"，要创造有利条件，鼓励教师和校长在实践中大胆探索，创新教育思想、教育模式和教育方法，形成教学特色和办学风格，造就一批教育家。"两个一百年"奋斗目标的实现、中华民族伟大复兴中国梦的实现，归根到底靠人才、靠教育，而支撑起教育光荣梦想的，是千百万的教师。

　　时代呼唤好老师。有一流的教师，才有一流的教育；有一流的教育，才有一流的国家。出名师、育英才、成伟业，是时代赋予我们教育战线的神圣使命。"大学者，非有大楼之谓也，有大师之谓也。"好学校、好教育的最重要标准，就是要有好老师。一所学校、一个地区乃至一个国家，如果教师有理想、有爱心、有学识、有高超的教育艺术，那么硬件设施即使有些简陋，家长、学生也会心向往之。教师是中国梦的奠基者。教师的重要使命，就是为每个孩子播种梦想、点燃梦想，并帮助他们实现梦想。每一间平凡的教室，每一节朴实的课堂，都不仅是知识的传递，更是人类文明精神的接续、人生梦想的起航。正是有亿万个孩子梦想的放飞、绽放，中国梦才更加光彩夺目。如果说中国梦最坚实的土壤是在学校，那么教师就是最伟大的"筑梦师"，他们用默默无闻、孜孜不倦的智慧劳动，让每一颗年轻的心灵都与中国梦激情相拥。

倡导教育家办学，造就一批好老师，首先要尊重、珍惜我们的本土智慧、本土创造。教育家不是凭空产生的，而是扎根于自己的民族文化土壤，同时吸收一切人类文明成果，从而创造出独特而生动的教育实践、教育智慧和教育文明。五千年源远流长的中华文明，不但形成了有我们民族特色的教育理论话语体系，而且涌现出了千千万万优秀的教育家，有被推崇为"大成至圣先师""万世师表"的孔子，有"匹夫而为百世师，一言而为天下法"的韩愈，有"捧着一颗心来，不带半根草去"的人民教育家陶行知，等等。改革开放 30 多年来，随着教育改革的不断深入，教育战线涌现出了一大批杰出教师。他们痴情教育事业，坚守理想信念和教育良知，在三尺讲台上默默耕耘、刻苦钻研，同时以敢为天下先的精神大胆创新，不断进取、不断超越，形成了各具特色的教育思想和教学风格。正是他们的成功探索和实践，创造了具有中国风格的教育经验，丰富了具有中国特色的教育理论宝库。原由教育部师范教育司组织编写，现由中国教育报刊社人民教育家研究院具体组织编写的《教育家成长丛书》，就是要向这些可贵的本土创造性的教育经验致敬。

当前，教育领域综合改革正在深入推进，考试招生制度改革的大幕已经拉开，立德树人、培育和践行社会主义核心价值观成为大中小学教育的头等任务。可以预见，中国教育将发生深刻的变革，将从"中国制造"向"中国创造"转变。"没有革命的理论，就没有革命的运动。"没有适合中国土壤、具有中国智慧的教育理论，就不可能为未来的中国教育改革提供有效的指导。我们的教育要向"中国创造"飞跃，必然要首先创造属于我们自己的教育理论，而不是"言必称希腊"或者老是贩卖欧美的教育理论。170 多年前，美国思想家、诗人爱默生发表了著名演说《美国学者》，号召美国知识界："我们依赖旁人的日子，我们师从他国的长期学徒期时代即将结束。在我们周围，有成百上千万的青年正在走向生活，他们不能老是依赖外国学识的残余来获得营养。"由此，美国迈入精神立国阶段。

如今，我们也面临与爱默生同样的情形。随着我国 GDP 已从世界第二向第一迈进，我们的经济崛起已成为事实，但在道德文明、文化精神等方面，我们还需急起直追。没有文明的崛起，经济崛起就难以持续。当务之急，是我们需要化解内心深处的文化自卑情结、摆脱对他国文明的精神依附，自觉养成强烈的"中国意识"、独立的中国文化品格，并由此去俯视世界，去改造本土实践，去创造属于我们自己的精神养料——这在教育界显得尤为紧迫。《教育家成长丛书》，就旨在把我们本土教育实践中蕴含的中国智慧提炼出来，从而形成具有时代意义的中国特色的教育话语体系，再以此去关照、引领、改造中国的教育实践，为伟大的教育改革提供经验、理论支持，也为未来的教育家提供丰富、可资借鉴的精神养料。

让我们为中国教育的伟大未来一起努力吧！

顾明远

2015 年 3 月 9 日

前　言

见证着中国基础教育半个世纪的春华秋实，代表着中国基础教育教学成果最高成就的"首届基础教育国家级教学成果奖"中，闪耀着李吉林、窦桂梅、吴正宪、张思明、洪宗礼、唐江澎、邱学华、于永正、孙双金、薄俊生、龚春燕等一大批优秀教师的名字，而上述这些中小学教师的杰出代表恰恰都是《人民教育》"名师人生"栏目中最受读者喜爱的名师，都是《教育家成长丛书》的作者。

《教育家成长丛书》（以下简称《丛书》），是在第 20 个教师节前夕，"为了研究、总结、宣传和推广我国众多优秀中小学教师的先进教育思想和鲜活的宝贵的教育教学经验，培养造就一大批德才兼备的优秀教师和杰出的教育家，促进教师队伍整体素质的提高，根据教育部党组安排，由师范教育司组织编写"的一套凝聚着一大批教育家成长智慧的大型教育丛书。

《丛书》自 2006 年问世以来，不但得到国务院和教育部领导同志的高度重视，而且先后印刷多次尚不能满足广大读者的需求。这其中的奥秘何在？

当你翻开《丛书》，每一部著作都讲述着一位教育家成长的故事。这些著作主要从"成长历程""思想概述""课堂实录"和"社会反响"等方面全景式反映其教育思想、教育智慧、专业精神和专业人格的形成过程和教学实践过程，这是教育家成长的基本素质所在。

当你沿着教育家成长的足迹走近他们的时候，你会融进这些带有"草根色彩",扎根中华教育实践大地,充满田野芳香的真实感人的教育故事中。

当你从《丛书》中,这些当年和自己一样的普通教师,成长为今天受人尊敬的教育家的成长过程中受到启迪,当你触摸着自己的爱心,把学生的成长和祖国的未来紧紧连在一起的时候,你会真切地感受到教育家离我们并不遥远。

当你用整个身心蘸着自己的生活积累去品味《丛书》中的每一部著作的"成长历程"时,在其浓缩着一位位名师在不断学习、不断超越自我、不断超越学科教学的求索足迹中,你会读懂"教育是事业,其意义在于奉献"的丰富内涵。

当你研读《丛书》中的每一部著作的"思想概述",和每一位名师展开心灵对话的时候,都会深深地感受到,一个教师对教育独立的理解与执著的追求有多么重要。从思想成就一位普通的教师成长为受人尊敬的教育家的过程中,你会读懂"教育是科学,其价值在于求真"的深刻含义。透过《丛书》,你会看到一代代教师用爱与智慧塑造民族未来的教育理想。

随着我们从"知识核心时代"走向"核心素养时代",教师教育教学活动的视野已拓展到人的生存与发展的方方面面。作为一名教师,要结合自己的教学实践去感悟"教育理念是指导教育行为的思想观念和精神追求",应该把爱化为自己的教育行为,让爱充盈课堂、触摸到一个个灵动的生命,让爱产生智慧,让爱与智慧在学生心中留下岁月抹不去的美好回忆,让教育者和受教育者都感受到教育的幸福,这是《丛书》给我们的启示,也应是每位教师应有的胸怀和视野。

时代呼唤教育家。为了进一步把我们本土教育实践中蕴含的中国智慧提炼出来,从而形成具有时代意义的中国特色的教育话语体系,以此去关照、引领、创新中国的教育实践并在更大范围加以推广,《教育家成长丛书》将由中国教育报刊社人民教育家研究院继续组织编写,希望能够在更广大教师的心田中播种教育家成长的智慧,从而出更多的名师、育更多的英才、成就中华民族复兴的伟业,这是时代赋予广大教育工作者的神圣使命。如果广大教师能在每位教育家成长、探索教育智慧的过程中受到启迪,形成自己的教育智慧,则是我们编辑这套丛书的初衷。

《教育家成长丛书》
编委会
2015 年 3 月

目 录
CONTENTS
龚春燕与创新学习

漫漫人生路，深深红烛缘

创新学习概述

[课堂操作]

[他人评说]

附录

漫漫人生路，
深深红烛缘

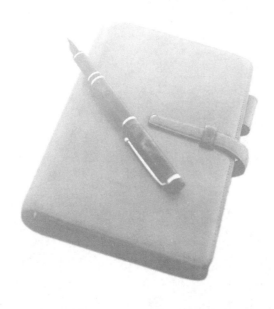

灾荒结束那年来到地球的我，如今已是人到中年。从一个普通的农村孩子，到一名普通的教师，再到今天从事教育科学研究、教育监测评估研究并有所成就，我走过的是一条曲折的道路。可以说艰辛和欢乐并存，挫折与成功同在。每当回顾自己的成长经历，眼前总要闪现出亲人、老师、同行前辈和身边朋友们一张张熟悉的面孔。我的成长离不开祖国和人民，也离不开他们。亲人的关爱和师长、同行前辈的无私奉献和甘当人梯的精神，一直激励着我艰苦奋斗，同时也为我树立了榜样。我愿像他们那样，献出自己的爱心，努力工作，在教育科研战线、教育监测评估领域多出成果，为国家教育事业的发展做出自己应有的贡献。

　　回首间，发现红烛之光照亮了走过的人生道路；望未来，今后的岁月我将倾尽心血，不负与教育事业的深深奇缘！

一、稚趣童年，如诗岁月未如烟

我出生在大巴山深处的农村，龚姓占了当地村民的 90%，是大姓。那里没有丰富的矿藏，没有肥沃的土地，但那里民风淳朴。即使在大家都贫穷的年代，村民之间也能和睦相处，共同用勤劳的双手，艰难地维持了温饱的生活水平。这在当时，是颇受周边村落羡慕的。

父亲出生于老重庆城区七星岗的戴家巷，于 2011 年去世，享年 82 岁。父亲有初中文化，能说会道，曾是"农业学大寨"的典型，先后担任过生产队长、大队（村）党支部书记、区化肥厂厂长、县钢铁厂会计兼文书。父亲在我心中留下的是一种吃大苦、耐大劳、在困难面前不弯腰的形象。他老人家晚年还组织编写了龚氏族谱。龚氏嗣传 66 代，族谱上下历时 2000 年，编撰的族谱累计 80 多万字。族谱的编写实在是一件繁重的工作，对一个老人而言，其困难之大更是可想而知。但他广泛查阅资料，走访上千人士，丝毫不以为苦。这种坚韧的毅力、不移的恒心实在是父亲留给我们的宝贵的精神财富。母亲 2014 年去世，享年 91 岁。贤惠、宽恕、善良、真诚是母亲的品格，尽管兄弟姐妹多，但整个家庭在母亲的操劳下井然有序。我是在温馨的家庭氛围中长大的，从父母的为人中，我吸收了勤劳、朴实、为人善良的养分。

童年的记忆中，有 5 个和我一般大的玩伴。农村的孩子善良而淳朴，但又常带着一些野性。"金刚雄且壮，终日守山门。我佛慈悲像，端居称世尊。"这是《后西游记》中的偈语。小伙伴之间和乐平等，无所谓谁尊不尊，可几个小伙伴在玩乐、嬉戏中却最听我的话，有争执时也总认为我的意见最公正。现在想来，我虽是男孩，但爱思考，相对比较文静。发生矛盾时，我的同情与支持相对更为理智，遇事又思考得多一些，对小伙伴们而言，就觉得我说的多半有道理而愿意照着去做。要是没有成功，我就再想别的法子，不易放弃真是我孩提时就具备的一大特点。记得有一次，我们想弄清楚青山寺 200 米悬崖上一块凸出地方上的东西，大家都想不出既安全又能上去的办法。后来，我提议通过绳子和木凳攀登上去，大家分工合作，终于攀上去了。还有一次玩"电话"的经历也很有意思。我们从电线中抽出一根根细如头发的铜丝（当时电线很珍贵），再先后攀到山上山下30多株十来米高的桉树上，将铜丝连接起来固定好，总长足有1 000多米吧。设了5个"电话站"（话筒是由竹筒做成），每两站间有100米左右，就算在两边通话也真的很清楚。现在想来，那么细的铜丝，风一吹，连接处就易折断，又是在那么高的桉树上，连接无数个接头，真是很困难，但居然成功了。还有，我们从野外捡回几个轮子，分工协作，仿照吉普，做出了一辆"大"车。我们通过橡胶管压水，竟然把山下池塘的水提到了30多米高的山坡的沙沟中……对于生活中遇到的每一个问题，我都爱动脑子想一想，从中得到了很多新奇的乐趣。

贪玩的孩子学习要上路，特别需要老师的引导和鼓励。小学三年级时，我才8岁（当时农村要7岁才准读书），语文、算术考试总是不及格。尤其是数学，每次都考很低的分。值得庆幸的是，我遇到了一个非常好的老师——我们新来的班主任汪月和老师。他教语文和算术。有一次，我算术试卷上加起来只有27分，但他在试卷上却给出了72分。说也奇怪，就在那一次后，我的算术成绩真的越来越好了。我现在也没有弄清楚老师当时是无意中搞错了还是有意弄错的，但汪老师的确很注重激发我们学算术的兴趣。有了兴趣，自然就会有动力。那时候书相当少，偶然看见一本《算术应用题技巧》，我爱不释手，于是花2分钱买了一张白纸，裁成32开，硬是全部照抄了一遍。几次考试之后，我就永别了数学的不及格分数，后来我更是喜欢上了数学，高考考出了几乎满分的好成绩，被录取到涪陵师范专科学校（现更名为长江师范学院）数学系学习。

总的来说，我孩童时的环境，没有太多的压力。现在仔细想一想，那些新奇刺激的玩法，也许正是人大脑中创造灵性的萌芽，而家长的随意、老师的宽容，恰好是对这种萌芽最好的保护与培养。这也可能是我今天研究创新学习的雏形。儿时天性的自由发挥，童年稚趣快乐的舒展，对今天的我有很大的帮助。师长的影响，则主要是他们自身言行体现出的品质，虽然并不经意但十分深刻地在我幼小的心灵烙上了印痕。

童年岁月如诗，稚趣永存我心。悠悠往事虽已逝去，但是，对童心的记忆却成了我从事教育事业最初的动力。

二、年少追梦，师爱阳光暖心田

从小学到中学再到大学，对我个性形成最重要的是中学阶段的学习生活。艰苦的生活条件，较好的学习环境，是我中学时代成长、发育的土壤。正是这样的环境，磨炼了我的意志，养成了我不怕吃苦和勤于思考的习惯。那时，学校的学习风气相当好。在班上，我有几个要好的同学，回家的路上或晚饭后常常一起散步，谈理想，讨论问题，相互鼓励，憧憬美好的未来。在课余时间，我们常常找些题目来做，比谁做得快，谁的方法巧妙。碰到较难的问题，不做出来不罢休，不找出几种解法不丢手。不论是谁找到了一种好方法，大家都很高兴。记忆中，那时的老师们课上课下的作风很民主，鼓励学生当堂提问，也鼓励学生讲出自己的好方法。有一次观摩教学，教室后面坐了很多数学老师，听班主任邵正万老师讲课。课上，他举了一个有启发性的例题，在黑板上用他的方法做了讲解。但我想出了一个更简便的方法，邵老师让我讲出来，我不仅不觉得难堪，反而很高兴。正因为爱动脑子，所以我也就学得比较灵活。

记得初中的一个冬天，下着鹅毛大雪。全班 51 人，只有我和两个同学到了学校。从我家到中学要步行 5 千米，尽管这天没有"上课"，但班主任邵老师给我们三人讲了平时没有听到的内容——"学习要讲方法"。这是我第一次听到的对学习方法的专门讲解。一生要讲很多知识的老师，也许对这个内容并不特别在意，但我却在那一堂特殊的课中认定了一个观点："学习要讲方法。"后来，学习方法更成了我研究 30 多年的课题。

我最爱在读书时做"对比归纳"。每次新课完毕，我都用白纸画一个表，从多方面加以对照，学得越多，表就画得越大。记得有一次，给二次函数的抛物线、双曲线、椭圆等知识画表，从定义、公式、焦点、公式推导、主要例题类型几方面一一列举，对学好二次曲线帮助很大。化学学习中列出的对比表比数学还多。中学学物理时，我经常分析老师讲课的特点，把书本的知识做归纳整理，总结出了"见物思理，思理想物"这一方法，我一直觉得这是学习物理最佳的方法之一。比如，在回家路上，看见池塘的水波光粼粼，脑中就想"绝对光滑的物体平面是看不见的，因为光线向一个方向反射"，水面应该是很平的，那么为什么能看见水呢？原来世界上绝对的平面是没有的，水平面也一样不是绝对的平，光线形成漫反射，所以从各个角度都能见到水。

杨哲厚老师是我高中时的班主任，他的悉心关照、多方鼓励令我至今难忘。有一次，我不小心脚骨折了，因为不能到校上课，很是伤心。杨老师在百忙中抽时间到我家中看望我，鼓励我，并教我学会分析问题，寻找解决问题的办法。一周后，我的腿仍不能行走，勉强回校后，要往返于教室和学生宿舍也有诸多的不便。杨老师给我另找了一个方便的住处，而且每天都到我住的地方，给我补习耽搁的内容，还为我讲一些哲学故事和思维科学的理论。一个好的老师，对学生的影响是巨大的、长久的。杨老师的关爱不但在当时鼓舞了我，而且对我今天的研究工作也是一种无声的鼓励，他悉心传授的知识也似土壤一样生长出我教育研究与实践的花朵。

在"全球第九届学习大会"上与中国教育学会会长顾明远教授在一起

进入涪陵师范专科学校后，在认真学习数学的同时，我用了大量业余时间学习教育教学理论，练毛笔字、写排笔字、画简笔画、学国画、欣赏音乐，从多方面积淀作为一名教师的素养。每天安排都很满，每一项学习，除刻苦之外，我总要花一番工夫探究方法。杜学篯教授是音乐的权威，但她平易近人，没有丝毫架子。我现在还记得听杜老师聊音乐欣赏、艺术家的人生等话题的情景，她甚至还教我作曲。多数的时间，她是在和我谈艺术的思维方法。杜老师认为，科学和艺术结合，一定能有伟大的成果。尽管我不是杜老师音乐的门生，但她始终很关注我的发展。她认为我不怕吃苦，有一种顽强的毅力，而且思维严谨。

红尘中无数因缘聚散，人世间太多悲欢离合，多少人、多少事擦肩而过后就淡忘如烟。但是对老师——生命过程中那些精神和灵魂的引导者，我将深深铭记。

人的心灵如果是一面镜子，爱一定是它折射出的最美的光辉！我要像我的老师们那样，把我的身心奉献给那些正在成长、渴望知识的青少年。

三、扬帆教海，长风破浪天地间

（一）教书七年：锐意改革奠基础

我 1984 年参加工作，在长江师范学院附中教了 7 年书。对于教育，我一直怀着理想主义的情怀。7 年的一线教育教学实践，艰辛是不少的。但现在来回忆那段经历，我心中涌现出的却是以甜蜜、幸福为主要内容的一些片断。

刚踏上工作岗位时，我只有 20 岁，校长看到我在学校的表现还好，就让我当一个班的班主任，教两个班的数学。也不知从什么地方得到了一点信息，我开始在数学教学中大胆尝试培养学生自学的做法。没有结果之前，各种意见都有，其中不乏尖锐的批评与责难。我顶住各种压力，坚持了 3 年，改革效果的确很好，总平均分、优良率、及格率均在涪陵区名列前茅。尤其是班主任工作，通过学生自主管理，学生能力提高了，全班学习劲头十足。两个平行班参加四川省统一初中毕业考试中，我任班主任的班级在 500 分以上的 33 人，另一班仅有 2 人。到了高中，我仍教两个班，高考成绩也很不错。回想 7 年的班主任工作，成绩是很突出的。我是那种喜欢当班主任的老师，现在回想当班主任的时光，幸福和甜蜜就会涌上心头。我坚持对学生坦诚相待，学生就和我亲密无间。学生生病了，我掏钱陪他们看病；学生家中亲人去世，我组织班上其他同学一起去祭奠；几个学生冬天来校要走一个多小时的山路，衣服被露水沾湿，我就把自己的衣服拿出来让学生换上；有个学生因腿骨折不能来校上课，我就每天到他家里去，为他补课。集体是在活动中形成的，个人的成长也需要丰富多彩的活动。我还经常组织一些活动，给学生的特长发展创造条件。和喜欢书法的同学一道练习书法；和喜欢音乐的同学一起弹琴、听音乐；同学们比赛就自任啦啦队队长；同学们搞元旦钟声晚会，几十个同学围着火堆跳到半夜一点，把附近的大学生们也吸引过来了；高考临近了，我买来磁带，为同学们反复播放小提琴协奏曲《梁祝》。人数最多的那一届，全班 60 多人，尽管有些同学家很远，要步行两三个小时，但我仍坚持家访，无一遗漏。个别男学生有较严重的不良习惯，我让他搬到我的寝室，和他同吃同住，通过言传身教，晓之以理，动之以情。一段时间之后，他们身上的坏毛病就慢慢改掉了。爱心洒向每一颗心灵的幼苗，孩子们就茁壮地成长起来。我带的班级活泼而有序，严肃而有创造性。

学生学习数学有很多困难，尝试多种教学方法，尤其是把学生搞不懂的数学知识或物理知识编词谱曲，学生记忆很深刻。前不久，初中 87 级学生进校 30 年纪念活动还唱了这些歌。

因 式 分 解 之 歌

圆内辅助线之歌

1=A 2/4　　　　　　　　　　　龚春燕　词曲

$$（53\ 56\ |\ \dot12\ \dot3\dot5\ |\ \dot2\dot3\ \dot2\dot7\ |\ 6\dot5\ 6\dot1\ |$$

$$5\ -\ ）\ 53\ 56\ |\ \dot1\cdot\dot2\ |\ \dot3\dot5\ \dot2\dot37\dot6\ |\ 5\ -$$

辅　助　线呀　莫乱　添，

$$1\ 1\dot2\ |\ \dot35\dot32\ 5\ |\ \dot13\ 567\dot2\ |\ 6\ -\ |$$

规律　方　法　记　心　间。

$$\|:\dot12\ \dot35\ |\ \dot3\ 0\ \tfrac34\ \dot356\dot160\ |\ \dot1\cdot\dot2\ |\ \dot35$$

弦与　弦心　距，　　密切　紧相连，密　切　紧
切点　与圆　心，　　连接　要领先，连　接　要
两个　相交　圆，　　不离　公共弦，不　离　公
两个　相切　圆，　　常做　公切线，常　做　公
直角　相对　弦，　　莫忘　辅助圆，莫　忘　辅

$$\dot2\dot3\ |\ 5\ -\ :\|\ \dot3\dot5\ \dot2\dot3\ |\ 5\ -\ |\ 6\dot1\ \dot5\dot6\ |\ \dot1\ -\ |$$

相　　连。　　圆与　圆，　注意　连心　线，
领　　先。
共　　弦。
切　　线。
助　　圆。

$$\dot1\cdot\dot3\ |\ \dot5\dot7\ \dot6\ |\ \dot7\dot6\ \dot5\dot7\ |\ 6\ -\ |\ \dot1\cdot\dot2\ |\ \dot3\dot5$$

若遇　直　径需　直　角，　灵　活　运

$$\dot2\dot7\ |\ 6\dot1\ \dot5\dot6\ |\ \dot1\ -\ \|$$

用　才　方　便。

　　我至今还认为，一个从事教育工作的人，如果心中没有梦想，没有教育理想的追求，那么为饭碗而教书的生活将是既苦累且烦人的。我一直不让梦想和追求在心里睡去，为的是让自己能够超越现实的琐碎和平庸。正因为如此，经过十多年时光的沉淀，7 年教育教学经历于我而言始终是一份弥足珍贵的记忆。

　　7 年中，特别值得一提的是涪陵教科所数学教研员杨朝庆老师。他是我在长江师范学院附中任教期间教育科研的引路人。杨老师是东北师范大学教育系毕业的，又在北方进修学校教过书，理论功底厚实，教学分析独具特色。听他讲课，和他交

向上海教科院著名教育家顾泠沅教授请教

谈，真有耳目一新之感。我刚开始工作的那几年，他给我的赞许与鼓励最多。不仅如此，他还把最前沿的教育信息带给我，送我最时新的教育理论书籍。布鲁姆的《教育目标分类学》是他在上海学习时买回的，但他送给了我，今天做教育质量监测时，还在用这些理论。当我在教学中有了一点成绩，他就在全市组织召开数学教研会，让我讲课；全市使用的资料，他让我编；到成都或外省开会，他把大会发言的机会给我。杨老师给了我一次又一次的锻炼机会，让我一步一步地成长、成熟。

（二）幻方研究：质疑解惑出成果

劳逸结合是搞好教育教学工作的需要。我习惯朴素、简单的生活方式，既不抽烟，也不喝酒，最喜欢吃南瓜、红苕、马铃薯一类的大巴山农村广生土产之物。我的业余消遣方式是读书与研究。

任何事情的起步都是艰难的。尽管我最先一直想研究数学，但不知从何处入手。同时，又由于数学理论的积淀还不够厚，始终徘徊于纷杂的数学问题中难定目标。的确，要想在数学研究领域有点发展是很困难的，因为它发展比较完善。也许是功夫不负有心人吧，经过不断研究，反复思考之后，我终于找到了一个与自身知识实际相吻合的课题——"幻方"。三阶幻方、四阶幻方读者都能填，但五阶幻方、六阶幻方、七阶幻方能填吗？我想找到幻方填写的一般规律。通过不断的探索，不断的积累，我终于找到了奇数阶（2k+1）、单偶阶2（k+1）、双偶阶（4k）幻方的一般构造方法。1990年5月，《新华日报》报道江苏一职工大学的朱老师填写了106阶幻方，是世界上最大的幻方。我想超过他，于是填写了118阶幻方，在涪陵的家里，一壁约20平方米大的墙上，粘贴着数十张A3纸，有10 000多个空格，我用了一周，在上面填写了10 000多个数据，横、竖、对角线之和一样，这就是手工填写的118阶幻方。后来又编制成计算机程序，可以构造任意阶的幻方。古语说"天道酬勤"，诚哉斯言！在取得上述成果之后，我又在很短的时间内相继发现了"积幻方构建法""4k阶双料幻方构造法"。上海市著名科学家谈祥柏构建的八阶双料幻方积是最少的，但我根据自己的方法构建的八阶双料幻方的积的位数比他的就少5位，后来又研究出了用《周易》的方法来构建，在《重庆师范学院学报（自然科学版）》等刊物一共发表了16篇论文，并被《数学文摘》《幻方方阵》转载，被著名数学群论专家、西南师范大学（现为西南大学）校长陈重穆教授所著的《组合数学》一书全文录用。在幻方研究中，陈重穆教授给我的影响最大，他朴实、严谨的学风让我终生铭记。我把奇数阶（2k+1）、单偶阶2（k+1）、双偶阶（4k）幻方的一般构造方法写成论文后，想找一个人鉴定，于是想到了陈重穆教授。之前，我只闻陈教授之名，从没见过他的面。不知天高地厚的我，带着论文，鼓足勇气，冒着40℃的酷暑，从涪陵来到重庆北碚的这所大学，西打听东打听，终于在下午2点找到了陈教授的住处。天意安排，陈教授没有出差，还在家中，并热情地接待了我。我恭敬而不安地把论文交给了陈教授。回到学校，陈教授把论文寄回给我，并说研究很有水平，让我寄出发表。当时论文还没有刊出，但陈教授出版的《幻方》一书已经引用，并注明由我所写。我当时真为陈教授伟大的人格所感动，同时在心里暗下决心：要以陈教授为榜样，学习他那种无私、襟怀坦荡的作风，学习他奖掖后进、扶持晚辈的高风亮节！今天，我和我的研究伙伴们在处理研究成果时，一直效法陈教授的精神。也正因为如此，我的科研工作才吸引了那么多志同道合的研究者。正是所有研究人员的共同努力，才铸造了创新学习今天的辉煌。因为有了陈教授的举荐，四川电视台、电台来涪陵采访我，《四川青年报》第四版以"破解千古数学难题"为题，对我做了人物专访，并安排我出席"国际组合数学会议"。我和我的研究得到了大家的认可。

幻方研究的最大目的是应用以及如何激发数学兴趣。于是，我设计了数字魔方、魔套等学习用具，获得了国家的专利。在 2005 年，我出版了《从幻方构造谈创新学习思维》的专著，其中处处有创新的体现。

1. 数字魔方

数字魔方尽管保存了传统魔方的特点（即可旋转为每面颜色一致），但却有着比传统魔方更着迷的地方，那就是每一面构造出的幻方。通过旋转数字魔方，可达到以下目的。

① 通过面的颜色或幻方的构造，培养学生的空间想象能力。

② 数字魔方的新奇独到之处是每一面可通过 9 个数字构造"幻方"，而幻方的运算是做加法（或乘法），由此可培养学生的心算速算能力，从而提高学生的数字能力；并通过有趣的加法、乘法运算，变呆板的数字为乐趣，使学生从厌恶数学变为爱好数学，培养学生的数学兴趣，真正实现"让所有小学生都愉快地学习"。

③ 构造面的颜色一致的幻方，旋转数字魔方的速度并保证正确，培养学生敏锐的思维能力以及分析和解决问题的能力，发展抽象思维能力。

数字魔方由 26 个小方块构成，内部连接着 6 个中块的轴。其表面共有 8 个角块，它们各有 3 个带色的面；还有 12 个棱块，它们各有 2 个带色的小面。这 20 个小方块都有一只"脚"，牢牢地钩在中块和轴上，并且构成了大立方体的各部分（如图 1）。大立方体体积以 $45 \times 45 \times 45$ mm³ 为宜，每一小块的面积为 14×14 mm²，再取 13×13 mm² 大、厚 0.5 mm 的塑料片 54 块，并取 6 种不同颜色（红、蓝、绿、紫、棕、黑色）的塑料片 9 块，然后用同一种颜分别印制阿拉伯数字 $1_一$，$2_二$，$3_三$，$4_四$，$5_五$，$6_六$，$7_七$，$8_八$，$9_九$。若为复杂数字幻方，就将 1～9，10～18，19～27，28～36，37～45，46～54，分别印制在不同颜色的塑料片上，即 1～9 印在一种颜色的塑料片上，10～18 印在另一种颜色的塑料片上，其他同。

把数字魔方的难易程度，魔方可分为简单数字魔方和复杂数字魔方。

（1）简单数字魔方。

构造：每一面用一种颜色，9 个塑料片上的 $1_一$，$2_二$，$3_三$，$4_四$，$5_五$，$6_六$，$7_七$，$8_八$，$9_九$，按图 2 所示，在每一面上放置塑料片。

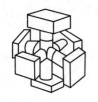 一个棱角 一个棱块

图 1 数字魔方 (1)

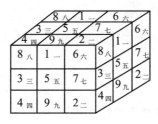

图 2 数字魔方 (2)

玩法：① 只构造颜色。通过旋转，可使一个面（或两个面、三个面、四个面、五个面、六个面）的颜色一致。

② 只构造幻方。通过旋转，可以使一个面（或两个面、三个面、四个面、五个面、六个面）均同 1~9 九个数字（颜色可不一致），构成幻方，且使每一行、每一列、每一条对角线上三个数之和为 15。

③ 按颜色和数字构造，即不但每面颜色相同，且每一面上的 9 个数字（1~9）都构造成幻方，每一行、每一列、每一条对角线上的三数之和为 15。这种玩法最佳，最能体现学生的智慧，当然也最困难。

④ 构造强幻方。强幻方是比一般幻方条件更强的一种幻方，它不但要求具有一般幻方的条件，而且所有折对角线（平行于主、次对角线，且元素个数为 3 的两条斜线）的三个数之和也相等。每个面上的 9 个数（某些数字可重复）构成强幻方。

⑤ 乘法幻方。每一面取 9 个数（可重复），使每一行、每一列、每一条对角线上三个数的乘积相等。

(2) 复杂数字魔方。

构造：每一面取 1~9，10~18，19~27，28~36，37~45，46~54 中的一组，按图 2 放置塑料片在每一面上。

玩法：① 只构造颜色，方法同上面"（1）简单数字魔方"中的玩法①。

② 只通过幻方每一面上的不连续自然数构成幻方。

③ 按颜色和数字构造。即每一面颜色一致且每一面的数字构成幻方，同时使每一面上每一行、每一列、每一条对角线上三个数之和分别是 15，42，69，96，123，150。这种玩法最佳。

④ 构造强幻方。选用 9 个不连续数构造一面，使每行、每列、每条对角线，包括折对角线上的三个数之和也相等。

⑤ 构造乘法幻方。选用 9 个不连续数，使每一面上每一行、每一列、每一条对角线上的三个数的积相等。

2. 数字魔套

数字魔套，是一件供小学低年级学生以及老年人使用的高级智力玩具，也是一件供小学生学习数学、激发兴趣的学具。

魔套，是在塑料纸上按某种规律重复排列的数库；然后用较硬的塑料片制面套格，在数库上任意挪动，使套格中的几个数字组成的行，列，主、次对角线之和相等。

通过玩魔套，培养学生的心算速算能力，尤其是培养学生对数学的兴趣。因为通过移动，每次做加法的加数都在变化。构造方法有几百万种。

数字魔套分三阶数字魔套、四阶数字魔套、五阶数字魔套。

三阶数字魔套示意图见图 3。

3. 数字魔块

数字魔块是一件供小学生、中学生使用的高级智力玩具，也是一件培养学生分析问题的能力、心算速算能力、识字能力、记忆力和激发学生学习兴趣的学具。

数字魔块共 64 块，每一块选用 $2\times2\times2$ cm^3 的塑料块或木块。

（1）在每一块的面上分别印制一个数，并用不同颜色印制，64 块上印制的数应刚好是 1～64 的连续自然数，并注意两面数字不一样。

玩法：①从中选用 1～9（或 1～16，1～25，1～36，1～49，1～64）的数构造幻方、强幻方。

②从中任选 9（或 16，25，36，49，64）块构造积幻方、强幻方。

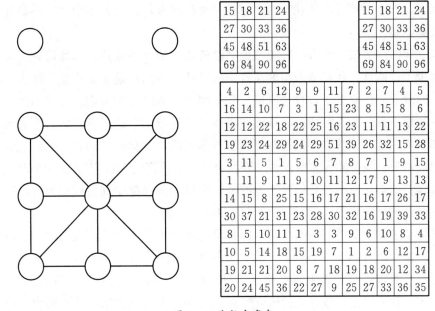

图 3　三阶数字魔套

（2）在相关的面上印制汉字的常用偏旁。例如，氵、扌、阝、可、女……共 128 个，可用 1 块、2 块、3 块、4 块组成一个汉字。

（3）在相关的面上印制图案，使 64 块拼在一起组成一幅完整的画面。

幻方研究并非我当初从事的主要工作。业余时间的专注有所收获，让我深深体会到一点：钻研精神是学术探讨不可或缺的因素。一旦目标确定，最重要的就是"咬定青山不放松"。只要有恒心，总会取得成绩的。

（三）学习科学：学海无涯觅快舟

陶行知先生是我国近代伟大的教育家。"人生为一大事来，做一大事去。""要使全中国人民都受到教育。""只要是为老百姓造福，我们吃草也干。"读着先生的语录，我常感动到泪流。

幻方的研究成功可喜，但若败亦无忧，因为那毕竟只能算是"无心插柳"的工作。那么，人生中"有心栽花"的事业呢？对我而言，自己人生中"有心栽花"的事业究竟该是什么？

六七年时间下来，幻方研究应该说已经解决了诸多的难点，继续研究下去可能收获就少了。而且，从我个人角度而言，我所从事的始终是教育事业，那么"有心栽花"的事业应该立足于教育，所以，我必须重新确定研究方向。左思右想，反复掂量，我根据自己的研究特色和基础，选择了"学习学"这门新兴学科作为研究内容。如果能在这一领域取得成果并运用于教学实践，对提高我国教育的效益应当是有所裨益的吧！陶行知先生曾经说"要使全中国人民都受到教育"，但新的时代，我们应该有新的奋斗目标。我们要努力的是让全中国人民都受到更好的教育，能更有效地学习。这是我研究"学习学"的初衷和动力之源。

尽管"学习学"是一门新学科，但其研究领域也是蛮多的，我把"兴趣对学习的影响"作为研究的主攻方向。于是，我从外因教学这一块入手，研究兴趣教学，探讨用怎样的方式引起学生有兴趣地学习。开始，我把过去教学中写的教学反思、教育案例、教育笔记、教改实验研究数据、科研报告全翻出来，并查阅大量研究文献，整理出兴趣教学的原则与方法，并在教学中实施，不断总结、归纳，写出了论文——《兴趣学习的思考》。这时，"四川省学习学研究年会"在长江师范学院召开。我非常珍惜这一机会，找到了四川省学习学研究会的理事长、全国大学学习科学研究会理事长、中国学习科学学会副理事长、成都理工大学（原成都地质学院）高等教育研究所所长陈俊忏教授，就学习学问题和他谈了两三个小时，彼此都有相见恨晚之感。离开他的房间时，他说："晚上我仔细读这篇文章，明天和你交流。"我惶恐地等待，这样的大专家看我的文章，肯定是意见一大堆，况且我还是一个"学习学"的初学者。但有了和陈重穆教授的交往经历，我接触专家的心态又平和得多了。等待的感觉真的只能用"度日如年"这个词语来形容。终于到了见面的时刻，陈俊忏教授一开门就说："文章写得好极了。"坐下来后，他就和我认真谈这篇文章，并悉心给予指点。我抓住这个机会，又把我关于《兴趣教学》的书稿呈给陈教授，请他审阅。为了能使《兴趣教学》一书质量高一些，我在钢版上认真、工整地一字一字誊写，共刻了200多页蜡纸，又小心地油印、装订，然后寄给了好几位专家，并请了长江师范学院领导、教育系老师指教。

1990年秋，金黄的季节，我收到一封热情洋溢的信，是成都理工大学陈教授寄来的。他在信中说："你的这部书很有灵气，观点新颖，你把国内有关兴趣教学的理论与实践分析加工，并系统全面地论述，实属国内首创。"并表示要用他们的研究经费资助出版，还随信发来了商调函，安排我调到他的工作单位工作。我就这样到了成都。一到成都，陈教授交给我很多研究任务，同时认为我的教育学、学习学理论功底还较浅。他要求我讲授成都理工大学师范系的"教育学"和其他专业"学习学"两门课程。我开始只上师范系的"教育学"课，后又上"学习学"的课。面对新岗位，我变压力为动力，参考了大量书籍，认真备好每一堂课，积累了30厘米高的素材并装订成册，学习科学、教育学方面的理论知识大有长进。由于这里是国家"八五"重点课题"学生学习现状调查与分析"的秘书处，我自然就参与了课题研究的全过程，完成了全国学习现状调查问卷设计、子课题分解等工作，从中学到了课题研究的基本方法和调查数据的分析方法，为日后研究奠定了坚实的基础。在做这些研究工作的同时，我还把兴趣教学、兴趣学习研究与实践列入该项研究的一级子课题，后来将研究成果写成了两本书，书名为《快乐学习》《快乐教学》，由电子科技大学出版社出版。

国家科技部立项的创新基金项目"创新教学智能系统"汇报会，
重庆市政协领导及市教委、市科委、市信息产业局等领导听取了汇报

　　1992 年春天，四川绵阳市召开"四川省教育学会理事会"，会上我发了言。时任重庆市教育科学研究所所长、特级教师聂厚德认为该发言有见地。他听出我是重庆口音，于是有了让我来重庆教育科学研究所工作的意向。同年 6 月，"四川省学习学年会"在泸州市召开。重庆市教育科学研究所综合室史美华主任参加了会议。由于会议主持人是我，自然就要负责会议里里外外的各项工作，史主任对我的工作作风与谈吐有了一定的了解，再加上我还在会上做了"快乐的学习""幻方与思维"的专题讲座，史主任在热情称赞的同时，又一次问我是否愿意到重庆工作。我反复思考，觉得在成都研究的方向主要是高等院校的学习科学问题，这似乎是我的弱项，到重庆是做基础教育科研，应该更贴近我的实际。从地域到研究方向做了综合考虑之后，我选择了来重庆。6 月 28 日，我来到重庆与聂所长、史主任见面，7 月 13 日就办好一切手续，到重庆市教育科学研究院（原为重庆市教育科学研究所）上班了。一家三口到了重庆定居。

　　重庆市教育科学研究院是一个人才聚集的地方，我要在教科院扎根，一定要有新的成绩。我继续把学习科学研究作为自己的主攻方向，和史美华主任一道研究重庆市教委的重点课题，以及全国课题的一级子课题——"重庆中小学生的学习现状调查与指导"。虽然有了成都的工作经验，对科研工作的一般程序已相对较为熟悉，但中小学教育的发展现状，我还比较陌生，尤其是和学校还很不熟，工作也有难度。当年，基础教育科研仍处于起步阶段，多数学校对教育科研不了解，对其意义认识不足，认为参与研究没有必要。就是带着这样的困惑，1993 年年初，我到汕头参加"全国中学学习科学学会第三届年会"，会上结识了魏书生、董国华两位知名专家。我向魏老师请教，向魏老师学习。2006 年春节，我寄给魏老师的明信片表达了我心中的敬意："前进路上的灯塔，生活路上的楷模。"和魏老师在一起，他总是用他的人格影响你，帮助你形成新的世界观、人生观，教会你用大哲学去分析问题、处理问题。魏老师对我的影响是很大的，也是我最佩服的人，但佩服不等于奉承，在讨论一些学术问题时，我会坚持我自己的思想。也正因为这样，魏老师曾对《中国教育报》的记者说，他最喜欢两个年轻人，一个是《中国教育报》的张圣华，另一个就是我了。学术研究既要有自己的思想，同时又要诚实，不浮夸，不骄傲。

　　顾泠沅老师是知名的教育专家。我请他到重庆讲课，我们也进行过多次交流。尽管只是用我们重庆市教育科学研究院最低用餐标准接待他，尽管走的是坑洼不平的泥泞朝天门，但顾院长却说我是他最真诚的朋友。

　　我在学习科学研究领域的成果多，进步快，这和董国华教授的帮助分不开。我在全国各地做了数百场（次）学术报告，不论在中国社会科学院、北京国际会议中心，还是在林场、油田的培训现场；不论是东部的上海、浙江，还是西部的新疆、西藏；不论是教师，还是学生，我的报告都还比较受欢迎。很多教师说我现在做报告和过去判若两人，这样的成绩离不开董教授的悉心指导。最初，他每次都要听我讲课，然后分析我的长处、短处，并指出改正的方法，有时他连语句上的疏漏也不放过，一一指出来。严师出高徒，在董教授的悉心指导之下，我一步一步攀登，进步较快。

与著名教育家李燕杰教授一起为中国社科院研究生院的学员们上课

　　北京师范大学原党委书记周之良教授，是我在当初接触的最大的官了——部级干部、中国有名的演讲家和教育家。但周书记非常平易近人，没有一点架子。起初我不了解，还有点害怕，但这种感觉没有维持多久。周书记善于引用笑话、故事消除谈话对象的紧张感。于是，慢慢地，他成了我心目中最尊敬的长者。周书记主持的全国学习科学研究会，大胆起用年轻人，注重发挥学会整体力量。他为学会的发展呕心沥血，为我们这些后生树立了榜样，也对我学术品格的养成起到了重要作用。

　　"人生得一知己足矣，斯世当以同怀视之！"孤寂的鲁迅先生如是言。而我却非常幸运，从事学习科学的研究，我感觉自己是和一群同怀此心者在一起奋斗。领导、知名教授、专家学者、同事朋友、许多一线教师……甚至是课堂里的中小学生，幼儿园天真可爱的小朋友，他们和我一起研究，鼓励我、指导我，让我一步步成长、成熟起来。

我将如何回报他们的关爱呢？应该是更加努力地投入到研究工作中，力争多出成果，出高层次的成果，奉献青春于祖国和人民的教育吧。

（四）创新学习：务实研究响国际

1997 年秋天，"九五"研究课题——"学生学习矫正与指导"也结题了，效果还不错。两大轮学习科学研究取得了一定的成果。但新的时期研究如何开展、如何深化又成了摆在我面前的难题。夜的黑暗总是要被阳光驱散的。长时间的思考后，以培养学生创新学习能力为核心的学习法研究在我大脑中闪现，于是有了"创新学习"研究的初步构想。1998 年元旦，我撰写出文章，并与很多专家进行研究，请他们提意见。在当年年初申报重庆市教委课题时，我没敢用"创新学习"这四个字，而是用了"学导式教学模式（创新学习）区域化推进研究"的名称。开题时，专家们又提出了若干意见。对这样一个全新的概念，大家责难是应该的，也是自然的。我一方面阐述我的思想；另一方面认真听取意见。为了使研究更加科学化、合理化，谭小林老师、何云山老师、林理恕老师和我，四人常穿梭于实验学校，并广泛收集

来自美国、英国、新加坡等国家和地区的专家在"创新学习研究与实验"实验学校授牌仪式上

素材。之后，我和合作者又凑在一起，相互讨论，互相切磋。经过不知多少次头脑风暴，创新学习研究的体系终于逐步建构起来。但具体实验中要做的工作更多，尤其是我作为课题组的组长、课题的倡导者，我每周都要用 3 天时间到 3 所实验学校听课，和教师交流，解答实验中的问题。为了获得更真切的体验，我还自己上课，探寻有效的实验方法。重庆 42 中的实验班，有一个学生比较顽皮，我常打电话鼓励她，生日到了，我还送她礼物。学生被我的真诚感动，学习认真多了。这个学生的实例对全班同学都有教育作用，整个集体学习的劲头也更足了。实验一年之际，为了让大家了解实验的效果，宣传"学为主体、教为主导、疑为主轴、动为主线"的教学思想和"四导"教学模式，我们向社会开放课堂。全市来了近 1 000 位教师与家长，他们真实感受到了课堂的变化和实验的初步效果，自觉地加入到了创新学习的研究行列。这也使创新学习研究在更大的范围内得到了推广。

重庆巴川中学也是创新学习的实验学校，他们从学生的学习规范入手，养成学生创新的习惯。江津区四牌坊小学则以"让学生从活动中创新"作为实验内容，设计出适合小学生的多种科普活动，让广大学生动手动脑。两所学校的实验效果都很好。这样的实验学校到 1999 年年底，已有 400 多所，并且还不断在市内外推广。

1999 年 11 月初，我应邀到哈尔滨做学术报告，内容就是创新学习的理论与实践。时逢《人民教育》记者张新洲同志一行在哈尔滨采访，我们又到了兴凯湖农场，那里就是人们常说的北大荒，为农场的 700 多名教师又讲了一次"创新学习的理论与实践"。记者的思维是敏锐的，而且他们也正在寻找实施创新教育的典型。仅有的 3 天接触后，他回到北京，我也回到了重庆。由于在深圳讲课，香港教育工作者联会的朋友们也在深圳，并听了我的报告，邀请我到香港讲学。12 月下旬，我到香港教育学院、香港教师中心做创新学习的专题报告，反响还不错。元旦前三天回到重庆。一到单位，接到张新洲的联系电话，他们将来重庆实地考察创新学习的研究情况。当时，我既高兴又紧张。高兴的是，创新学习研究引起了教育部主办的《人民教育》杂志的重视；紧张的是，时间这么短，任务怎么布置（我当时是中国一个最普通的老百姓，无职无权）。但是想到创新学习实验研究的开展是务实的，资料是翔实的，实验教师学习创新学习的理论与模式是认真的，而且实验效果也比较好，我心里又有了自信和勇气。

1 月 3 日，新世纪的钟声刚敲完，久雨的重庆突然放晴，《人民教育》副总编辑翟福英、总编室副主任张新洲一行飞抵重庆。还没有歇多久，他们就在下榻的宾馆召开了"创新学习座谈会"。一些实验学校的校长、教师、实验区县的教研室领导、教委领导参加了会议。我在会上做了一个总体介绍，实验学校领导、教师争先恐后发了言。翟副总编、张主任在我的发言后提了很多问题，对实验教师们做出的回答也比较满意。会后他们又要求到实验学校去考察现场。我们把实验的区县、学校给两位客人做了汇报，没想到他们选择了相对遥远的郊区（县）——江津和铜梁。他们深入到学校，每区（县）一天，听老师的现场课，和老师座谈，了解学生的创新学习情况，并提出"什么是创新学习""创新学习与传统学习的区别"等问题，老师、学生都能较好地回答。采访结束的时候，他们笑了。2000年第3期，《人民教育》刊发了《创新学习：21世纪的学习观——重庆启动创新学习研究与实验》这篇重要的文章。全文6 000多字，引起了全国广大教育工作者的注意，为创新学习的发展搭建了全新的平台。《人民教育》编者按中指出："研究创新学习对实施者的教育意义重大。"

《人民教育》时任副总编辑翟福英及重庆市教委领导听取创新学习汇报

同时，《人民教育》还收到了很多教师的反馈信息，于是《人民教育》编辑部又到重庆召开了"全国创新学习理论与实践研讨会"，全国5 000多名教师云集重庆，会场水泄不通，分会场也人声鼎沸，很多人没有位置，硬是站着听了两天。时任教育部部长助理、基础教育司司长李连宁在大会中说："创新学习研究意义重大，是推进素质教育的切入点。"《人民教育》总编辑傅国亮谆谆告诫我们："创新学习这面旗帜不能倒。"同年，《人民教育》7、8期合刊，用7万字报道了重庆创新学习研究的经验，再次为广大教育工作者所瞩目。后来，《人民教育》连续三年开辟"创新学习"专栏，宣传创新学习的思想与教师们的新鲜经验。2001年5月，重庆召开了"全国创新学习研究与实验研讨会"，《人民教育》总编辑傅国亮在大会上说："创新学习是全国教育改革领域内的一面旗帜，它从理论上解读了教育创新，从实践上回答了如何培养学生的创新精神与实践能力。"可以说，没有《人民教育》，就没有创新学习的发展。

由于创新学习研究工作扎实，取得了良好的成果，各大媒体进行了广泛宣传。中央电视台、中国教育电视台、重庆电视台、香港凤凰电视台、《中国教育报》《重庆日报》等做了大量的宣传和报道，在全国树起了"创新学习"的品牌，使重庆教育走向了全国。2005年3月，中国教育电视台派编导与记者专程赴重庆现场采访，制作了电视专题片《创新学习：引领教育新理念》，在该台黄金时段播出。同时，各省市教育媒体如教育部网站、《现代教育报》《北京教育》等做了近百次报道，在全国产生了积极的影响。迄今为止，我和实验学校已经接待了来自北京、天津、江苏、浙江、黑龙江、新疆、西藏等26个省（市、自治区）的1 000余个考察学习团。他们通过实地考察，深有感触，认为"创新学习研究意义重大""创新学习是推进素质教育的重要举措""创新学习在'西部大开发、重庆大发展'中具有现实意义""创新学习研究具有很强的操作性""创新学习已成为全国目前教育改革领域的一面旗帜""重庆创新学习研究，步入了全国教育科研的先进行列，为我们西部教育的崛起树立了典型"。北京市东城区组织全体教研人员来重庆考察创新学习。东城区教科研中心孟主任说："重庆创新学习研究名不虚传，我们回去以后认真学习，有计划地推广创新学习的研究成果。"他们到4所实验学校听课、与教师座谈，孟主任说道："重庆的创新学习实验学校是真抓实干，你们的成绩是干出来的。"

由于创新学习研究的影响，我应全国多地教育部门的邀请，前往北京、上海、黑龙江、广东、浙江、广西、云南、陕西、河南、新疆、海南、四川、山东、江苏、天津等31个省（市、自治区）做创新学习学术报告，直接培训教师超过100万人次，受到与会者的欢迎。

在拉萨召开的"全国创新学习学术研讨暨新课程经验交流会"

2002年12月,教育部、国务院港澳事务办公室、国务院台湾事务办公室举办的"华夏园丁大联欢——创新论坛"在人民大会堂召开,党和国家领导人到会。我作为内地唯一报告专家,向大会做了题为"创新学习:培养学生创新思维新途径"的学术报告。时任教育部副部长王湛给予了高度评价。2004年,共青团中央等单位

在"华夏园丁大联欢——创新论坛"上与教育部时任副部长王湛在一起

组织召开"青少年创新大会"，我向大会做了"青少年创新思维与成长"的专题报告，得到与会者的好评。

2005 年 6 月，中国民主促进会第十一届九次常委会在大连棒棰岛宾馆隆重召开，我参加本次会议。在大会休会期间，我向时任全国人大常委会副委员长、中国民主促进会中央主席许嘉璐同志汇报了创新学习研究的概况及全球创新学习大会的筹备情况。许嘉璐副委员长认真听取了我的汇报，并从价值观、教育体制改革等方面为创新学习的进一步研究指明了方向。下午休会期间，许嘉璐副委员长专门来到我的座位前，再次详细询问了课题的研究情况，并对创新学习研究做出了更具体的指示：一是不要照搬西方理论，研究要符合中国国情，在总结过去经验的基础上，进一步突出研究的针对性和实效性；二是不要局限于眼前，要立足于未来，将长、短计划相结合，突出研究手段的现代性，把创新落到实处。许嘉璐副委员长对创新学习研究的关怀和指示，不仅让我充满信心，鼓足干劲，在研究的道路上大步向前；而且为创新学习研究找准下阶段的重点和难点问题打开了思路，指明了方向。

2009 年 4 月，中国科学院刘益东研究员来重庆对创新学习调研了 4 天，走访了几所实验学校，撰写了 5 000 多字的文稿《创新学习：从重庆走向世界》，收录于国家人力资源与社会保障部编撰的全国科技人员继续教育培训教材中。

2013 年 7 月，以创新学习为主题的全国学习科学年会在清华大学召开，教育部多位司局领导和教育界的诸多学者、同人参加会议，研讨创新学习的发展。

因大陆多家刊物的报道及中国香港、台湾地区和美国等刊物的介绍，中国教育科研网、中国教育信息网的积极传递，我先后应香港教育学院、香港教育工作者联会、澳门教育暨青年局、台湾师范大学、台湾逢甲大学、台北市教育局及美国、英国、澳大利亚、新加坡等地区或国家有关学术研究机构的邀请，数十次前往境外讲学，并有多篇论文在境外学术刊物上发表，在中国港、澳、台及国外教育界产生了良好的影响。

2002 年，"创新学习研究与实验"课题通过联合国教科文组织的审定，成为联合国教科文组织资助立项的课题。2001 年，我应台湾逢甲大学、台湾师范大学邀请，做了"创新学习研究与发展"的专题报告。2007 年，我应台北县政府与"中华创造学会"邀请，再次到台湾讲课。

在台北参加"2007两岸创新教育论坛"

1997年以来，应香港多家单位的邀请，我30多次前往香港，做"创新学习论""创新学习的方法""创新学习的关键：学会提问""创新人才的基石：思维与批判""创新学习理论与实践"等学术报告。境外的教育、心理专家们给予创新学习高度的评价。时任香港教育统筹局首席助理秘书长潘忠诚、香港立法会教育委员会主席杨耀忠给予了高度评价："创新学习正在改变我们的学习方式，影响时代的发展。""用创新学习的先进思想对全港教师进行培训，在全港推广。"

在香港出席"创意教学国际研讨会"期间，与时任香港教育统筹局
首席助理秘书长潘忠诚在一起

2003 年、2004 年，我先后应澳大利亚皇家墨尔本理工大学教育文化学院、英国伦敦大学教育学院的邀请，参加"全球第九届学习大会""全球第十届学习大会"，向大会做"创新学习策略与方法""创新学习研究与发展"等专题报告，受到多个国家与会代表的好评。2003 年，我受邀到芝加哥做"创新学习研究"专题报告。对报告的内容，我思索了很久。讲教育学、心理学是不行的，美国是这些学科的发源地。最后，我选择从中国博大的古文化中挖掘创新的内容，作为报告内容的框架，从中找到创新学习的基础，报告得到了听众的广泛好评。2004 年 4 月，我应邀到美国圣地亚哥出席"世界教育大会（AERA）"，在分论坛上做专题发言。我运用数学基础，写成了论文《创新学习评价四边形理论》，用知识（方法）、环境（机遇）、性格（品质）、思维（问题）作为四条线段，构成四边形，根据围成图形的有效面积多少来评价创新学习的成效，在大会上做了题为"创新学习评价四边形理论"的报告。2007 年、2008 年，我连续两年参加"亚洲教育论坛"，并在大会上做专题报告。2008 年，我再次应邀在美国纽约召开的"世界教育大会（AERA）"上做创新学习报告，同时，会议专设分会场讨论。创新学习也是会议最重要的内容之一。2008 年，中国学习科学研究会与新加坡教育部北区教育局在新加坡召开"中新创新学习国际会"，我在会上的报告与现场课得到了新加坡专家教师的肯定。他们说：重新认识了中国的

参加"2006 亚洲教育北京论坛"

课堂。2009年，应爱尔兰柯克大学邀请，我到爱尔兰进行交流学习。2010—2015年，在香港、澳门召开的创新国际会上，我及实验老师或做创新学习的报告，或执教创新学习的示范课，推广了创新学习的成果。

同时，我们也组织召开创新学习的国际学术研讨会，美国、英国、新西兰、澳大利亚、新加坡、法国等国家代表参会，推广了创新学习的成果。通过深入研究，创新学习走向了国际。美国印第安纳州玻尔大学心理学教授、博士生导师、著名创造学家郭有遹（K. Kuo）博士说："在香港，我听了创新学习报告，有点怀疑，但到了重庆，了解了学校的创新学习情况和听了老师的几节课，才发现了创新学习的魅力所在。这样大规模的创新学习研究真了不起，在美国是不能想象的。"在"全球学习大会"上，澳大利亚皇家墨尔本理工大学教育文化学院院长、教授 Mary Kalantzis 博士给予创新学习高度评价。新加坡南洋理工大学高级院士、国立教育心理学院教授苏启祯博士说："假如我不是孤陋寡闻，对中国教育学者在创意教学的认识不足，我要承认的是，龚春燕先生的《创新学习：学习方式的革命》是我多年以来所读的有关创意的群书当中，最引我深思的一部。"

与新加坡南洋理工大学苏启祯教授等人在一起

英国纽卡斯尔大学国际教育中心主任、教授 Soerbot 博士说："创新学习课题的开展，将会改进教师的教学，提高教学能力，培养学生的创新性，从而对中国的素质教育做出巨大的贡献。"美国 NASA（美国国家航空航天局）科学家，查尔斯顿大学副校长、博士生导师、教授 Hakkila 博士在研究《创新学习论》一书后写道："龚春燕先生已经对西方教育中影响创造力和想象力培养的有利因素进行了深入研究，并思考了如何将之创造性地融入中国的教育体系中去，寻求新的、有利于中国教育体系和下一代教育的教育方法。龚先生具有极大的勇气和创造性的视角，并有了自己的理论，他以扎实的实验向世界宣布了创新学习。"

2005 年 4～6 月，先后有美国查尔斯顿大学教育学院院长威尔奇（L. Werqi）教授一行、英国布里斯托大学创新项目负责人 Buth Deakin Crick 博士一行、爱尔兰柯克大学 J. hang 博士一行飞抵重庆，考察创新学习研究，并进行广泛的研讨，就合作研究达成了诸多共识。

2004 年与美国查尔斯顿大学教育学院院长威尔奇教授合影

教育科研是教育改革与发展的第一生产力，但教育科研的最大障碍却是推广。这既有教育环境的问题，也有成果自身的问题。创

1998 年年初，创新学习主研人员在一起深入探讨课题

新学习研究也不例外。如何推广创新学习研究的成果是近几年来我一直都在思考的问题。我阅读了大量的著述并结合实际思考，最终想到通过软件来转化，让更多的老师、学生受益。2002 年 8 月，我主持的课题的一些研究者与重庆 IT 界的精英，联合开发"创新教学智能系统"（Innovative & Instruction Intelligence System），简称"I³S"，其目的是在新课程背景下，把创新学习的多年研究成果转化为生产力，为广大教师教学服务。其中的困难是可想而知的，不知熬了多少个通宵，也不知牺牲了多少个节假日和周末，我们"悟"到一个模式、"悟"到一条建模方法，哪怕是一点点，但它支撑着系统。2004 年 10 月完成软件开发初步工作，一共有 70 000 多条代码和 13 G 的资源。运用该系统能有效提高教学效率，教师们反映还不错。同时，"I³S"被信息产业部确认为"全国电子推广项目"，被科技部、财政部批准为"科技创新基金项目"。后来出版了《创新智能教学论》，顾明远教授为本书作序。软件的开发还需要不断地把成果应用于实际，在实践中感悟，在感悟中修改。无数次的头脑风暴与感悟，才把理论与实践成果转化为编程模块，才能实现创新教学的最大优化。

2005 年在香港推广"创新教学智能系统"

（五）特色学校，内涵发展促公平

　　研究创新学习，必须研究学校的管理与校长的办学思想。2006 年年初，我开始琢磨学校的发展。过去的 20 多年的研究都是集中在学生或教师身上，但如何让学校领导重视是改革的关键。由于教育行政部门与学校领导的重视，课题组织工作开展较好，全市 180 多所学校参加了实验。1993 年，《中国教育改革和发展纲要》明确指出："中小学要由'应试教育'转向全面提高国民素质的轨道，面向全体学生，全面提高学生的思想道德、文化科学、劳动技能和身体心理素质，促进学生生动活泼地发展。办出各自的特色。"虽然明确提出了中小学创办特色学校的要求，但积极开展的学校却凤毛麟角。2010 年，《国家中长期教育改革和发展规划纲要（2010—2020 年）》再次提出了创建特色学校的重要性。我们的具体目标是：探索建构以教育行政部门为保障、教育科研部门为支撑、以学校发展为主体的三位一体的特色学校发展模式；总结、提炼特色学校的类型、特征、要素和形成条件；形成特色学校发展的基本策略；总结形成特色学校评价标准；促进重庆市特色学校发展，形成一批特色学校，丰富重庆市优质教育资源。

　　我们多次奔走在各个学校，一起参与学校特色的讨论，每一所学校特色的形成都是创新的结果。一条条校训，凝聚着创新的心血。重庆市九龙坡区杨家坪小学以书法为主形成的"立字立人"的校训，重庆市南岸区江南小学以国际象棋为主形成的"走好每一步"的办学理念，重庆市沙坪坝区金沙街小学从集邮开始形成的"方寸修身"校训，重庆市木洞中学形成的平民教育理念……上百所中小学的特色形成过程中，是讨论创新、应用创新方法的结晶。经过 8 年的发展，我们策划了全国中小学特色学校建设的 8 次高峰论坛，教育部司局领导及中国教育报刊社、中国教育学会的专家莅临会议并讲话，每届都几乎有 20 省市近 1 000 名代表参会。《中国教育报》《人民教育》刊发了重庆特色学校文章约 50 万字；《人民教育》2009 年、2010 年分别用专辑刊发了重庆特色经验。2011 年第 1、2 期，《人民教育》刊发了该刊资深记者刘然、赖配根总计 30 000 多字的大型采访稿。重庆特色学校建设形成了全国特色学校建设的"重庆经验"，全国 20 多个省市数千个考察团来到重庆，学习特色建设经验，再一次让我组织的课题在全国推广。特色学校创建，从本质上回答了学校管理创新的问题，使创新学习研究得到了升华。

（六）监测评估，提升质量引方向

创新学习除研究学生、教师、校长管理，还必须研究教育行政部门，让他们不要以单一分数评价学校，能有更多创新的指标，引导教育的变革。

2009年5月，我担任重庆市教育评估院院长和重庆市基础教育质量监测中心主任。尽管创新学习仍是我个人研究的方向，但同时必须研究监测与评估，从评估监测领域里研究创新。

监测是评估的基础，监测是事实判断，评估是价值判断。

中国共产党的十八届三中全会报告指出："深入推进管办评分离，委托社会组织开展教育评估监测。"根据《国家中长期教育改革和发展规划纲要（2010—2020年)》"建立以提高教育质量为导向的管理制度和工作机制，把教育资源配置和学校工作重点集中到强化教学环节、提高教育质量上来"的要求，重庆市在全国率先开展基础教育质量监测工作，目的是提高教育质量，促进教育质量的均衡。开展教育质量监测是促进教育事业科学发展的具体体现。提高质量是教育科学发展的内在要求，是实现教育公平的重要内容。有质量的教育才是科学发展的教育，才能切实实现教育公平。建立、健全教育质量的监测与评估体系，可以促进各地区、各学校全面实施素质教育，进一步树立以提高质量为核心的教育发展观，坚持规模和质量的统一，全面提高教育质量。

我们开发了创新能力监测工具，测试学生的创新能力，引导教育行政部门重视创新教育。

开展教育质量监测是全面实施素质教育、探索人才成长规律、促进创新素养形成的迫切需要。教育是提升国民素质的基础，通过教育质量监测，可以全面准确掌握学生素质包括创新素养的真实状况，可以准确把握教育发展的状况，加强和引导地方政府、学校按照正确的人才观、教育质量观和价值观发展教育，实施创新驱动战略，促进人才更快地发展。在评估方面，我带领团队创新研究，对多个领域的评估研究都有评估指标体系，尤其我们的义务教育均衡发展评估模型与指标体系，具有很强的创新性，国务院领导对此做了批示。

30 多年来，我在国内外多家出版社、杂志社发表著述逾 700 万字。先后在红旗出版社、中国青年出版社、科学技术文献出版社、漓江出版社、西南师范大学出版社、重庆出版社、人民教育出版社、国际文化出版公司、北京师范大学出版社、教育科学出版社出版了自己的著作。包括《快乐教学》（1994 年）、《快乐学习》（1995 年）、《创新学习论》（1999 年）、《创新学习：学习方式的革命》（2002 年）、《创新学习论纲》（2005 年）、《从幻方构造谈创新学习思维》（2005 年）、《On Innovative Learning》（2005 年）、《创新智能教学论》（2009 年）、《创新教学策略》（2010 年）、《中小学教师如何成长为名师》（2012 年）、《龚春燕：创新学习》（2011 年）、《中小学特色学校建设策略》（2013 年）、《创新教育学》（2014 年）等，主编、著述 21 部，在人民出版社等出版主编的教材 30 多种，在《人民教育》《教育研究》《中国教育学刊》《香港教师中心学报》发表论文 80 余篇。多篇论文被中国人民大学书报资料中心转载。多部著作、论文及成果获教育部、重庆市人民政府奖励，"创新学习"获重庆市政府教学成果一等奖、国家教学成果二等奖。

很多记者问我，创新学习研究取得成功的秘诀是什么？

我总是回答，既有偶然，也有必然。说其偶然，提出创新学习，是顺应时代趋势，恰逢党中央、国务院提出了"教育创新"的一系列指示。说其必然，用台湾实践大学教授、国际著名创造学专家陈龙安博士给我的评价再准确不过了："龚春燕老师创新学习领域十多年，看的、想的、做的都比别人多，当然就能有他自己的一套，所以他的创新学习也能了不起。"其实，陈博士的话外之音是"勤奋"。勤奋是我一生的财富。不论是读书期间，还是参加工作的这些年，我都惜时如金，几乎每天都学习到深夜。我的学习方式有二：一是读书；二是写作。我读书不是简单地了解别人的观点和见解，还尽力把人家的观点融会于心，变成自己的，这大概就是不死读书吧。有了厚积，自然薄发。另外，对工作中的每一项任务，我都一丝不苟，尽力把每一件事做好。

人生短暂，科研永无止境！孔子说过："三十而立，四十而不惑，五十而知天命，六十而耳顺，七十而随心所欲不逾矩。"孔子的精神境界是那样高远而令人敬仰。我今已届天命之年，却仍有许多难解之惑。不但天地奥秘无尽，人间万象无穷，即使一细小的领域，钻进去也是一个广阔的世界。流年"逝者如斯"，创新"不舍昼夜"。

回顾过去，质疑解惑踏平坎坷研究出成果；畅想未来，争分夺秒满怀豪情创新谱新篇！

四、悠悠我心，情系烛业此生缘

时光如流水，参加工作至今，我已在教育科学研究领域耕耘了 30 多载。"教书育人—幻方研究—学习科学—创新学习—特色学校—评估监测"六个阶段只不过是将"论教研学促评"之梦融入教育发展大潮，与时同进而已。如今的我，已届中年，对人生、对事业，我的思考都更加理性而成熟。"不惑之年"仍有"惑"，逼近天命之年当觉悟今生的使命，如陶行知先生所说："人生为一大事来，做一大事去。"我一生的大事，当以教育科研工作者、教育评估人之身份，承担教育惠济当时、启迪后世的责任！

（一）勤奋开成功之泉

我在教育科研事业上取得的成绩，是与"爱""勤"分不开的。"爱"，爱教育事业；"勤"，勤教育科学研究。从学校毕业至今，我始终有自己的追求。为了实现自己的追求，我比他人付出的要多得多。不论酷暑与寒冬，不论节日与上班，每天都坚持读书、写作到晚上 12 点或 1 点，惜时如金，与扑克、麻将无缘。曾经有人问我，忙于繁重的教育研究工作的我，如何能够挤出时间写出那么多的文章，并且提出创新学习的课题进行深入的研究，最终竟产生了全国性的影响。我当时半开玩笑地回答他："只要挤，时间总会有的。就像那些小伙子谈恋爱，工作再忙，也能挤出时间来约会或写情书。原因何在？就在于他们思想上重视，心中有个'她'。"的确，这些年来，我的心中一直从服务基础教育工作出发，大胆设想，勤奋研究。以党的教育方针为指导，不断学习，提高自身理论素养；爱岗敬业，无私奉献，和同志合作，一起探讨如何更好地把握教育教学中固有的规律，总结出适合中国国情的教育新思想。

有了想法，然后团结一班志同道合的研究者，克服困难，迎接挑战，展开实验研究。苏轼说："人有悲欢离合，月有阴晴圆缺，此事古难全。"人生不可能样样如意，事业不可能一帆风顺。自参加工作以来，我遇到过一个又一个困难，经受过一个又一个挫折。无论是来自外界还是产生于内心的困扰，我都尽可能地用一颗平和、宁静的心去承受、化解，力求最终达到对生活中坎坷烦恼的完全超越，弱化甚至消除消极因素对工作可能产生的干扰。所以，我能在一般情况下严谨、认真、负责地对待工作，以一颗平和、宽厚的心对待教育科研，即使遭遇别人的不理解。我认为研究要认真，让更多的人了解，并从反面去思考问题，人家也是在关心我，要让批评变为我发展的动力。正因如此，我和同志们没有被困难吓倒，没有因实验研究过程中的波折而退缩，终于一步一个脚印走到了今天。

（二）读书种慧悟之因

古人云："凡物静观皆有得。"又说："于书无所不读，凡物皆有可观。"

从读书到工作，我都脚踏实地、认认真真做好每一件事，并实践着"读书，应该是每一个人的习惯"这句格言。

每一次出差，买回的东西中书是最多的，不仅有教育方面的，还有哲学、传统文化方面的书籍。30多年来，书架上有6 000多册图书。我还总结出一套属于自己的有效的读书方法："读—思—悟"。"买书—读书—写书"成了我的嗜好。著名思想家王充在《论衡》中写道："人有知学，则有力矣。"这几千册书，给了我知识，也给了我力量。尤其是细细品读与教育相关的书籍时，就像一脚踏进了理性的原野，在教育思辨的河流中畅游、思考、感慨……常常是伴着夜来香的幽情，与教育概念亲吻，细嚼着《创造学理论》《中国学习史》等教育经典名著，与教育原理对话。在批判、对话中，领略后现代主义的秀丽风光；在解读教育热点中，阐释"创新学习""创新学习评价四边形理论""创新学习与学习型社会建设""创新智能教学"等一系列基本问题。

最近两三年，我读了很多关于古文化的书。《论语别裁》《二十五史》《易与人类思维》《大学》《老子为道》……好几百册，每天读一点，积淀下来，提高了文学修养，同课题组一起写出了《创新学习赋》。

"天行健兮，以葆常新；地旋疾兮，而载万物。无创造兮，即无进步；有学习兮，乃有更新。伟哉创新，合天地运行之机！大哉学习，破古今慧悟之秘……

尽善兮，宇宙苍穹，创新无止境；尽美兮，乾坤无极，学习无穷期。走实验研究之路，攀理论探索之巅。"

全文五百余字，还有点古文的味道。

在有字之书外，天地万物皆可读，宇宙就是一本无字天书。静观世间万象，体悟自然法则，思考人生本位，我要不断增益学问，开发智慧，力求领悟人的生命价值，更好地服务于教育科研工作。

（三）事业证今生之缘

回首过去，心潮澎湃：当初入行，有的同行劝我，科研工作平凡而枯燥，认为我改行前景当会更好。对此，我却缺乏自信，至今仍觉得自己也许除了读书、写书、勤奋研究之外，别的什么事也干不成。如今的我，年华未老，青春仍在，展望未来，

与英国伦敦大学讲课专家在一起

豪情满怀！未来的我，还有许多路要走；关注现在，还有许多事要干。志存高远而又默默耕耘，老老实实保持清心寡欲，扎根于自己的科研园地，不求名利上有大的收获，只希望科研工作中能不断取得新的成果。对我而言，这最实在。作为一个教育研究者，我们要有自己的内涵。

第一，要立志，要树立远大的志向。像陶行知说的"人生做一件大事情"，在我们的时代，就是要立志带给世人更好的教育。第二，要立功，要有实践，让教育科研成果最大限度地推广开来，服务于我国乃至全世界的教育。第三，要立言，要勇敢地摈弃那些价值有限、往往成为过眼烟云的各种花样翻新的理论。乐于思考，敢于怀疑，不迷信权威，不断总结提升自己的理论，修正自己的见地，建立无限趋近于永恒的科学的教育学说体系。第四要立德，以极大的勇气承受旧说歧见持有者的攻击和责难，以舍我其谁的气概冲破固有偏见的樊篱，为世人树立为正确思想而斗争的典范。

在美国圣地亚哥召开的"世界教育大会（AERA）"上
做创新学习专题报告

创新学习概述

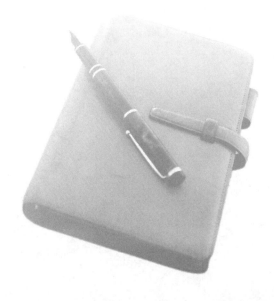

一、教育改革背景下的创新学习

2015 年 3 月，中共中央国务院颁布了《关于深化体制机制改革加快实施创新驱动发展战略的若干意见》；2014 年 6 月，中国科学院、中国工程院两院院士大会召开，习近平总书记以"创新、创新、再创新"为主题，号召全国人民开展创新实践。《国家中长期教育改革和发展规划纲要（2010—2020 年）》指出：尊重教育规律和学生身心发展规律，为每个学生提供适合的教育，培养、造就数以亿计的高素质劳动者、数以千万计的专门人才和一大批拔尖创新人才。要着力提高学生的学习能力、实践能力、创新能力。

创新学习从 1997 年构思、1998 年年初列入重庆市教委重点课题以来，先后被批准为重庆市哲学社会科学重点课题、全国教育科学"十五""十一五"规划课题、联合国教科文组织研究项目，研究已近 20 年，在全国 20 多个省（市、自治区）的近 1 000 所大、中（职中）、小学、幼儿园开展，并在我国香港、澳门、台湾地区和美国、英国、新加坡的学校或研究机构开展。对教育教学目标、课堂教学模式和学生学习方式等方面的创新研究，有效地推动了当地教育改革。

（一）有利于课程目标的达成

根据基础教育课程改革的思想与要求，审视现行的基础教育，不仅在教材建设和管理上，还在教育教学观念、教师课堂教学、学生学习方式等方面，与改革的目标和要求存在着较大的差距。如果在这些方面没有实质性的革新，仅仅依靠教材的变革，则仍然是"新瓶装旧酒"，不可能有真正意义上的课程改革。而创新学习课题研究正是通过在教育教学目标、课堂教学模式和学生学习方式等方面的创新研究上，推动基础教育课程改革的进行。

基础教育课程改革的总目标是：基础教育课程改革要以邓小平同志关于"教育要面向现代化，面向世界，面向未来"的论述为指导方针，全面贯彻党的教育方针，全面推进素质教育。新课程的培养目标应体现时代要求。应使学生具有社会主义社会法制意识，逐步形成正确的世界观、人生观、价值观；具有社会责任感；具有初步的创新精神、实践能力、科学和人文素养以及环境意识；具有适应终身学习的基础知识、基本技能和方法；具有健壮的体魄和良好的心理素质，养成健康的审美情趣和生活方式。

基础教育课程改革的具体目标如下。

（1）改变课程过于注重知识传授的倾向，强调形成积极主动的学习态度，使获得基础知识与基本技能的过程同时成为学会学习和形成正确价值观的过程。

（2）改变课程结构过于强调学科本位、科目过多和缺乏整合的现状，整体设置九年一贯的课程门类和课时比例，并设置综合课程，以适应不同地区学生发展的需求，体现课程结构的均衡性、综合性和选择性。

（3）改变课程内容"难、繁、偏、旧"和过于注重书本知识的现状，加强课程内容与学生生活以及现代社会和科技发展的联系，关注学生的学习兴趣和经验，精选终身学习必备的基础知识和技能。

（4）改变课程实施过于强调接受学习、死记硬背、机械训练的现状，倡导学生主动参与、乐于探究、勤于动手，培养学生收集和处理信息的能力、获取新知识的能力、分析和解决问题的能力以及交流与合作的能力。

（5）改变课程评价过分强调甄别与选拔的功能，发挥评价促进学生发展、教师提高和改进教学实践的功能。

（6）改变课程管理过于集中的状况，实行国家、地方、学校三级课程管理，增强课程对地方、学校及学生的适应性。

从基础教育课程改革的目标反思创新学习研究，可发现两者的功能是一致的。教育部课程发展中心主任助理刘坚教授在 2001 年重庆召开的"全国创新学习研究与实验学术研讨会"上说："创新学习研究的目标和基础教育课程改革的目标是一致的，创新学习研究取得的成果和经验对新课程改革具有可资借鉴的作用。"

1. 从基础教育课程改革的依据看创新学习研究的必然性

21 世纪到来，科技革命带来了巨大的社会变革，3D 打印、载人飞船、基因突变改变了人类思维，大数据时代，课程改革又面临新的挑战。

在美国举行的世界教育大会上，我与各国华人专家在一起

随着知识经济的形成与发展，我们可以看到，以培养创新精神和实践能力为本的教育将是知识经济的中心。这种着眼于知识创新的教育必然是以人的学习为基点的。为此，有人将"知识经济"称为"学习经济"，形成人的终身学习的机制也必然成为21世纪素质教育的基点。终身学习是一种贯穿于人的一生的学习，是不断提出问题、解决问题的学习，是敢于打破专业界限向真实、复杂任务的学习，是与他人协作、分享、共进的学习，是不断进行自我反思的学习，是依托信息技术将真实情境与虚拟情境融会贯通的学习，是以信息技术作为强大认识工具的潜力无穷的学习。正是在这一意义上，我们可以说当今世界正面临着一场"学习的革命"。

因此，基于这一背景下的基础教育改革，必须对教育创新与学习革命的要求做出回答，也就是必须回答"如何建立一种有利于创新人才培养的创新教育体系""如何形成一种在真正意义上尊重人的创造性、充分发掘人的潜力、促进人与人的交流与合作的崭新的教学和学习方式"，而这也正是创新学习研究提出的背景。

通过创新学习研究，我们将要达成的结果如下。

（1）有效改变学生的学习方式，使学生掌握必要的创新方法，学生能进行创新学习。

（2）有效改变教师、学校的教育教学观，给学生营造创新学习的环境。

（3）让学生学会创新学习，促进学生的可持续发展。

由此可以看出，开展创新学习研究是教育改革大环境的必然要求。

2. 从基础教育课程改革的目标看创新学习研究的必要性

（1）以创新精神和实践能力为重点的素质教育目标。《国家中长期教育改革和发展规划纲要（2010—2020 年)》指出："深化教育教学改革，创新教育教学方法，探索多种培养方式，形成各类人才辈出、拔尖创新人才不断涌现的局面。"十八届三中全会的《中共中央关于全面深化改革若干重大问题的决定》指出"增强学生社会责任感、创新精神、实践能力"，强调了培养学生创新的重要性，尤其全国人民都在讨论"钱学森之问"的内涵，再一次掀起创新改革的高潮。只有通过教育创新，我们才能有民族的美好未来。

（2）创新学习研究是探索如何有效培养学生创新精神的突破口。反思我国的传统教育，人们习惯于将其理解为有组织、有计划、有目的地培养人、塑造人、训练人的一种活动，是知识的灌输、品德的培养、技能的训练、体质的增强，而其教育对象——学习者（学生）的独立人格、个性发展、主观能动性等的发挥却往往被忽视；教学中过分注重接受学习、机械记忆和被动模仿，严重抑制了学生好奇求知、探索创新的意识。如何有效地改变这一状况，使学生创新精神、实践能力的培养真正落到实处呢？这是我国基础教育改革必须解决但也尚未得到很好解决的问题。创新学习课题正是以此为突破口的一项研究，它的研究目标如下。

第一，深化教育改革，改变传统的教学模式，培养学生的创新意识、创新方法与创新能力，全面推进素质教育。

第二，指导学生树立创新志向，开展创新性活动。激发学生的创新意识、创新动机、创新激情和创新意志，培养学生动手动脑、热爱科学、勇于探索、敢于创新的开拓精神和创新才干。

第三，让学生掌握创新的方法与技巧，开发创新潜能，发展学生的创新思维能力，组织学生的创新实践活动，提高学生的学习能力、活动能力和实践能力。

第四，培养学生的创新人格，形成乐于创新的品质。

它通过对学生创新意识、创新思维、创新"问题"、创新方法和技能、创新情感和创新人格等方面的培养来完成上述目标，而这些成果可以充实和完善素质教育理论与实践体系。

（二）有利于学习方式的转变

一提起"学习"，许多学生就会想到"读书""练习""做习题""考试"等。在一定程度上，学生学习方式存在着单一、被动的问题，学生缺少自主探索、合作学习、独立获取知识的机会。针对这种现状，《基础教育课程改革纲要（试行）》提出了转变学生的学习方式的任务，促进学生在教师指导下主动地、富有个性地学习。本次课程改革的重点之一，就是要让学生学习产生实质性的变化，提倡自主、探索与合作的学习方式，逐步改变以教师为中心、课堂为中心和书本为中心的局面，促进学生创新意识与实践能力的发展。通过创新学习近二十年的实验，结果表明：创新学习的开展能有效地改变学生的学习方式。

1. 创新学习的开展，改变了课程过于注重知识传授的倾向

求知、开发智力无疑是教育的一项根本任务，但不是唯一任务。课程的功能绝不仅仅是传授知识，而是应当通过课程使学生学会做人、学会求知、学会劳动、学会生活、学会健体、学会审美，使学生得到全面、和谐的发展。当前，世界各国的课程改革都将课程功能的改变作为首要目标，力争使新一代的国民具有适应21世纪社会、科技、经济发展所必备的素质。我国新一轮基础教育课程改革，深刻分析了基础教育存在的弊端和问题，鲜明地提出："改变课程过于注重知识传授的倾向，强调形成积极主动的学习态度，使获得基础知识与基本技能的过程同时成为学会学习和形成正确价值观的过程。"这一根本性的转变，对于在基础教育领域全面实施素质教育，培养学生具有社会责任感、健全人格、创新精神和实践能力、终身学习的愿望和能力以及良好的信息素养和环境意识等具有重要意义。创新学习从实验伊始，就强调将"知识与能力""过程与方法""情感、态度和价值观"三个方面进行整合，这符合新课程的价值追求。

2. 创新学习的开展，使学习方式从单一性向多元性转变

改变学生的学习方式，是指从单一、被动的学习方式向多样化的学习方式转变。为使学生的学习方式发生根本性变革，保证学生自主性、合作性、探索性的学习落到实处，创新学习通过改变学习内容的呈现方式，确立学生的主体地位，促使学生积极主动地学习。将学习过程变成学生不断提出问题、解决问题的探索过程，并针对不同的学习内容，选择不同的学习方式，比如，接受、探索、模仿、体验等，使学生的学习变得丰富而有个性。创新学习从开始提出就一直把确立学生的主体地位、改变学生学习方式作为主要目标。创新学习的方法，例如，自主学习、合作学习、课题学习、问题学习及反思学习，充分体现了以自主合作与问题探究为本的思想。

（1）体现以自主合作为本。自主是指学习者充分发挥个体主观能动性而进行创造性的学习，即学习呈现自主、主动、创造三个层次，并相互依存。自主是创新学习的基本形式，它要求学习者能独立地探索问题、解决问题。这要求学生能有目的地学习，有选择地学习，自我调控地学习；主动适应团体，人际交往能力强，自觉维护社会利益；能独创性地学习，有美好的学习憧憬，有相对自己以外的创新。合作是指学生在小组或团队中为了完成共同的任务，有明确的责任分工的互助性学习。合作学习将个人之间的竞争转化为小组之间的竞争，有助于培养学生合作的精神和竞争的意识；有助于因材施教，可以弥补一个教师难以面向众多有差异的学生的不足，从而真正实现使每个学生都得到发展的目标。我们对课题人员提出了如下要求：积极地相互支持、配合，特别是面对面地促进性的互动；积极承担在共同任务中个人的责任；成员之间有效沟通、相互信任，对共同活动的成效进行评估，并寻求提高有效性的途径，达到自主、合作。我们提出实验教师改"一言堂"为"群言堂"，让学生充分参与，积极表现；打破"听—记—练"的模式，提倡"自学—质疑—研讨—运用—创新"的模式，鼓励学生活跃和活动；摒弃死记硬背，提倡大胆质疑，鼓励学生大胆想象，多让学生说"不"，杜绝教师批评或否定学生的荒唐问题和不当观点；避免教师"满堂灌""满堂问"，激励学生勤思、多问、多练习，使学生在教师的指导、点拨下，通过亲自尝试、摸索，建立新旧知识间的联系。近二十年的改革，成效是明显的。

（2）体现以问题探究为本。在实验推进中，我们提出了课题学习。课题学习是指学生在教师指导下，从学习或社会生活中选择和确定研究主题，用类似科学研究的方式，自主、独立地获取知识与应用知识、解决问题的学习活动。在这一过程中，学生不仅获得了知识与技能，发展了情感与态度，更关键的是发展了探索精神和创新能力。课题学习的主要特征有：学习的思考与探索性；学习的生活与实践性；学习的过程与方法性；学习的自主与教师的指导。要适时地把学生置于"问题"的环境中，激发学生对问题的兴趣，生成悬念，以产生解决一切问题的愿望。可以争论问题，对学生意见的正误，教师不要急于表态，而应以高度的耐心和警觉，随时捕捉学生创造的思想火花，并使其"燃烧"起来；对讨论中的不同意见要给予保护，尤其是那些具有建设性、独出心裁、与众不同的意见；要及时地给学生创造性的思想和行为以评价和鼓励，这是对创造力发展的有力刺激；选择适合学生的课题，让学生动手动脑，敢于陈述不同意见。

1997年，我在广西玉林市向3 000名教师做创新学习专题报告

与此同时，创新学习对学生如何掌握和获得知识的过程和方法予以关注。以前更多关注的是学习的结果，而忽略了学生是通过什么样的学习方式和策略来学习的。死记硬背、题海训练得到的高分，掩盖了学生在学习方式上存在的问题。因此，改变学生的学习方式，必须关注学生的学习过程和方法，关注学生是用什么样的方法获得知识的：是死记硬背背会的；还是大量做题练会的；或者是通过自主探究、发现，在解决问题中学会的。无论是用哪种方法学会的，从试卷上看到的结果都是一样的。但是，由于获得知识的过程和方法不一样，导致了学生真正意义上的收获是

不一样的，而且对学生终身发展的影响也是极不一样的。

3. 创新学习关注学习者的生活经验和社会发展

我国新一轮基础教育课程改革，改变了课程内容"繁、难、偏、旧"和过于注重书本知识的现状，加强课程内容与学生生活以及现代社会科技发展的联系，关注学生的学习兴趣和经验，精选终身学习必备的基础知识和技能，实现课程内容的现代化、生活化与适应性。创新学习从1998年刚开始的时候，除国家课程外，新增学习内容为学生生活中所感所悟的内容以及现代科技发展的内容，我们的实验教师自找资料，补充到教学中，为学生的发展奠定基础。

多年来，中小学课业负担过重，成为全社会关注的热点和难点问题。就连PISA（国际学生评估项目），上海连续两届全球第一，但学生学习负担在全世界也是最重的地区之一。在学生有限的时间里，究竟学什么最有价值，成为本次课程改革关注的焦点。在制定课程标准时，首先，专家组成员达成共识，义务教育是为每个学生发展奠定基础的教育，是提高全民族素质的教育。因此，它的课程内容和要求应当是基础的、有限的和具有发展性的，不能被任意拔高。而且，义务教育是为每一个学生终身学习打基础的教育，不是终结性教育，因而课程要给学生全面、丰富的发展留有充分的时间和空间，有利于学生自主、多样、持续地发展。在此基础上，根据义务教育的性质和时代的要求，重新确定了哪些基础知识和基本技能是学生终身发展必备的，重新界定了新时期基础知识与基本技能的概念，例如，英语的基本能力、信息意识与能力也应成为当代公民必备的素质等。教师教学面向了全体学生，适当降低难度，删除了原有课程内容中偏深、偏难和与学生生活差距较大的部分，使内容呈现出简洁、明了、新颖的特征。其次，增加了与学生和社会现实生活相关的部分，内容涉及人与自我、人与他人、人与社会、人与自然、人与未来五大部分，使课程内容更加具体、更富有生活气息。这些都是创新学习实验所需要的，并从研究伊始，就大张旗鼓地宣传与实施，为课程改革综合实践开展奠定了基础。

4. 创新学习的实践性，培养了创新精神和实践能力

近年来，在我国基础教育课程改革实践中，涌现出一种新的课程形态——综合实践活动。这门课程在我国新的课程体系中占有重要位置。综合实践活动包括信息技术教育、研究性学习、社区服务与社会实践以及劳动技术教育。按照新课程计划，

综合实践活动占总课时比例的 6%～8%。我们一些创新学习实验学校利用综合实践活动的课时或者校本课程时间开设创新学习课，让学生广泛参与社会实践，使他们的创新精神与实践能力得到提升。

创新学习课程不是一种简单的课题实验课，而是具有独特功能和相对独立价值的，并把创新学习思想有效渗透到学习中的一种课程方式。它为学生生活经验的获得和社会实践能力的形成开辟了渠道，为学生个性的发展创造了空间。

创新学习课程是一种基于学生的直接经验，密切联系学生生活和社会生活，体现对知识综合运用的新课程形态。它既适应我国当前推行素质教育的要求，又呼应了世界课程改革发展的趋势。

新课改强调必须设立综合实践课，创新学习丰富了综合实践课的内容。其主要目的是最大限度地拓展学生的学习空间，强调学生通过实践，增强探究和创新意识，学习科学研究的方法，发展综合运用知识的能力。增进学校与社会的联系，培养学生的社会责任感。在课程的实施过程中，加强信息技术教育，培养学生利用信息技术的意识和能力，了解必要的通用技术和职业分工，形成初步的技术能力。我们开设创新学习课的基本目标正是基于此的。在创新学习开展过程中，各实验学校都利用在校时间开设创新学习课，学生以活动为主要形式，它和教育部所倡导的综合实践课的目标及宗旨是吻合的。教育部课程发展中心主任助理刘坚教授说："创新学习与我们新课程改革，不论是目标还是内容都有很多的一致性，为课程改革提供了新鲜的经验。"

（三）有利于教师专业化发展

2012 年，教育部颁布了《小学教师专业标准（试行）》《中学教师专业标准（试行）》，更凸显了教师的"专业"二字。从创新学习研究的实践看，参加研究的教师通过"学会—会学—创新学"这一循环的学习体系中，开放了学习空间、内容、目标、机制，诱发了教师学习的动力，转变了教师的教育思想和观念，使教育教学模式、教育体系结构、教育管理体制、课程体系和教材、评价和考试制度、教育技术手段得到更新。广大教师愿意学习，想学习，有学习的激情，形成了终身学习的观念。教师的多种教育教学活动在一定程度上达到了专业标准的要求，促进了教师专业化的发展。

1. 创新学习倡导促进学生发展，改进教师的教学功能

十八届三中全会的报告指出：探索招生与考试分离……学生考试多次选择……推行初、高中综合素质评价。

多年来，我国中小学教育评价存在着诸多问题，主要表现在：过分强调评价的甄别与选拔功能，忽视促进学生发展的功能；评价指标单一，基本以书本知识为核心，忽视对实际能力、学习态度的综合考查；评价方法多采用纸笔考试，过于注重量化；评价技术落后，过于注重对结果的评价，忽视对过程的评价等。教育评价的相对滞后，已经成为制约全面实施素质教育的瓶颈。

创新学习经过近二十年的研究与实验，始终以发展性评价为纲，突出评价促进发展的功能。具体内容如下：保护学生的自尊心、自信心，体现尊重与爱护，关注个体的处境与需要，注重发展和变化的过程；注重对学生素质的综合考查，强调评价指标的多元化，对学生的评价不仅要关注学生的学业成绩，而且要发现、发展学生多方面的潜能；改变单纯通过书面测验、考试检查学生对知识、技能掌握的情况，倡导运用多种方法综合评价学生在情感、态度、价值观、创新意识和实践能力等方面的进步与变化。不仅要反映学生的学业成绩，而且要反映学生的学习过程和学习态度；采用多种评价方法，对学生的学习过程和学习结果进行评价，比如，采用开放式的质性评价方法，包括行为观察评价、问题研讨、课题学习、情境测验、成长记录等；让学生能经常感受到成功的快乐；为学生的评价提供了多种评价的尺度，"一卷定高低"的局面被打破，例如，重庆50中的考试是以学生满意为目的的评价，一张试卷，学生可以多次修改，直到满意为止。

2. 创新学习使教师成为学生利用课程资源的引导者

创新学习在实施过程中，要求广大实验教师改变过于注重教科书、机械训练的倾向，加强课程内容与现代社会、科技发展、学生生活的联系，倡导学生动手实践、主动参与、探究发现、交流合作，开发和利用了校内外一切课程资源，为实施新课程提供环境。

过去，对课程资源开发利用的价值认识不够。一方面是有教育意义的自然和社会资源未纳入教育资源范畴，其教育的功能和意义没有被充分地认识和利用；另一

方面是教师、学生和家长不知道从哪里找到自己所需要的资源，或者不知道如何利用这些资源来对儿童进行有效的教育。由于学校教育体系的封闭性，资源拥有者缺乏为社会、为教育服务的意识，不了解学生需求和教育规律，造成各种校外教育资源闲置、浪费的现象十分突出。

课程资源对学生的发展具有独特的价值。与传统教科书相比，课程资源是丰富的，具有开放性的。它以其具体形象、生动活泼和学生能够亲自参与等特点，给学生多方面的信息刺激，调动学生多种感官参与活动，激发学生兴趣，使学生身临其境，在愉悦中增长知识，培养能力，陶冶情操，形成正确的态度和价值观，这是传统教科书所无法代替的。为此，每一学科的课程标准都开辟了开发、利用课程资源的内容，为学校教师利用课程资源提出了具体建议。教师在执行新课程中，应当树立新的课程资源观，发挥课程资源的作用，使各种资源和学校课程融为一体，更好地为教育发展服务。

教师学会了根据教学实际和当地实际，处理好教材，这也是教师专业化成长的必然。创新学习在研究中，学生通过了解工厂、农村、环境、经济等多方面的情况，和教师进行探讨，这也刺激了教师不断了解除自己学科以外的知识，使教师成为三级课程的实施者、创造者。

3. 创新学习探索出教师专业成长的模式

教师对新课程的理解与参与是推行新课程的前提，因为他们最终决定着课程实施的走向。在新课程体系中，教师不再是专家编写的教科书的忠实执行者，而是与专家、学生、家长、社会人士等一起共同构建新课程的合作者；教师也不再是只知道"教书"的匠人，而是一批拥有正确教育观念、懂得反思技术、善于合作的探究者。也就是说，新一轮的课程改革对教师提出了更高的要求。教师如何更有效地提高自身素质、成长为新时期教育改革发展所需要的专业人才，这涉及学校教育制度、教育专业化水平、教育督导与人事制度改革等一系列问题。但这里，我们要给大家提供的是通过课题研究促进教师成长的一种可资借鉴的模式。

创新学习课题组在研究中总结出了"理论学习—实践深化—活动交流—反思升华"的教师培训模式。

（1）理论学习。课题组不断进行理论传播、扩散，并组织学习，使实验教师以及其他未参加实验的教师接受和内化创新学习的理论。通过学习，广大教师对创新学习概念、特征、课堂教学模式、原则、方法等有了认识，并逐渐内化为自己的教育思想、教育观念，实现了实验教师原有的教育观念向创新学习教育思想的转化。课题自立项以来，共组织重庆市内大型培训会 21 次，国内学术研讨会 17 次，在境内外召开国际学术研讨会 12 次，在全国实验地（市）培训教师 300 多场，并邀请国内外知名专家讲学，直接培训教师近 100 万人，有效地促进了广大实验教师教育观念的转变。

（2）实践深化。课题组坚持将创新学习理论转化为教师易于操作和运用的技术形态，提出了创新学习"学为主体、教为主导、疑为主轴，动为主线"的"四为主"教学思想，"导趣、导疑、导思、导创"的"四导"课堂教学模式，编制了课堂教学评价量表，编写了创新学习指导课教材，详细说明了学科教学渗透创新学习的方法等，解决了包括教育活动目标、内容、材料、方法、途径、步骤等具体操作问题，实现了实验教师由原先的教学模式向创新学习教学模式的转化，使实验教师在具体的教学实际中进一步体会创新的教育观念，并使认识更具体化、感性化。

（3）活动交流。课题组先后组织了多次创新学习现场赛课活动。赛课活动展示了一批优质课、示范课，并进一步促进了创新学习的课堂教学改革。同时，为了推动实验教师积极参与创新学习的课题研究，课题组还组织了三届优秀论文、教案评比活动，促进了实验教师的成果形成。

（4）反思升华。在创新学习的推广过程中，课题组坚持了开放性。鼓励实验教师在"应用、普及、转化"总课题组理论的同时，对实验进行积极的反思，对修正、补充、丰富、完善、创造性地发展创新学习理论做积极探索。可以说，创新学习的推广过程，也是一个再研究、再创造的过程。因此，在近二十年的实验中，区（县、市）和校子课题组结合本地实际，各展所长，形成了丰硕的成果。比如，重庆铜梁区对学生行为习惯评价的研究，重庆沙坪坝区对小学生创新学习活动课的研究，重庆 42 中对创新学习校内操作模式的探讨，重庆 53 中对运用信息技术培养学生创新学习精神的研究，重庆江津区四牌坊小学的课堂教学模式研究，乌鲁木齐市民族地区创新策略的研究，广东潮汕地区创新学习能力研究，香港创新现状调查等。

创新学习课题组以课题研究为纽带，以学术活动为桥梁，以教师承担子课题研究为载体，要求所有实验教师边教学、边学习、边研究、边总结，在实践中不断学习，在研究中不断提高。这既提高了广大教师的教育教学理论水平，又提高了教师的实际操作能力。年轻教师成长极快，其中先后有多人担任了学校领导，有部分人还走上了区（县、市）教委（教育局）、宣传部、教科所、进修校（教研室）的领导岗位；还有一大批中青年教师成了学科带头人、教学能手，晋升为高级教师。仅重庆市，就有实验教师数十人被评为特级教师或重庆市政府名师，100 多人成为国家级或市级骨干教师，还有数人被评为全国优秀教师、劳动模范，或享受政府津贴，或获得"五一劳动奖章"。

创新学习研究旨在培养中小学生创新学习能力，尤其是培养创新学习精神、创新学习意识、创新学习思维、创新学习技巧和方法，为学生的终身学习奠定基础。它在研究目标、课堂教学改革、学生学习方式变革和教师队伍建设等方面的研究，都与素质教育，尤其是基础教育课程改革的精神和要求是吻合的。通过创新学习课题的研究，我们将对当前教育改革中的一些问题，尤其是如何培养学生创新精神的问题做出回答；通过创新学习课题的研究，我们将丰富和发展素质教育的理论与实践体系，并进一步推动基础教育课程改革的深入开展。

二、创新学习的界定及特征

创造，是人类一项崇高、诱人而又带有几分神秘色彩的活动。一次伟大的创造，如同一道神秘的"芝麻开门"的魔咒，它能牵动整个地球，造福人类世界。创造是人类最伟大的事业。会创造，必须会创新；没有创新，就没有创造。

什么是创新？创新，即创造新成果的本领。新成果，不仅包括新技术、新产品，还包括新思想、新观念、新理论、新方案等。当今世界比以往任何一个时期都更重视创新。知识经济离不开创新，高科技离不开创新，现代管理离不开创新，各个领域的大成就、大贡献都离不开创新。李克强总理在 2015 年政府工作报告中指出"大众创业"更是离不开创新。

（一）创新学习的内涵

从古到今，世界都在变化着。21 世纪，这种变化显得更快。

抛开门户之见，历代的圣贤先哲们用不同的表述方式说出了相同的道理：人类最伟大的事业在于追求全人类（乃至所有生命体、整个地球、整个宇宙）的和谐与安详！宗教学说解释世界的方式和古今中外学者的某些观点，我们未必都持赞成态度，但他们的崇高抱负是值得我们尊敬和赞叹的。中国古代读书人的最高理想被概括成四句话："为天地立心，为生民立命，为往圣继绝学，为万世开太平。"马克思科学地揭示了人类社会发展的规律，是古往今来最伟大的思想家之一，他创立的科学共产主义学说也是"以解放全人类为己任"的。古今中外的思想家、仁人志士虽立说各异，但对人类的终极关怀都趋向"大同"。在实现"大同"的方式上，我们反对寄希望于虚幻的来世，而主张于现实中积极奋斗以求实现。

对这个世界，从时间上讲，我们不知其始，亦未知其终；从空间上讲，宏观世界的广大无量无边，微观世界的奥秘也无穷无尽。人类群体与个体所遭遇的一切不幸与痛苦，不可能有固定而有效的解决方法。人类已有的一切知识和经验，都经历了由无到有的过程。正如鲁迅所说："其实地上本没有路，走的人多了，也便成了路。"只有人类自觉的创新才能消除人类未来的苦痛，弥补这世界的缺陷。

创新是国家发展的灵魂，而创新的基础又在教育，尤其是中小学教育。如何培养中小学生的创新意识、创新精神是众多教育工作者思考的问题。早在 1998 年，我就对创新学习的概念、特征和相关问题进行了阐述，对学习科学研究有了新的发展方向。

1. 学习内涵的界定

在现代汉语中，"学习"已经演化为一个复合词，指"从阅读、听讲、研究、实践中获得知识或技能"。但这只是从学习的功能意义上下的定义，并没有涉及学习的行为特征和行为变化特征。目前，国内比较统一的看法是：学习是个体经验的获得及行为变化的过程。但是，这样的表述也不是非常准确和全面。首先，"个体"和"群体"是相对而言的，群体也有经验获得的问题；其次，有机体的行为变化不仅可以由学习引起，而且可以由有机体的成熟、创伤、疲劳、适应以及药物影响引起。因此，单把有机体的行为变化归之于由学习引起是不确切的。不过，经验的获得使头脑中的知识得以增加，智力得以提高，会导致人们在这些知识的行为上发生某种变化，因此，行为的变化可以作为经验获得的客观标志。

　　山西大学林明榕教授这样定义"学习"：学习是指有机体经验的获得、内化、运用的行为变化过程。[①] 四川师范大学王泽普教授认为，学习就是人们在生活、实践、做人的活动中获得经验，并使得身心得到全面发展的"知行统一"的活动。[②]

　　《学习科学大辞典》对"学习"是这样界定的：从学习科学的角度来研究学习，我们认为要通过两个方面来理解学习的概念。首先，从学习的外延来看，第一个层次泛指包括动物和人类在内的学习活动；第二个层次，次一级的学习，是指人类的学习；第三个层次，是指在校学生的学习；第四个层次，是指在校学生中不同学段的学习。而我们通常所讲的学习一般是指人类的学习或在校学生的学习。其次，从学习的内涵来看，学习就是主体与环境的相互作用，经过内化而获得经验并外化为行为表现的活动。所谓主体，即参加学习活动的主体，可以指人类，也可以指学生；可以是个体（个体学习），也可以是群体（集体学习）。所谓环境，即学习的客体、学习的外部刺激。这个客体包括社会生活、社会实践等直接因素，也包括各种书刊、实验设备、电教手段等间接因素。所谓内化，就是客体作用于主体学习的过程，通过"感知—理解—巩固—运用"的学习过程。所谓获得经验，是指个体或群体参加学习活动获得的以内隐的知识形态表现的结果。所谓外化，就是主体反作用于客体的学习过程，其所获得的结果是表现于主体的外显的行为变化。所谓活动，是指学习既是一种认识活动，又是一种实践活动。从发展的意义上讲，学习是促进学习者身心的全面发展，即德、智、体等方面的全面发展的过程。总之，学习活动应包括学习的主体、客体和学习活动的结果三个基本要素，即学习是主体与环境的相互作用，经过内化而获得经验并外化为行为变化的活动。[③]

　　"学习"一词在西方学习理论中，比较有影响的有：联结派，主张学习是把刺激与反应联结起来；认知派，认为学习是零碎知觉信息的再组织过程；综合两大派的联结—认知说，把学习理解为对环境的刺激，依其关系形成一种新的认知结构的过程，是意义的获得和实现期望的过程。"学习"的定义一个比一个完善，但"学习"的含义是极广的，无论是学习的主体，还是学习对象和学习的结果，情况都是极其

　　① 林明榕：《学习学通论》，17页，北京，学苑出版社，1995。

　　② 王泽普：《学习学概论》，27页，重庆，西南师范大学出版社，1997。

　　③ 中国学习科学学会编：《学习科学大辞典》，172页，北京，新华出版社，1998。

复杂而多样的。本书中所谈的"创新学习"的"学习"，主要指的是人类的学习，尤其是学生的学习。

第一，学习不单指行为变化与经验获得，而是重在人的整体发展变化。人非生而知之，而是学而知之的。孔子说："性相近也，习相远也。"这就是说，人只要通过学习，就可以使本来"性相近"的个体，逐渐发生变化和显示出较大的差异性。我国古代学者治学，总是有意无意地把德、识、才、学熔为一炉，就是着眼于人的整体发展变化，有利于人才的成长。

第二，学习是人的全部心理活动的参与。在学与习的过程中，不但要充分运用注意力、观察力、记忆力、思维力、想象力等，以智力发展对学习起保证作用，而且还强调意志、动机、情感、兴趣、专心致志、笃实态度以及良好的性格因素等对学习起支持和动力作用。当然，身体是学习的基础。

第三，学习是"知行统一"的。毛泽东说过："对于马克思主义的理论，要能够精通它、应用它，精通的目的全在于应用。"[①] 人们之所以要学习，实际上就是要把人类积累的知识内化为个体的经验素质，即把知识应用于实践，解决实际问题。"闻之不若见之，见之不若知之，知之不若行之……行之，明也。""心中醒，口中说，纸上作，不从身上习过，皆无用也。"从此可以看出，"学习"一词，无论是分开用，还是组成复合词，其本质都是要做到"知行统一"。学习本身就是在认识过程中获得知识，在实践中检验和运用知识、增长才干的活动。

第四，学习不仅是重过去，重已有的经验，还要有创造，有发明，要创造出新的东西。学习时不要唯师、唯书，要敢于质疑，提出问题。孔子的"学而不思则罔""悱愤"就是这个意思。继承前辈的知识，学习者必须有创新的意识。学习者必须为使自己有新的想法、新的组合而学习。"观今宜鉴古，无古不成今。"这是清代学者总结前人的治学经验提出的至理名言。他们认为，任何今天的学术成果，都是在批判、继承与借鉴古人的治学成果基础上，经过不断发展创新积累而来。因此，他们提倡继承前人优秀的治学思想和方法，学习古人的创新精神；要求"读万卷书，行万里路""学穷千载"，刻苦钻研，批判继承；反对死读呆学，因循守旧；希望"内得诸心，上通于道，古人精微由我而阐，后学津逮自我而开"。明清学者还提倡培养

---

① 毛泽东：《毛泽东选集》第三卷，239 页，北京，人民出版社，1980。

德、识、才、学与创新素质，展开丰富想象，激发创造灵感，做到"开窗日月进，能通灵窍自生明"。《第五项修炼》一书在论述"学习"一词时强调，对于"学习"，一般人理解为吸收知识、获取信息、效法书中提供的为人处世方法等；该书则在"学习"前特意冠以"真正的"三字，以示与日常理解的"学习"相区别。真正的学习，固然包括获取更多的资讯，但它重在培养如何实现生命中真正想要达成的结果的能力。它是开创的，旨在心灵的转变，涉及人之所以为人这一意义的核心。该书还特别强调"开创性学习"。[①] 书中已经显示了学习中的创新性。

人和动物尽管在学习的主动性、学习内容的复杂性上有很大差别，但都可以进行学习。但人与动物的学习的不同在于人可以创新、创造，也就是说，人能进行创新学习。

总之，学习即生活，学习即实践，学习即为人。学习既是为了知，更是为了行；绝不是为"学"而学，而是为"用"而学。学习不只是继承旧的，还要善于创造新的，能创新学习。

2. 创新内涵的界定

中华民族上下五千年的历史，就是一部不断创新的历史。不管在社会科学方面还是自然科学方面，创新精神都激励着中国人民去探索、去奋斗，去获取物质文明和精神文明的新成果。早在三千年前，中国就有"革故鼎新"之说。作为中国传统文化的奠基作品之一的《周易》，留下了"刚健笃实，辉光日新""富有之谓大业、日新之谓盛德"的话。宋代哲学家张载提出"学贵心悟，守旧无功"；程颐说过"君子之学必日新，日新者日进也"；《礼记·大学》则为中国开拓了一个"苟日新，日日新，又日新"的新天地。创新的理论指导了创新的实践。中国古代的四大发明，标志着宋代以前的中国在整体科技水平方面处于世界领先地位。公元前 221 年，秦始皇统一中国，建立了中央集权的政治体制，而西欧则是在此近 700 年后才跨进了封建社会。正如米·德卫兹在《十八世纪中国文明对德国、英国和俄国的影响》中所说："在 1800 年以前，中国给予欧洲的比从欧洲所获得的要多得多。"自隋唐开始的科举考试制度，延续了将近 1300 年，对整个欧洲产生了很大影响。中华民族的先

---

① 彼德·圣吉：《第五项修炼》，郭世隆译，67 页，上海，上海三联书店，1999。

辈们如此，当代无产阶级革命家更是如此。毛泽东同志以"敢为天下先"的首创精神，经过客观深入的调查研究及对中国现状的透彻分析，创造性地提出在一个半殖民地半封建的国家中以农村包围城市、武装夺取政权的正确道路。新中国成立后，中国共产党人开始了现代化建设的艰辛探索。邓小平同志领导全党、全国人民开创的建设有中国特色的社会主义事业，为中华民族的伟大复兴开辟了正确道路。习近平总书记提出"创新驱动发展"的战略，再一次把"创新"的激情点燃，引导中国成为创新型国家。

创新的萌芽可追溯到很远的古代——古猿演变为人的时期。在这一阶段，生存条件极端恶劣，当大家遇到野兽都选择逃跑时，一个跑在后边的或者由于其他原因促使群体中的某一个人第一次捡起身边的石块掷向野兽，这个举动就是创新。后来，有人又第一次把石块打磨得非常锋利，这样更能致野兽于死地。这已经是在开始制造工具，更是创新了。但是这一层次的创新始终是极其低级的，是完全属于自发的。真正形成思想，用文字加以表述，现在又能查到的，已经是在人类社会发展到比较文明的阶段了。中国古代，与创新有联系的论述是很多的。《论语·宪问》曰："裨谌草创之。"《汉书·叙传下》云："礼仪是创。"《后汉书·应奉传》说："凡八十二事……其二十七，臣所创造。"《三国志·魏武帝纪》注引《魏书》中也讲道："是以韧造大业，文武并施。"

公元前 300 年，古希腊著名科学家亚里士多德就著有《工具论》《心灵论》等著作。他在《心灵论》中曾论述过"想象"的思维形式。大约同时期的古希腊的帕莱斯在总结前人数学研究成果的《数学汇编》一书中，首先使用了"发现法"一词。1565 年，龙沙发表的《法国诗学要略》一书曾这样论述创造的意义："创造是一切东西的来源。"

中国古代最伟大的哲学家老子观察宇宙现象的变化，有以下描述。

> 曲则全，枉则直，洼则盈；
> 敝则新，少则多，多则惑。

其中的"敝则新"，枯叶落尽，新叶不久产生，残冬过去，新春随之降临。我认为这是对"创新"最原始的解释。《现代汉语词典》对"创新"是这样说的："抛开旧的，创造新的。"《学习的革命》一书强调要打破模式："你必须开辟新的道路、寻找新的突破点、发现新的联系，你必须打破原有模式。"该书作者反复论述这样一句话："创新不是发明创造，是旧的成分新的组合。"它包括新的想法、新的解题方法、新的计划、新的构思、新的组合方式……

所谓创新，按《经济发展理论》作者熊彼特（J. A. Shempeter）的观点，是指把一种从来没有出现过的关于生产要素的"新组合"引入生产体系。这种新组合包括以下内容：（1）引进新产品；（2）引进新技术；（3）开辟新市场；（4）开辟原材料的供应来源；（5）实现工业新组合。[1] 从这里可以看出，熊彼特的创新概念相当宽泛，他很强调"新组合"，产品创新，过程创新……都是一个重新组合的问题。一个创新的诞生是因为有一个创新的思想和推动这一思想向前发展的环境，两者必须兼而有之。[2]

（1）激励创新并不需要很多的资源，最重要的是有两类资源：时间和信息。创新者必须有足够的时间去思考，必须有足够的信息资料供他使用。

（2）创新思想常常是对传统的偏离。

（3）要从失败中学习，失败是成功之母。

（4）学校要为创新思想的出现创造一个良好的环境，要有"创新"的"催化剂"。

（5）创新思想要从模糊走向明确。

什么是创新？中国科学院主办的《科学时报》在其社论《拿起创新的思想武器》中指出："'创新'首先是一个经济学概念，但它并不局限于经济学的范畴。"从熊彼特关于创新论述后，一批专家学者对此都有论述，甘德安先生算是一位。但我却认为：创新，即通过旧的知识，新的组合，得出新的结果的过程。"新"可以是与别人不一样的，也可以是自己新的提高，它突出与众不同；"新的结果"可以是一种新的观念、新的思想、新的构想、新的思维方法、新的解题技巧等。创新，就是想出新方法，建立新理论，做出新东西。不同水平的学习，有不同水平的创新。做一道习题，能一题多解、一题多变，或能独立求解、探索新法，是创新；制作一件小工艺

---

[1]　约瑟夫·熊彼特：《经济发展理论》，19 页，北京，商务印书馆，1976。

[2]　林崇德：《关于创造性学习的特征》，载《北京师范大学学报（人文社科版）》，2001（1）。

品，搞出一个小发明，也是创新；造出新产品，产生新技术，提出新理论，更是高水平创新。创新不是凭空臆造，它应建立在知识的传播、转化和应用的基础上。无论是知识创新还是技术创新，都离不开知识的支撑。这就需要学习者不断地学习和探索，获取更多的知识。

我认为，创新的认定关键是一个"范围"的问题。"首创""独创"相对于什么？是全世界，全中国，全重庆？还是一个学校或者一个班？相对于全世界、全中国的创新，推动了社会进步，这是了不起的事，创新是伟大的。但相对于自己的"新"，是不是创新？我认为这也是创新。只有这样，我们才能回到伟大的教育家陶行知先生所说"人人都是创造之人"的境界中来。因此，我们既要重视有一定范围的"大创新"，也要重视相对自己的"小创新"。

3. 创新学习的界定

"创新学习"与"创新性学习"是相近的概念。创新性学习最早出现在由 James W. Botkin 等人所著，牛津大学出版社等 6 家出版社于 1979 年出版的《学无止境》（*No Limits to Learning*）一书中，它是针对全球存在的环境问题、能源危机等而提出来的。创新学习是与维持学习（maintenance learning）既相互联系又相对独立的一种学习。维持学习是获得固定的见解、方法、规则以处理已知的和再发生的情形的学习，它对于封闭的、固定不变的情形是必不可少的。创新性学习是能够引起变化、更新、改组和形成一系列问题的学习，它的主要特点是综合，适用于开放的环境和系统以及宽广的范围。针对我国教育的现状以及教育改革的要求提出的创新学习有它新的内涵。

学习的本质在于获得一种对主体而言是新颖的经验，这种新经验或是现有的，或是未知的，或是需要探索的。日本著名教育家小原固芳对"学"字提出了颇有意味的看法，他认为古希腊人求学就是从惊奇、疑问开始的。于是他说，"学"这个字在希腊语中就是惊奇之意。[①] 创新离不开继承，继承的目的也是为了创新。对现代人来说，更需要创新学习。创新学习是人们通过已有知识、经验的摄取，经过同化、组合和探索，获得新的知识和能力，提高自身素质，使学习者的内部状态和外显行

---

① 转自赵秋萍：《学习与学习学研究》，载《天津商学院学报》，1998（6）。

为发生变化的一种活动。学生创新学习能力的形成，是在多种知识和能力发展的基础上发展起来的，是各种能力的综合反应。中小学生创新学习能力的培养，旨在培养他们的创新学习精神、创新学习意识、创新学习思维、创新学习技巧和方法。人的一生只有通过创新学习，才能不断地改造自己，提高自己，更好地适应自然界和人类社会的瞬息万变。学习者在学习知识时，在学习前人创造的优秀的科学文化技术成果的过程中，要具有创新意识。创新意识是创新学习活动主体必备的素质，是创新学习活动的重要心理机制。要重视培养、激发学习者的创新意识，使学习者具有强烈的创新动机、坚韧不拔的创新意志力和健康的创新情感，养成符合创新学习活动的求新、求异、综合、发散性思维方式。因此，创新学习就要求学习者在学习过程中，在创新意识的激励下，对前人创造的文化知识认真学习，深入钻研，通过分析、综合、抽象、概括的思维加工，并透过表面现象认识其本质和内在联系，敢于破除迷信，勇于探索，勇于提出问题。质疑是创新学习的起点。

我国古代的"在可疑而不疑者，不曾学；学则须疑""于不疑之处有疑，方是进矣"就包含了创新学习的意思。创新学习活动的过程，就是不断质疑而后释疑，不断探索，不断前进的过程。朱熹说："读书无疑者，须教有疑；有疑者却要无疑，到这里方是长进。"

因此，我们对创新学习的界定如下。

所谓创新学习，指的是学习者在学习的过程中，不拘泥于书本，不迷信权威，不依循常规，而是以已有的知识为基础，结合当前的实践，独立思考，大胆探索，标新立异，别出心裁，积极提出自己的新思想、新观点、新思路、新设计、新意图、新途径、新方法的学习活动。这里的"新"不仅指新发现，也指新发展。因为不可能每个人都能揭示新的原理，发现新的方法，只要把人们已揭示的原理和发现的方法应用于不同的问题上，就是一种创新学习。特别是中小学生，显然不能要求他们像科学家、发明家、艺术家那样创新。学习者更多的是相对自己的创新。更简单地说，"创新学习就是以创新为目的的学习"。这是对创新学习给出的最简明的定义。

从以上界定中，我们可以概括出以下几方面的意思（见图1）。

（1）勇于批判。古代学者治学，常因受前人之见的束缚而不敢提出自己的见解。尤其先贤圣哲著书立说之定论，往往被认为是天经地义的真理。治学人常因自身学识浅薄，师心自是，以为书上所载、圣人所说都是不可改变的事实。虽然"学穷千

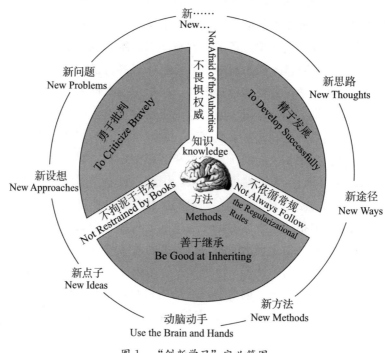

图1　"创新学习"定义简图

载，书总五车"，总是不敢越雷池一步，不敢提出自己的看法。宋明理学发展以来，人们只在穷理上下功夫，空谈学术，不讲实用，自然难以推出新见。学习若只停留在知识接受或穷理之上，那只能成为知识的储存器或保管人。顾炎武在《亭林诗文集·与人书十》中曾举了一个形象的例子来说明："尝谓今人纂辑之书，正如今人之铸钱。古人采铜于山，今人则买旧钱，名之曰废铜，以充铸而已。所铸之钱，既已粗恶，而又将古人传世之宝，春剉碎散，不存于后，岂不两失之乎？"清代学者袁枚认为，学习时应有明确的目标，要打破因循守旧弊端，辟出治学新路。为学就要像"蚕食桑""蜂采花"。"蚕食桑，而所吐者丝也，非桑也；蜂采花，而所酿者蜜也，非花也。"（《随园诗话》）它要求我们学习时不要局限于知识积累，原封不动地把前人成果保存下来；而是要加工制作，进行创造发挥，形成独到之处，从而制作自己的"蚕丝""蜂蜜"。

　　不守旧才有批判，有批判才能开拓，才有创新。这是中外古今名人治学的经验之谈。哥白尼为了创新，不怕牺牲自己。地理学家徐霞客，为了考证长江发源于岷山的错误认识，曾跋山涉水，经过艰难的实地考察，终于使流传了一千多年的"岷山导江"之说得到纠正，证明金沙江才是长江的正源。布鲁诺不畏被大火烧死，宣传"日心说"。年轻的意大利科学家伽利略不畏权威，敢于向亚里士多德挑战，证明"如果没有空气阻力，重物体与轻物体下落速度相同"的结论，并在比萨斜塔上做实验，千百观众都看到了两个同样大小的"铁球"与"木球"同时从斜塔上下落，同时着地的事实……这些都说明，人云亦云、因循守旧将一事无成。只有具备批判精神，敢于冲破时弊，发挥独立思考，才能推陈出新，有所作为。

（2）善于继承。任何事物都是发展变化的，前人总结的思想认识与实践经验，往往受时间、条件与文化背景的局限。即便当时是正确的，具有新意的，可是随着历史的发展，就会出现"到了千年又觉陈"的现象，这是正常的。因此，在学习前人积累的书本知识或实践经验时，不应一味地照学、照搬，必须有所取舍，有所变更，才能适应新的发展需要。批判是认识发展的必需趋势。从历史发展的总趋势看，后人的学习条件无论在主观方面还是在客观方面，都比前人的学习条件优越得多，后人的智力能力也要比前人发达。因此，在学习过程中批判地继承，不但是必要的，而且是可能的。历代学术文化的逐步发展，都是批判继承的结果，是"濯去旧见，以来新意"的表现。

任何一个人，由于受主、客观条件所限，根本不可能认识到事物的全面，只能认识事物的某一部分或侧面。然而，人是能继承的，能把先人长期逐步积累的认识成果在短时间内继承下来，这就是"坐集千古之智"，使人思路开阔，然后"折中其间"，从各种事物的综合比较中发现它们的内在联系，寻找它们的规律性，这样可使人产生新见解，找出新发现。学习者要理清继承与发展的关系，有继承才有发展，发展需要继承前人的学习经验。我们要创新，尽管是旧的成分新的组合，但旧的成分也需要继承。知识有继承，方法、思想也有继承，有继承才有发展。发展与创新是紧密联系的，不可分割的。在学习的过程中，不因循守旧，处处都质疑、问难，养成独立思考的习惯，具备德、识、才、学的创新素质，就为创新打下了基础。古人专门论述创新的著述不多，但从他们发展成才的过程中可以体会到、归纳出这样三点：一是独立思考，凡是碰到问题，都提出"为什么"；二是想象丰富；三是具有创新的灵感。

（3）精于发展。创新使我们由蒙昧走向文明，使我们拥有了将自己与其他动物区别开来的宝贵的智慧。但是越来越聪慧的人类，一天比一天更清醒地认识到我们这个世界存在着越来越多的苦难和缺陷。

在 21 世纪，科学技术必将更加快速地向前发展，从而带动人类社会经济更加迅速地变化。这种趋势在高新技术产业中表现得更加明显。日本的汽车制造业以 2 年为一个产品的生命期，而日本的电子消费性产品制造业则以 3 个月为一个生命期。某些市场上的金融商品甚至只有几个小时的生命期。微软集团副总裁尼森·麦尔渥特说过："无论你的产品多好，18 个月之后就过时了。"甚至表面上看来稳定并且低技术层次的产业的技术创新速度也在快速提高。以美国啤酒制造业为例，美乐啤酒厂 90％的收入来自 24 个月以前并不存在的产品。

世界发展太快，人们必须改变学习方式，用发展的眼光、用未来的眼光对待学习。创新是连接现实与幻想的通道。只有当学习者用发展的眼光，用可持续发展的眼光，对未来的设想通过多种设计变成现实，才能推动社会的快速发展。人类的发展就是一部现实与幻想相结合，从现实不断地走向理想中的境界的历史。可以这样说，谁在现实中停留太久，不去预测理想中的现实，不去追求明天的现实，谁就会落后。1957 年苏联人造卫星的上天，刺激了美国人加强知识创造性的研究。人类实现了登上月球的梦想，更使世界在震惊中深感知识创新的力量，由此引发出全球性的知识创新革命。邓小平同志指出"发展才是硬道理"，这里的发展已经蕴含了深刻的哲理。

4. 创新学习的理解

我们应从宏观、中观、微观三个层面上理解和把握创新学习。

从宏观上说，创新学习实际上是一种教育思想，一种充分重视人的主体意识和创新精神的教育思想。这种教育思想实际上是对"教育中的人"的整体关照的教育思想。荷塞·马蒂认为，教育是一种武装人的方式：它对人负有一种无可逃避的责任；它需使人能够适应生存的时代，而不致将他排除在人生的最终伟大目标之外；它将开启世界的钥匙——将独立和仁爱授之于人，赋予他作为一个自由人只身跋涉而步履轻捷的力量。在学校，一切教育活动都倡导社会的理想、人生的理想、教育的理想，应该始终高举一面大写着"人"字的旗帜。

从中观上说，创新学习是一种学习方法论。随着心理学的发展，人们对学习本质的认识越来越深入。早期的行为主义心理学认识到学习与外部环境的关系，把学习看作刺激与反应的简单联结，认为严格、精密地控制了环境就能得到满意的学习结果，这对学习的理解过于简单化了。认知心理学吸收了信息加工理论，看到了学习内容与学习者内部认知结构的关系，在教学中使知识符合学生的认知结构，但仍没有发挥学生的自主性，因而在实践中也难以提高学习实效。建构主义理论是对行为主义心理学和认知主义心理学的超越，它是在皮亚杰、布鲁纳、维果茨基的理论基础上发展起来的。其基本主张是：世界是客观存在的，但对世界的理解和赋予意义由个体自己决定。人是以自己的经验为基础来建构现实，或者说解释现实。由于人的经验以及对经验的理解不同，因此，人们对客观世界的解释各异。在对待学习活动这一问题上，建构主义者认为：学习是学习者主动建构的过程，既是对新信息意义的建构，又包括对自己原有经验的改选和重组，而不是被动地接受。知识的意义是个人赋予的，经过了学生的理解与消化，因而有鲜明的个人特色。创新学习可以理解为基于建构主义心理学的学习方法论。

从微观上说，创新学习是一类学习方式和方法。创新学习本身没有（也不应有）固定的模式。但是为了实施创新学习，我们必须把作为教育思想、方法论的创新学习转化为一种具体的学习方式和方法，否则，创新学习就成了脱离实际的"空中楼阁"，收不到实效。因此，学生校内、校外的学习活动，凸显创新特征的学习方式和方法，都可称为创新学习方式和方法，以此区别相对应的"被动学习""维持学习""机械学习""他主学习"等。

（二）创新学习的特征

创新学习在其自身的界定中，把学习者所具备的基本素质已揭示得非常清晰：有一定的基础，广泛的实践活动，多元的思维方式，唯自己所认为的"新"，但创新学习有哪些最基本的特征？

1. 学习个体呈现主体性

主体与客体原是哲学概念，是用以说明人的实践活动和认知活动的一对哲学范畴。主体是实践活动和认知活动的承担者；客体是主体实践活动和认知活动指向的对象。学生的学习活动的对象或内容，是学习的客体；而学生自然是学习的主体。在传统的学习观中，更多的是强调教师的教，强调学生的接受学习，强调知识的注入。当然，教师的教和必要的接受学习在学生的学习过程中的地位是毋庸置疑的。但在创新学习中，我们更强调学生的主体性。主体性是学生作为实践活动、认知活动的主体的基本特征。它的实质是由于人有自我意识。通过自我意识系统的监控，可以实现人脑对信息的输入、加工、存储、输出的自动控制系统的控制。这样，人就能按照自己的意识相应地监控自己的思维和行为。而人在实践活动和认知活动中，自我意识的监控所表现出来的分析批判性，正体现着一个人的智力水平、创新能力。美国心理学家的研究表明，创造思维和自我概念存在高相关。自我认可、独立性、自主性上高水平的被试，同样也是高创造力者。在创新学习的过程中，学生的主体性主要表现在以下四个方面。

首先，学生有明确的目标意识，对自己所要达到的学习要求及其社会价值有所认识，并能主动规划和安排自己的学习。

其次，学生有强烈的学习动机，主动参与学习活动并积极探索。在创新的学习活动中，学生不仅完成了知识的简单累积，而且使自身所有的每一部分都与新的知识或经验发生相互作用，并促使其知识、能力、态度及人格等多方面发生变化。而这一切变化，只有学生充分发挥主体性才能实现，这也使其学习更有创新的成分。

再次，学生在学习过程中勇于质疑。学习的过程，实质是学习者不断地"生疑—质疑—释疑"的过程。南宋理学家朱熹说过："读书无疑者，须教有疑。"因此，"疑"是学生创新学习的关键。只有疑，学习者才能积极思考，在不断"生疑—质疑—释疑"的过程中有"创新"。质疑是创新学习的重要环节，只有当学习者能质疑、会质疑，才有创新的可能。

最后，学生能根据各种反馈信息不断反思自身的学习活动。反思或监控是创新学习的一个重要组成部分。学生在学习过程中的反思，是指学习者了解自己的学习过程、学习效果以及学习的社会价值，有意识地对自身的学习活动进行自我监控或自我反省，并进而自我调节，不断提高学习效率的一种信息活动。

重庆莲光小学的学生看见屡禁不止的"牛皮癣"，自主进行调查，并在晚上悄悄跟踪制造这些"牛皮癣"的人，拍了照片（见图2a至图2d）。这体现出学习的自主性。

图 2a

图 2b

图 2c

图 2d

图 2　铲除"牛皮癣"

重庆万盛经济开发区中盛小学是一个地道的农村小学。学生在读书的过程中，常见语言文字不规范，于是五（2）班的一个学生提出要调查一下到底不规范的字有多少。万盛的街道虽然不是很多，但一个人的力量是有限的。于是这个学生找了 8 个小伙伴，分成 4 个组，每一条主要街道一个组，最后用他们所学进行分析，得到表 1。

表 1　重庆万盛主城区招牌用字调查表

街道名称	招牌总数（块）	使用规范字招牌		有不规范字的招牌	
		数量（块）	％	数量（块）	％
万东北路	232	189	81.5	43	18.6
万新路	138	116	84.1	22	15.9
勤俭路	134	116	86.6	18	13.4

续表

街道名称	招牌总数（块）	使用规范字招牌		有不规范字的招牌	
		数量（块）	％	数量（块）	％
松林路	54	46	85.2	8	14.8
合　计	558	467	83.7	91	16.3

学生还调查使用不规范字招牌的单位的意见，对方的回答多种多样，例如，"不管是错是对，只要有人知道我是干什么的就行""这是做广告招牌店的事""这样的字（繁体字）时髦"等。学生通过调查，一方面了解了社会；另一方面加深了自己对学习的兴趣，寓语文、数学的学习于生活中，从而诱发了学习的动力。

2. 学习内容突出方法性

联合国教科文组织国际教育发展委员会编著的《学会生存——教育世界的今天和明天》一书指出："科学技术的时代意味着知识正在不断变革，革新正在不断地日新月异，所以……教育应该较少地致力于传递和储存知识，而应该努力寻求获得知识的方法（学会如何学习）。"

创新学习的学生有着较为系统的学习方法。20世纪六七十年代以来，人们在强调学习方法的同时开始重视各种学习变量对学习方法的影响，把学习方法的选用置于更广泛的学习情境中考察，转向研究各种学习变量、元认知与学习方法选用的关系。这样就将学习方法的探索提高到了学习策略的水平。如果用战术与战略关系来比喻，学习方法属于战术的范畴；而根据学习情境的特点和变化选用最适当的学习方法才是学习的策略，它属于战略的范畴。可见，学习方法由于种类多，又因情境而区别，所以因人而异。这种差异就决定了学生有没有系统的学习方法，能否选用最适当的学习方法，也决定着学生的创新程度。同时，创新学习的学生，在选择和运用学习方法时，往往遵循学习规律，明确学习任务，利用一切可以利用的学习条件，根据学习的情境、内容、目标和特点而灵活地学习。在这一过程中，学习方法不断内化为学生的学习能力，进而学会创新。学习方法的作用表现为加工、处理知识信息，对学习的过程进行调控，最终把客观状态的知识转换为主观状态的知识。在这个转换过程中，学生不仅改变了其原有的知识结构，而且也改变了智力加工的方式。当学生经常使用某种方法时，会对学法使用的过程加以抽象，并使抽象能力向高级水平发展。心智能力的不断提升，为学生架起许多桥梁，创造更多获取知识的机会；为学生进行创新学习、逐步养成创新素质铺好了基石。

学习方法的习惯化与迁移化，标志着学生主体从方法知识的拥有向学法知识的应用转化，标志着学法内化为学习能力，向创新学习迈出了坚实的步伐。习惯化，表明学生不再需要教师的提示，也不再需要有意识的自我监控，而能够在潜意识的监控下，自发地使用所学方法。有意识监控与无意识监控存在着质的区别：许多学生在教师的提示下能够使用所学方法，一旦没有提示就"忘了"；知道某种方法有效，但在实际学习中却不懂得使用；在短期内知道使用，但间隔一段时间又放弃。这些现象都证明了只有学法使用达到习惯化的程度，才标志着内化过程中初级阶段的完成。迁移化，表明学生在掌握一定学法后，面对新的学习情境（即异类学习情境）时，不仅能够使用所学过的方法，而且能够依据新条件、新情况加以调整和改变。在同类情境学习中，能够使用学习方法，一旦处于异类学习又恢复原状，无法使用已学方法，或者只会生搬硬套，缺乏独立地调整和改变学法的能力，都表明学法尚未内化为学习能力。实际上，习惯化是主体对其活动的监控能力的问题，而迁移化则反映了主体心智操作概括化的能力问题。培养良好的学习习惯和能力，是学习主体进行创新学习的必备品质。

学习方法的内化程度不同，在一定意义上决定了学生创新能力的高低。学习方法内化的心理过程主要从诱发性监控向自发性监控转化，从有意识监控向潜意识监控转化，从同类化的专门使用向异类化概括使用转化，进而带来学生学习方式从维持性学习向创新性学习转化。

重庆外国语学校森林小学的学生在进行纯净水、自来水的区别时，认真思考用什么样的方法说明，怎么分析。几位小朋友聚在一起讨论，查阅资料，找到了区别的方法。

1. 方式

（1）动物实验（养蝌蚪）。

（2）植物实验（绿豆种子）。

（3）泡茶试验（同一种茶叶）。

（4）状态实验（pH 和导电情况）。

2. 实验的目的、材料和具体方法

（1）动物实验：养蝌蚪。

① 目的：观察蝌蚪在不同水中的存活天数及生存质量。

② 材料：蝌蚪 20 只，农夫山泉天然水、乐百氏纯净水若干瓶，换水漏勺 1 个。

③ 方法：将 20 只蝌蚪随机分为两组，放入盛有水的水槽中，24 小时换水一次，不喂食，第七天开始不再换水。

（2）植物实验：绿豆发芽实验。

① 目的：观察不同水对绿豆芽的影响。

② 材料：选饱满绿豆 100 粒，随机分为 2 组；准备培养器皿 2 个，分别贴上天然水、纯净水标签；预备农夫山泉天然水、乐百氏纯净水若干瓶。

③ 方法：将绿豆分别放到 2 个培养器中，各倒入 100 mL 农夫山泉天然水和乐百氏纯净水，让绿豆充分与水接触，24 小时换水一次，观察绿豆的生长、发育情况。

（3）泡茶实验。

① 目的：了解不同水泡茶对茶水汤色、口感等感官指标的影响。

② 材料：准备 2 个 250 mL 的烧杯，洗净、拭干；取本年度新绿茶（信阳毛尖）6 g，去碎末，分两等份置于烧杯中；将乐百氏纯净水、农夫山泉天然水分别用酒精灯烧开。

③ 方法：用烧开的乐百氏纯净水、农夫山泉天然水冲泡两杯茶，倒水动作不可太猛，将水倒至烧杯的 2/3 处即可。2 分钟后观察哪一杯茶水颜色最绿，哪一杯水茶叶的形态最美，哪一杯水最具茶叶的清香，哪一杯水味道最好喝。

（4）状态实验：测定不同水的 pH 及导电情况。

① 目的：探究饮用不同 pH 的水与人体健康的关系。

② 材料：取 2 个烧杯，洗净、拭干；准备农夫山泉天然水、乐百氏纯净水各 1 瓶；精密试纸 pH 5.4～pH 9.0 若干；万用表 1 只；小开关 1 个；导电线 4 根。

③ 方法：将 2 个烧杯倒满农夫山泉天然水、乐百氏纯净水，观察水的清浊度，查找农夫山泉天然水、乐百氏纯净水的 pH。用万用表、干电池、水、导电线连接

成一个线路，看万用表上是否有电流通过。

3. 实验结论

学生们试验的结果不是我们主要关心的事，但几位学生能通过这四类途径找出纯净水与自来水的不同，并每天观察蝌蚪成活情况及测量豆芽生长高度，让家长参与品茶，每个环节是那么认真，那么投入，那么一丝不苟，悟出了研究的方法，这是最难能可贵的。学生们分析得出以下结论。

（1）动植物的生长、发育是需要矿物质等微量元素的，而我们小孩子的成长同样也是需要微量元素的，因此，含微量元素的天然水是我们吸收矿物质的一个重要来源。

（2）在西方，人们把天然水誉为"透明白金"，而在茶的国度——中国，有一个流传几百年的故事：用杭州虎跑泉水沏的龙井茶甘洌醇厚，清香四溢，泉水也属天然水。我们通过品尝两种不同性质的水沏的茶，农夫山泉天然水沏茶明显好于乐百氏纯净水。我们做实验用的农夫山泉天然水，不但能把信阳毛尖、龙井、重庆清茗等绿茶的色、香、形、味充分浸泡出来，还能把铁观音、乌龙茶等红茶的色、香、味充分浸泡出来。

（3）水与人们的生活质量也有着紧密的联系。从这次实验中，学生们知道了人体在正常状态下的 pH 为 7.94，长期饮用酸性或碱性水后能使体液酸碱度发生变化，身体会出现不适。

3. 学习过程强调活动性

学生学习的活动性既注重知识的学以致用，也培养了学生合作学习的品质。

老子的名言："上善若水。水善利万物而不争，处众人之所恶，故几于道。"水不但滋润万物，而且也没有争名、争利、争功的特性。不但如此，水无论流到什么地方，都能随遇而安，充分体现了水的"和"性。这其实也是我们现代人所需要的。孔子一生讲得最多的莫过于"仁"。"仁"，其本质就是如何处理人与人的关系，教会合作。

联合国教科文组织 21 世纪教育委员会的报告《教育——财富蕴藏其中》一书曾论述了教育的四大支柱，其中之一便是学会合作。善于交流合作和恪守集体纪律、能乐群合众等品质必然成为新一代人的行为特征。因此，学习者要能主动适应群体或团队生活，为他人所接纳，与人友好相处。古罗马哲学家昆体良始终强调一个观点："大家一起学习，可以互相激励，促进学习。"生活中的人虽然都以个体的方式存在，但是任何单一个体的存在都必然要以由他和其他个体所组成的群体为存在的基础和依托，任何个人的成就都要以得到他人的承认和肯定为前提。另外，人类作为一个整体系统，具有与外界物质、能量和信息交流的开放性。也就是说，人必须与他人进行交往，在交往中学习，在学习中交往；在交往中发展，在发展中交往。每一个学习者的思想品质、性格、知识经验和技能大都在合作中获得。在交往合作中，学习内容作为信息，通过言语、动作、表情、姿势等，从一个人传递给另一人。

重庆市忠县师范附属小学位于长江北岸，学生大多是农村的。学校附近有许多小溪、河流，还有星罗棋布的池塘。学生通过观察，发现水中常见的鱼类、蛙类越来越少，鱼的种类也在逐渐减少，有些水中甚至没有这些动物。是什么原因使这些动物如此迅速地减少呢？五（1）班的学生进行了分组调查。

1. 调查过程

科技小组共有 25 个同学，按住址分成 5 个小组，分别选择一条小溪、一个池塘、一条水沟、一段河流、一块稻田，利用节假日进行观察、调查，并做好统计。

2. 调查结果

（1）水深、有流水的河流和小溪鱼类较多，远离城镇的地方青蛙多些，有些小溪、小沟中几乎没有鱼和青蛙。

（2）稻田里，约 30 m^2 的范围内只见到 3 只幼蛙。

（3）夏、秋两季，河里、池塘里有许多死鱼。

（4）一个小组对周围的几个池塘进行观察，春季能见到十几群小蝌蚪，可是到了夏季，连幼蛙也见得不多。

3. 原因分析

鱼类、蛙类这些过去在水中常见到的动物，现在已经为数不多了，是什么原因造成这种现象呢？科技小组又进行了细致的调查走访，找到了这两种常见的动物减少的几个主要原因。

（1）农药污染。农药使用频率很高。据调查，一般农田一季水稻至少使用3～5

次农药，多的甚至达到 10 次。喷施农药间隔时间短，毒性大，如甲胺磷等。

（2）化肥污染。由于责任到户，劳动力大量外出，使用农家肥既麻烦，生效又慢，因此，种地大量使用化学肥料，对生物的生存环境造成了污染。

（3）水域污染。据调查，所有河流、池塘都有不同程度的污染，污染源有：工厂排入的没有经过处理的废水，城市的生活污水、生活垃圾，甚至有人为投毒等。

（4）人为捕杀、诱钓。在调查中，一位老农告诉我们：每年 4～9 月有许多人专门捕捉青蛙，背着电子捕鱼器的人整天在池塘和小溪边走动。节假日，怀着不同目的前来垂钓的人络绎不绝。有些不法分子甚至向池塘、小溪投毒，致使 90% 以上的水生动物死亡。

4. 几点建议

通过这次活动，科技小组看到了周围环境正在遭受越来越严重的破坏。在实践中，学生既增长了知识，又受到了深刻的环保教育。在老师的指导下，学生继续观察、调查，并积极投身于环保行列，为保护环境出力，把重庆建设得更加美好。他们提出如下建议。

（1）加强环境保护宣传力度，提高人们的环保意识，使人们将环保意识落实到保护水生动物的实际行动中去。

（2）加强环境立法，政府有关部门要严厉打击破坏、污染环境的行为。

（3）建立干部工作责任制，把保护环境、促进本地经济持续发展列为考核地方政府的重要依据。

（4）建立环保宣传小组，利用各种形式宣传环境教育内容，使保护环境变成人们的一种自觉行为。

25 个同学同做一件事，尽管分工不同，但他们从中体会到了同学们相互协作带来的成功感。尤其是独生子女，这样的锻炼使他们懂得合作的重要性，既分工又相互联系，你中有我，我中有你，相互依存，团结互助。创新学习需要的是共同协调地学习，与人友好相处，共同前进。但我们在调查中发现，多数学习者不喜欢或不愿意与他人共同学习，造成思维缺乏碰撞，创新思维难以产生。学习者在实践过程中，容易产生问题与创新思维。同时，实践中也强调了学习者相互之间的协作性。

由于网络学习形式的兴起，学习者之间可能是陌生人，但他们却是网上学习的伙伴，这也强调了合作。这是新时代的一种新的学习方式。

4. 学习感悟注重问题性

只有对尚未经过实践检验的既有观念、理论、学说提出看法，才可能有新的实践经验，或者纠正旧理论，或者突破旧理论、创立新理论。如果没有提出问题这个必要的环节，任何新理论都不可能诞生。法国著名文学家巴尔扎克指出："打开一切科学的钥匙都毫无异议的是问号，我们大部分的伟大发现都应归功于此，而生活的智慧大概就在于逢事都问个为什么。"托夫勒也说过："不问一个为什么，什么东西也学不到。"著名的物理学家爱因斯坦有过这样的评述："提出一个问题往往比解决一个问题更重要，因为解决问题也许仅是一个数学上或实验上的技能而已。而提出新的问题，从新的角度去看旧的问题，却需要有创造性的想象力，而且标志着科学的真正进步。"

学习的过程，其实质是学习者不断地"生疑—质疑—释疑"的过程。"疑"是学生学习的关键。只有疑，学习者才能积极思考，去质疑、释疑，在不断生疑、质疑、释疑的过程中，才有"创新"。亚里士多德曾说过："思维是从疑问和惊奇开始的。"英国哲学家罗素曾说过："唯有大量怀疑论之方策才能扯去把我们与真理隔绝的帐幔。"法国文学家罗曼·罗兰也说过："最伟大的科学，永不满足于无知，是怀疑的种子，它在强者的心目中比信心更有生殖力。"高尔基也说过："要想把情况弄清楚，就不要急着去相信；知识的力量就在于怀疑。"因为"疑问"能使学生心理上感到茫然，产生认知冲突，促使学生积极思考，在这个过程中才能实现创新。如果在学习过程中，长期处于无"问题"的状态，说明他思考不够，学业也提高不了，当然就无创新可言。可以这样说，科学创见始于"问题"，没有"问题"何来创新？因此，"问题"是学习者提高学习能力的基础，是创新的关键。

问题学习尽管是学习者内部的原因，但教师的教学对学生问题意识的养成很重要。请看下面重庆长寿区石堰镇中心校六年级学生做的调查。

现在课堂上的情况真是糟透了，同学们手好好地背在身后，个个专心听讲的样子，可实际上却不知在想些什么，思想已神游去了。老师提出一个问题，多数同学不予理睬，不认真去思考，不想动脑筋，等着别人想，等着别人说；成绩好的同学也不想回答；成绩差的同学就更不用说了。自己只顾张开"口袋"接受知识，这样课堂上回答问题的老是那么几个人。尽管老师一再鼓励和强调，激励同学们积极举手答问，可同学们还是无动于衷，常常让老师在课堂上唱"独角戏"，一节课沉闷又死气。瞧，这就是我们的课堂。面对这一课堂上的"老大难"，我们想调查了解一下同学们是怎么想的，共在本校随机调查了300人（1～6年级，每个年级各随机选取50人），调查情况见表2。

表2　答问情况人数统计

年级	爱回答问题		不爱回答问题	
	人数	百分比（%）	人数	百分比（%）
1	35	70	15	30
2	32	64	18	36
3	25	50	25	50
4	22	44	28	56
5	18	36	32	64
6	10	20	40	80

针对不爱回答问题的同学，调查他们不爱答题的原因。情况见表3。

表3　不爱答题的原因统计

年级	不想动脑筋		害怕		太简单，没兴趣		不会做		丧失信心	
	人数	百分比（%）	人数	百分比（%）	人数	百分比（%）	人数	百分比（%）	人数	百分比（%）
1	3	20.0	6	40.0	1	6.7	5	33.3	0	0
2	5	27.8	4	22.2	3	16.7	6	33.3	0	0
3	9	36.0	4	16.0	3	12.0	8	32.0	1	4.0
4	10	35.7	3	10.7	4	14.3	8	28.6	3	10.7
5	13	40.6	6	18.8	2	6.2	9	28.1	2	6.3
6	16	40.0	8	20.0	3	7.5	10	25.0	3	7.5

从表 2、表 3 可以看出，高年级不爱回答问题的人比低年级多一些，为什么会这样呢？这是因为低年级的同学刚进入学校，表现欲强，敬仰老师，并容易对老师产生好感，对老师提出的问题觉得好玩、有趣，听从老师的话。况且老师对回答问题的同学都会给予掌声或小红旗、小五星等作为鼓励，博得其他同学羡慕的目光。对于这种神秘、好奇的感觉，再加上上进心和炫耀心理的支配，就算再难的题，只要他们想到的，不管对与错，他们都敢举手回答。而随着年龄的增长，高年级学生的想法变了。有的想只要自己的成绩好，做得对就行，何必在课堂上发言；有的想这些题太简单了，答与不答没有关系。低年级部分同学本来知道这道题的答案，但由于胆子小，老师叫他说，他就十分害怕，一害怕就慌张，就讲不出来；而高年级部分同学则是因为害羞，怕答错了受到老师的批评、同学们嘲笑，所以就讲不出来。因而出现了表中 1~4 年级害怕答问的人数越来越少，5~6 年级害怕答问的人数却是呈上升趋势。从表 3 中同时可以看出，不想动脑筋的人数随着年龄的增长而逐渐增加，这是由于同学们渐渐习惯了当"接收人员"，而懒于动脑筋。有的同学本来爱回答问题，举了几次手，老师没叫，他就丧失了信心。还有的因为随着年级的增高，知识难度增大或者老师提出的问题太难……种种心理障碍困扰着他们。

同学们在学习过程中，对深深爱着他们的老师却很有意见。其根源是老师不相信学生，一些问题反复讲，使学生厌烦。回答老师问题的人，年级越高，反而越少，这种现象应该为广大老师警惕。

5. 学习思维凸显求异性

信息的丰富，让学习者不知怎样的信息才是有用的信息。有效信息、无效信息充斥在眼前，没有对相关信息的敏锐性，是难以做到有效的多向思考的。

思维求异的本质是新颖，能与众不同，从反面、逆向等多角度思考问题。同时，任何一项产品或理论由于当时的特定条件，可能有诸多没有考虑到的因素，研究这些情况，能常有新的"产品"出现。学习思维容许各种思维形式的存在，多种结论并存。

聚变是人的大脑在大量信息（包括实践中的信息）、知识、情感激活状态下，信息有序耦合产生新的思维。学习者不要受门类、学科、地域的限制，要有跨学科的思维方式和视角。

学习思维要突出求异性，要让学生有求异思维的习惯。重庆市沙坪坝区育英小学的学生很有创造性，他们创作了很多数学童话。以下是选自五（1）班一位学生的作业。

四则运算一家

在奇妙的数学王国里，生活着四则运算一家，爸爸是小括号，他的儿子是加、减、乘和除。加和减忠厚老实，对爸爸小括号有孝心。乘和除却有很多花花肠子，对爸爸都不太孝敬。在每次解决问题时，爸爸小括号也总是护着加、减，久而久之，乘和除就觉得自己很没面子，爸爸打破了"先乘除，后加减"的数学理念。于是，乘和除决定把爸爸小括号送到一个荒凉的地方，让自己当一家之主。乘和除把小括号送走后，装着哭起来说"爸爸不见了"。加和减信了，把乘和除天天捧着，为他们服务。但没了爸爸，他们一家的名气小多了，经常搞错题。乘和除懊悔不已，又把爸爸小括号接了回来，他们一家又快乐地生活在一起。

有一次，我去哈尔滨一所创新学习实验小学听课，学生正在围绕"假如我是家长"想象，下面是一些学生的对话。

A1：孩子考差了，我不会打骂他，而会给他买想要的东西鼓励他，并分析原因，讲道理，让他下一次考好一点。这样，他的成绩会一点一点进步，直到满意……

A2：给孩子足够的空间去练习、去创造、去发现。

A3：大人对小孩要和蔼可亲。

A4：大人对小孩要有起码的尊重。

A5：大人对小孩的成绩，不能使用体罚，只能严教。

A6：大人对小孩不能过于宠爱。

A7：我有5条建议。

（1）对孩子，必须做好心理、精神上的教育。

（2）我要对我的孩子多进行表扬。

（3）我孩子犯错误时，我不会对孩子大骂，而是和蔼可亲地讲道理。

（4）我要对我的孩子以身作则，做孩子的榜样。

（5）我要常常启发孩子的好奇心，让孩子有非常强的创新精神。

A8：假如我是学生家长，我有 6 条建议。

（1）先进行早期教育，让孩子尽早开发智力。

（2）不会给他施加压力。

（3）我会给他一个自由发展的空间。（不计较他在墙上画画……）

（4）我会永远支持他，鼓励他。

（5）培养他的创造力和独立生活的能力。培养他的爱心，热爱大自然，有一颗纯洁的心。

（6）艰苦朴素的精神品质。

A9：假如我是学生家长，我有 3 条建议。

（1）不打骂，多鼓励。

（2）待他像兄弟一样。

（3）让他通过打工来挣零花钱。

A10：假如我是学生家长，我有 5 条建议。

（1）把她打扮得漂漂亮亮的。

（2）让她就读好的小学。

（3）买一大堆书：科技、童话、天文……

（4）在她失败时鼓励她，成功时表扬她，并告诉她下次继续努力。

（5）让她成为钢琴家，成为音乐的积极分子。

A11：假如我是学生家长，我有 7 条建议。

（1）我会让自己的孩子全面发展。

（2）在认真学习之余，应培养自己的兴趣、爱好。

（3）增强体育运动，把大自然当成朋友。

（4）做有素质的人。

（5）和朋友友好相处。

（6）多鼓励他，让他有自信心。

（7）培养他善良的品质，有爱心。

A12：假如我是学生家长，我会让我的孩子劳逸结合。该做功课时就做功课，认认真真地做；该玩儿时就玩儿，毫无顾忌地玩儿。

A13：假如我是学生家长，我会让我的孩子全面发展，每门功课都十分平均，十分优秀，十分出色。

A14：如果我是学生家长，我会让我的孩子发扬自己的特长，他有一门功课十分出色，让他在自己的领域发挥特长。

就这样一个我们都熟知的话题，学生却有无限的思维。如果我们的学生在学习时都能这样，时时、处处发散求异思维，学生创新学习能力就一定很高。在重庆市中小学第二届创新大赛中，学生以"三角形"展开了想象，见图 3a 至图 3f。

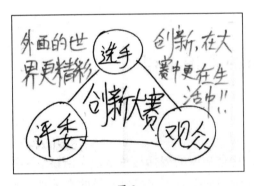

图 3a

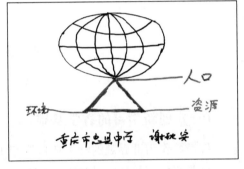

图 3b

图 3c

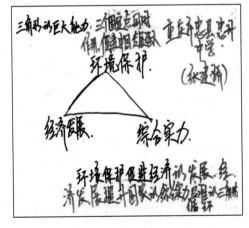

图 3d

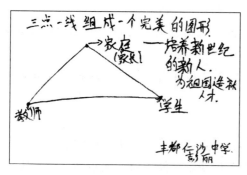 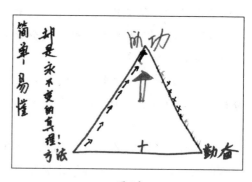

图 3e　　　　　　　　　　　　　　　　图 3f

图 3　"三角形"想象图

三、创新学习的理论依据

（一）创新学习的哲学基础

哲学，作为世界观的学说和自然知识、社会知识的概括与总结，为创新学习提供了最普遍的、共性的科学理论基础。此处对创新学习直接提供指导的有关理论加以论述。

1. 人的本质在于不断发展创新

本质是事物的基本规定性，是一事物区别于其他事物的根本特征。人的本质就是人之所以为人的决定因素。我们认为，创新，就是人作为人的最重要的共性特征。正是由于人的不断创新，才使人在认识世界、改造世界的实践过程中，焕发出潜能，满足其发展需要，增强其本质力量。

首先，创新是人类劳动的核心。劳动是使人成为人，从而区别于其他动物的根本所在。在劳动过程中，创新是产生、形成人及其特性的根本动力。正是由于人的不断创新，才使人在认识、改造自然和人类社会的过程中，成为社会活动的主体，成为社会关系的创造者。从人所特有的劳动活动的演化过程来看，劳动由"最初的动物式的本能的劳动形式"到"专属于人的劳动"①，其根本动力是创新。在劳动过程中，创新使人的本质力量得以展开，使人的社会本质得以实现，使人的历史得以确证。没有劳动，人类便无法生存。而人在劳动中能够能动地表现自己，创造历史、发展历史，改造客观世界、改造主观世界。正是人在劳动过程中的不断创新，才使人类摆脱原始的劳动生产方式而进入农业社会、工业社会……因为，"人是唯一能够由于劳动而摆脱纯粹的动物状态的动物——他的正常状态是与他的意识相适应的，而且是要由他自己创造出来的"②。

其次，人的意识活动就是无限的创新活动。人的重要特征是"使自己的生命活动本身变成自己的意志和意识的对象"，成为"有意识的类存在物"③。人之所以区别于自然和社会化的动物，就在于人的本质力量不是无意识的、被动的和本能的力量。德国心理学家恩斯特·卡西尔就认为，创新是人的本性。他说："人只有在创造文化的活动中，才能成为真正意义上的人；也只有在文化活动中，人才能获得真正的'自由'""人性本不是一种实体性的东西……真正的人性无非就是人的无限的创造活动"④。凡是在社会历史领域进行活动的人，都是具有创新意识、创新精神、创新能力的人。人类的历史就是不断创新的历史。"人的意识不仅反映客观世界，而且创造客观世界"⑤，这就决定了人的活动具有创造性，决定了人在认识活动中具有对真理追求的感情，决定了人在实践活动中具有强烈追求自己对象的本质力量的激情、热情。创新，是以对现实的否定评价为先决条件的。当现实不能满足人的需要时，人就要对现实进行批判，就有理想世界的追求，就要进行创新。因为人对现实世界与理想世界的差异的比较和对真、善、美的追求，是人的内在的自觉追求。

2. 教育的目标在于培育创新人才

现代教育哲学认为："教育起源于人类在劳动过程中形成的超生物经验的传递和交流，是人类特有的遗传方式和交往方式，是人类自身的再生产和再创造。其中，人类自身的再生产是指个体人的形成，直至进入社会；人类自身的再创造是个体和

---

① 《马克思恩格斯全集》，23 卷，202 页，北京，人民出版社，1972。

② 《马克思恩格斯全集》，20 卷，535～536 页，北京，人民出版社，1971。

③ 《马克思恩格斯全集》，42 卷，96 页，北京，人民出版社，1979。

④ 恩斯特·卡西尔：《人论》，甘阳译，5 页，上海，上海译文出版社，1985。

⑤ 《列宁全集》（第 2 版），55 卷，182 页，北京，人民出版社，1972。

人类社会的不断发展和完善。"① 也就是说，教育是在自然人的基础上帮助人实现社会化，并增进其发展和成功的活动。而在这一过程中，发展和培育人的创新精神、创新能力是教育的最高目标。

马克思主义从人的本质和人的本性出发，认为人的社会实践活动分为三种境界。其中之一是人改造世界的主动性发挥，这是人的社会实践活动的基础，也是人的本性。人不仅要适应环境，而且要改变环境。这种主动认识世界、改造世界的活动是按照自己的意志和目的进行选择的。人"在自然物中实现自己的目的，这个目的是他所知道的，是作为规律决定着他的活动的方式和方法的，他必须使他的意志服从这个目的"②。这是人在改造世界过程中表现的自主选择性。只有创新的社会实践活动，才使人在改造自然、改造社会、改造人的自身中体现人的本质。因为，人通过实践创造对象，即改造无机世界；证明了人是有意识的类存在物。创新是人的社会实践活动的最高境界。

按照马克思主义关于人的不同社会实践活动的依次发展与递进增强的关系划分，体现人的本质和人的本性的教育活动，也可分为三种境界：一是使学生"生动活泼地得到发展"，这是为学生将来能够主动认识世界、改造世界奠定基础。二是为学生个性发展提供更多的选择机会。"根据共产主义原则组织起来的社会，将使自己的成员能够全面地发挥他们各方面的才能"，并且"每个人都无可争辩地有权全面发展自己的才能"。只有使学生的个性自由发展，使每个学生自由发展、充分发展，才能推动整个社会、整个人类的自由发展、充分发展。邓小平也曾强调，教育要承认各个人在成长过程中所表现出来的才能和品德的差异，并且按照这种差异给予区别对待。三是培养学生的创新意识、创新精神和创新能力，为他们将来创造性地认识世界、改造世界奠定基础，并在此基础上体现人的本质力量。因为，创新可以使人同其他动物分离；创新可以使人的活动越来越脱离人的本能需要，使人成为人。正如《国家中长期教育改革和发展规划纲要（2010—2020 年)》所强调，教育改革要以培养学生的创新精神和实践能力为重点，这不仅是当今世界以创新能力为本位的人才观对教育的呼唤，而且也是合乎人的发展规律和教育规律、追求最高教育的体现。

---

① 桑新民：《呼唤新世纪的教育哲学》，116～120 页，北京，教育科学出版社，1993。
② 《马克思恩格斯全集》，23 卷，202 页，北京，人民出版社，1972。

（二）创新学习的教育学基础

从教育的基本规律来看，教育应促进社会的发展，教育应促进人自身发展，从发展推动创新；从教育目的的超前性来看，教育目的是面向未来的，教育目的代表着社会的期望，从未来的期望引导创新；从教学模式的时代发展来看，不论问题模式、发现模式，还是研究模式，都是以探索实现创新；从教育的研究方法来看，主要的研究途径是观察、调查、文献、个案、总结、实验等，它们都是从认识未知达到创新。

1. 创新是实现教育基本功能的途径

教育作为一个系统，必然具有一定的功能。无论从历史，还是从现实看，教育之所以成为人类社会所必需的活动，主要是因为它具有两大基本功能。

首先，教育具有影响社会发展的功能。人类社会的延续和发展必须依靠两种最基本的生产：一是社会物质生产；二是人类自身再生产。人类自身的再生产不只是人类的繁衍，而且包括使个体社会化，形成社会的新生一代。显然，社会新生一代的形成必须通过各种形式的教育。因为人类文化、思想的世代相传不能通过遗传实现，新生一代只有通过教育才能在较短时间里继承人类历史文明的遗产，并在此过程中达到当代社会对人的要求，才有可能在现有社会发展的基础上，发挥新人的聪明才智，创造新的财富、知识和经验，不断向新的领域进军，做出新的贡献。另外，人类社会的物质生产也离不开教育。因此，教育促进社会发展的功能主要表现为它是人类社会延续、发展的必不可少的工具，是架在人类社会的过去、现在和未来之间的桥梁。

其次，教育具有影响个体发展的功能。教育的目标是直接影响人的身心发展，而且教育的社会功能主要通过影响个体的发展实现，这决定了教育必然具有影响人发展的功能。无疑，影响人的发展的因素很多，但教育在对人的发展中的主导影响是人们公认的。

（1）教育帮助受教育者选择合适的发展方向。这里的"合适"是指社会发展对人才素质的基本要求与个体特质发展的一致。教育者应创设条件，使受教育者个体特质朝着有利于社会发展的方向发展。

（2）教育应为人的终身发展奠定坚实的基础，为离开学校后个体的继续发展创造条件。我国著名数学家华罗庚先生曾经说过，人的一生中有"三少三多"：在学校的时间少，自学的时间多；有教师的时间少，没有教师的时间多；学的知识能直接运用的少，需要自己创造的多。从这"三少三多"可以看出，教育在影响人的发展方面，应把培养受教育者的自我教育和自我控制能力以及判断、选择、利用环境的能力作为根本性任务，学校为学生提供选择的可能并教学生学会选择。只有这样，教育才能真正促进每个人一生的发展，对人的发展起主导作用。

教育促进社会和个人发展的功能主要表现在它帮助实现了社会的延续和更新。在历史的长河中，教育的延续功能是一贯的、基本的，更新功能却是有条件的。教育使社会文化延续和更新并不是以直接的传递或增添的方式实现，而是通过把人类共创的文化财富转化为个体的知识、才能、思维能力、实践能力等，再通过个体发挥智慧、才能的活动，体现出已有文化对今日社会的功能，或创造出新的文化成果，从而丰富人类文化的宝库，推进人类文化的发展。因此，能否使原有的文化保持活力，能否创造出新文化，关键就在于教育的性质，看教育能否培养出具有创新意识和创新能力的人。在这个科技迅猛发展、国际竞争日益激烈的时代，明确这一点尤其重要。因此，教育要真正实现其促进社会和个体发展的基本功能，就必须依靠创新。

2. 学习创新是面向未来的教育目的

所谓教育目的，一般是指"一定社会培养人的总要求，是根据不同社会的政治、经济、文化、科学、技术发展的要求和受教育者身心发展的状况确定的""它反映一定社会对受教育者的要求，是教育工作的出发点和最终目标，也是制定教育目标、确定教育内容、选择教育方法、评价教育效果的根本依据"[①]。近代以来，人们在教育目的问题上曾经做过多种探索，提出了种种不同的教育模式。例如，面向过去与维持现状的教育目的的模式，以赫尔巴特学派为代表；以教育不变应社会万变的模式，以赫钦斯为代表。随着现代社会的急剧变化，传统的教育观念受到挑战，传统的教育目的的观念也不例外。联合国教科文组织于1972年推荐的《学会生存——教育世界的今天和明天》一书中，对传统的教育目的的观念进行了批评性总结，主张教育目的

---

① 《辞海》（教育学、心理学分册），上海，辞书出版社，1987。

当从"再现过去社会状态"向"预示某些新的社会状态"转变。①《学会生存——教育世界的今天和明天》一书通过科技发展、生产发展、民主发展和人的发展几个方面对教育目的的要求进行分析，得出教育的培养目标如下。

（1）培养现代科学技术、现代生产、现代社会发展与变化的主体，以与现代社会科学技术、生产、社会发展的目标协调。

（2）培养民主主义的促进者——承担社会义务的国家公民与世界公民，以与现代政治生活——现代民主发展的目标协调。

（3）培养实现自己潜能的主人，以利于实现现代人的使命。②

这样的教育目的就是"预示某些新的社会状态"的教育目的。实现这种教育目的必须改革传统教育，尤其必须重视对人的创新精神、创新能力的培养。《学会生存——教育世界的今天和明天》从这一教育目的出发，进一步指出有利于培养创新精神的教育有下列特征。

（1）保持一个人的首创精神和创造力量，而不放弃把他放在真实生活中的需要。

（2）传递文化，而不用现成的模式去压抑他。

（3）鼓励他发挥其天才、能力和个人的表达方式，而不助长他的个人主义。

（4）密切注意每一个人的独特性，而不忽视创造也是一种集体活动。③

传统教育压抑人的创造性，尤其是符合上述要求的创造性，已经受到来自各方面的挑战（包括社会变革和个人发展）。因此，从教育目的的"面向未来"这一本质要求出发，教育呼唤创新。

（三）创新学习的心理学基础

1. 发现、发明、创造与创造力

1950 年，由吉尔福特（J. P. Guilford）提出的一个口号，在全世界尤其是在工

---

① 陈桂生：《从"再现过去社会状态"的教育目的到"预示某些新的社会状态"的教育目的》，载《教育丛刊》，1986（2）。

② 联合国教科文组织国际教育发展委员会：《学会生存——教育世界的今天和明天》，215、205 页，上海，上海译文出版社，1979。

③ 联合国教科文组织国际教育发展委员会：《学会生存——教育世界的今天和明天》，215、205 页，上海，上海译文出版社，1979。

业发达国家引起了意想不到的反响，那就是"人人都具有创造力"。到现在，半个世纪过去了，人们怎样理解创造和创造力？又如何理解创新？

韦特墨（Witmer）在谈到创造性思维时说："只有当创造性思维过程贯穿整个教学实践中，学生学习起来才会身心与共、朝气蓬勃……创造过程通常是这么一种形式，为了获得正确的认识，人们开始重新怀疑并重新研究一切。"库珀（Cooper）认为："创新和创造能力属于经营过程。"① 模仿是重要的创新传播方式。所谓模仿，是指人们通过逆向工程等手段，仿制、生产创新者的产品。由于一个创新商品并不能瞬时占领市场，以及缺乏有效的产权保护手段，模仿者很容易进入市场。有时，模仿者也许比创新者占有更多的市场。其实，模仿是一种重要的创新传播方式，模仿不是简单的仿制，它包含着渐进的创新，对原设计的不断改进。因此，模仿者也应被看作某种创新家。例如，美国公司创造的录像机，日本通过模仿，对其产品进行改造，使录像机性能更加完善，结果日本的录像机占领了世界市场。

创造是指首创新事物，其显著特征是新颖性、独特性。它常常与"发明"联合在一起使用，即"创造发明"。瑞士学者戈特利布·冈特恩（Gottlieb Guntern）认为"创造"必须满足四个方面的要求：（1）新的形式必须是唯一的，即具有独创性、首创性；（2）新的形式必须具有足够的能动性，即为了一定的目的而创造；（3）新的形式必须是美的；（4）新的形式必须代表一种社会价值，即具有某种用途。② 日本学者伊东俊太郎认为："创造就是解决新问题，进行新组合，发现新思想，发展新理论。"

创新学习与创造力、创新力既有区别又有联系。要说创新力、创造力，还是先说创新、创造。

"创新""创造"是两个联系相当紧密的概念，其联系的纽带就在于二者都有一个"创"字，二者都追求变革、更新与发展，都是人所独有的心理活动。因此，二者在一些场合可以互相替用，例如，"创新意识""创造意识"，"创新精神""创造精神"，"创新思维""创造思维"，"创新能力""创造能力"等。但在另一些地方又不能互换，例如，"观念创新""制度创新""管理创新""服务创新"等，若换为"观

---

① 转自甘德安：《知识经济创新论》，23页，武汉，华中理工大学出版社，1997。
② 戈·冈特恩：《创造性领导的挑战》，郑泉水译，12页，北京，清华大学出版社，2005。

念创造""制度创造""管理创造""服务创造"等就显得生硬。因此,"创造"强调独特、新颖,前所未有;而"创新"并不是强调首创,只是优化,重新组合。"创造"强调绝对意义上的"新",有专利权、首创权;而"创新"则是相对意义上的新。另外,"创造"更关心结果;而"创新"更关心过程。

创造力、创新力又如何理解与区别呢?

创造力既是人的能力的最高形式,同时也是一种综合能力的体现。心理学领域的最新研究表明:创造力是一种认识、人格、社会层面的综合体,是知、情、意的统一。创造力的内涵十分丰富,可表述为:适应知识经济时代要求所必须具有的探求态度、批判与创新能力、必需的知识与经验积累和对知识的开放性(无限性)、多维性(多元性)的认识集合。

创新力,意即"创造的能力,才艺智力的开发"。从某种意义上说,"创新力"似乎与"想象""发明"两个词词义相近。创新力的定义有广义和狭义之分。狭义的定义为:提供新颖的、独创的、具有社会意义的事物的能力。例如,科学上的发现,技术上的发明,文化艺术上的创作等。广义的定义为:从事就自身而言是新颖的活动的能力。创新力要求学习者具有:(1)敏感性,容易接受新事物,发现新问题;(2)流畅性,思维敏捷,反应迅速,对于特定的问题情境能顺利产生多种反应或提出多种答案;(3)灵活性,具有较强的应变能力和适应性,具有灵活改变方向的能力,能发挥自由联想;(4)独创性,产生新的非凡思想的能力,表现为产生新奇、罕见、首创的观念和成果;(5)再定义性,善于发现特定事物的多种使用方法;(6)洞察性,能够通过事物的表面现象,认清其内在含义性或多样性,能进行意义的变换;(7)善于发现问题、解决问题的学习品质。而创新学习主要是培养学习者具有创新意识、创新精神和创新方法。学生具有任何独创的学习方法、新奇的想法等都是创新学习,学生长期坚持,定能发展自己的创新力。

从目前来看,人们对创新力较为一致的看法是心理学界的定义:"根据预定的目的和任务,运用一切已知信息,开展能动思维活动,产生出某种新颖、独特、有社会或个人价值的产品的智力品质。"[①] 这里的产品是指以某种形式存在的思维结果。它既可以是一种新概念、新设想、新理论,也可以是一项新技术、新工艺、新产品。

---

① 甘德安:《知识经济创新论》,13页,武汉,华中理工大学出版社,1997。

很显然，这一定义是根据结果来判别创新力的。其判断标准有三：一看是否新颖，"新颖"就是要不墨守成规、破旧布新、前所未有，这是从纵向看。二看是否独特，"独特"主要指不同凡俗、别出心裁，有新意，这是从横向看。三看是否具有社会价值或个人价值。有社会价值，是指对人类、国家和社会的进步具有重要意义，例如，重大发明、创造、革新；有个人价值，是指对个体的发展有意义。当然，创新力就学生的表现来说，可能就是一种设想，一种新的解题方式，一种新的学习方法。尽管我们说新颖性、独特性、价值大小是判断创新力的标准，但这并不意味着没有创造活动、没有创造产品的学习者就没有创新力。因为有无创新力和创新力是否体现出来并不是一回事。大概这就是"创新潜能"与"创新力"不是一回事的充分例证。

创新力也有内隐和外显两种形态。学习者有创新的思想，或许就有创新力。

创造是指最终产生新的有社会价值的成品（包括物质的和观念的产品）的活动或过程，是解决问题的最高形式。[①] 科学家提出能解释某些现象的原理或发明新技术，文学家写出新的有社会价值的作品，音乐家谱写出新的受人欢迎的歌曲，都属于创造性活动。创造又分真创造和类创造。真创造是科学家和其他创造发明家最终产生了对人类来说是新的和有社会价值的成品的活动。类创造是对个体而言的，例如，仅学习过矩形和三角形面积计算方法的学生，发现了把梯形分割成矩形和三角形，从而求出梯形面积的方法。这种发现的思维成品和发现的思维过程同科学家的发明创造过程在本质上是相同的，同样具有创造性，不过其思维成品只对个人来说是新的，而对人类来说是已知的，所以，这种创造性活动称为类创造。类创造的概念，对于解释学生在创新学习中表现出的创造性是大有帮助的。处于成长、学习过程中的学生也能创新吗？这是许多人包括老师在内都有的疑问。实际上，创新就是问题解决的高级形式，任何人都具备这种能力。因此，我们鼓励学生在学习过程中大胆探索，质疑问难，通过新旧知识的有机组合，提出自己的新见解、新观点、新做法。只要对学生个体经验来讲是新的，那就是创新。

人的创新心理的集中体现是创造力。创造力是以个体的认识、行动和意识的充分展开，进行创新思维并取得成果为标志的。创造力因个体心理基础的不同而表现出不同水平的差异。美国心理学家阿瑞提（Arieti）指出：每个精神健全的人都具有

---

① 邵瑞珍：《教育心理学》，218 页，上海，上海教育出版社，1997。

普通创造力，但伟大的创造力只有像牛顿、爱因斯坦那样的能创造出人类伟大成就的人才具有。创造力是由低到高逐步发展的。美国心理学家泰勒（Taylor）将创造力由低到高分为五个层次：一是表达式创造力，以自由和兴致为心理基础；二是生产式创造力，以模仿、应用现成原理和原则为心理基础；三是发明式创造力，以一种新眼光看待事物为心理基础；四是革新式创造力，以对创新问题的全面把握、创新知识的必备和创新领域的充分了解为心理基础；五是高深创造力，以具有处理复杂、深奥资料和创立新的理论学说能力为心理基础。按照泰勒的观点，表达创造力是其他创造力的基础，常见于儿童和青少年的创新心理，而其他创造力都是由低向高逐步形成和发展的。从创造力的形成和发展理论，我们可以看出：创造力不是少数人特有的，每个人都具有创造力，都可以通过创新学习活动进行培养和提高。而较高层次的创造力也不是凭空得来的，需要从小培养，因此，在中小学生中开展创新学习活动是大有裨益的。

2. 创新与创新学习的心理研究

（1）创新学习兴趣。兴趣是一个人积极探究某种事物或趋向某种活动的心理倾向，表现为一个人渴求深入认识某种事物，并力求接近该事物或该种活动的心理倾向。人一旦对某种活动产生了兴趣，就能提高完成这种活动的效率。兴趣是影响创新学习活动效率的一个重要心理因素。个体只要有了创新学习的兴趣，就会产生刻苦钻研、攻克难关的强大原动力。兴趣的产生基于需要，但不能归结为需要。需要表现为必要性，兴趣表现为个人对某种活动的爱好。深刻而巩固的兴趣可以成为需要。一个人的兴趣非常广泛，有物质的兴趣，也有精神的兴趣；有间接的兴趣，也有直接的兴趣；有短暂的兴趣，也有稳定的兴趣。兴趣是可以培养的，兴趣的发展也是有规律的。

创新学习兴趣具有以下特点。

① 创新学习的兴趣稳定地指向创新。兴趣总是指向于一定的对象和事物，一个人的兴趣指向不同，努力的方向就不同。有些人对于学习缺乏稳定的兴趣，凡事见异思迁，事后兴趣就烟消云散。学习是一个人一生必须面对的事情，创新学习是学习的一种精神、方法和技巧，要求兴趣指向创新的目标，成为具有个人特色的主攻方向，形成自己的独特体系。在兴趣广泛的基础上，要形成持久的、稳定的创新学

习中心兴趣，以中心兴趣统辖其他兴趣，才能在事业上做出成绩。世界上许多革命家、科学家都是以形成一种中心兴趣，以执着追求的热情获得成功的。马克思的一切兴趣都围绕着为解放全人类的革命事业而展开，祖冲之的许多创造发明都是建立在对数学研究的基础之上的，达·芬奇的许多发明也与绘画艺术有关。

② 兴趣一旦产生，必须使创新向纵深发展。人的兴趣是发展的，一般经过"有趣—乐趣—志趣"三个阶段。有趣是兴趣发展的低级阶段，往往是由某些外在的新异现象所吸引而产生的直接兴趣；乐趣是兴趣发展的中级阶段，是在有趣的基础上逐步定向而形成起来的；志趣是兴趣发展的高级阶段，与崇高的理想和远大的奋斗目标相结合。人类的创新活动是艰苦曲折的过程，创新学习也要比一般学习付出更多的辛劳。因此，创新学习要求有稳定的、集中的兴趣，最后上升到志趣阶段，全身心地投入到创新学习活动中去。

（2）创新学习情感。当一个人看日出、读书、听音乐、寻找问题的答案或者向往未来的时候，除了有各种不同的认识活动外，还会表现出自己对周围世界高兴、悲伤、害怕、恐惧、喜悦、苦恼等各种各样的态度，即情感。情感是人对客观现实中对象和现象所采取的态度的体验，是人对不同事物所持不同态度的表现。也就是说，情感是以客观事物能否满足人的需要为中介的特殊反映，是人对客观事物与人的需要之间关系的反映。

一个人的情感具有两种职能：调节的职能和信号的职能。调节的职能表现在稳定的情感能指引和维持一个人的行为，排除其他一切阻碍；能消除情绪的过分激动。情感的信号职能表现为人的各种情感都伴随着丰富的表情动作，例如，面部表情动作、手势、肌肉运动等。

在创新学习活动中，情感虽然不起直接的作用，但如果一个人有了学习的热烈情感，就会增强其学习的积极性，主动地探求新的知识，顽强地克服各种困难，大胆地进行创新，从而提高学习效率。孔子就将学习分为知学、好学、乐学三个不同的层次，并把乐学作为一种最高层次的学习热情。他说："知之者不如好之者，好之者不如乐之者。"所以，适当的激情、良好的心境、饱满的热情是创新学习的重要心理品质，是推动创新学习活动的强大动力，是一个人取得学业成就大小的先决条件。我们每个人都是自己情感的主人，在创新学习活动中，既要通过学习活动形成和发展自己的积极热情，又要保持和激发积极的情绪状态，满腔热情地投入到创新学习中。

（3）创新学习意志。创新学习必须具有很强的学习意志。我国著名教育家陶行知先生把育才学校的创学宗旨总结成"十字诀"，即"一个大脑、二只壮手、三圈连环、四把钥匙、五路探讨、六组学习、七（集）体创造、八位顾问、九九难关、十（誓）必克服"。其中的"十（誓）必克服"就是指一个人不仅要有学习的情绪和学习的智慧，而且要有学习的意志，才能克服困难，取得学习的成功。意志是指一个人"为了达到一定目的，自觉地组织自己的行动，并与克服困难相联系的心理过程"。例如，一个学生根据培养目标勤奋学习，刻苦锻炼，克服各种困难，使自己在德、智、体等诸方面都得到发展，就是他的坚强意志的表现。意志是一个人的心理能动性的集中表现，总是与行动相联系的，以通过克服困难，采取有目的的行动来改造客观世界。因此，一个具有坚强意志的人，不仅能促进其情感和智力的发展，而且可以调节和控制自己的情感，主导和支配自己的创新学习活动，并按照自己预定的目标，克服困难，勤学创新，向知识的高峰顽强地攀登。

创新学习的意志特征如下。

① 坚强的目的性。具有创新学习的人，善于结合自己的实际，提出明确的个人创新目标，并为达到自己的目标而顽强拼搏；一般不在琐事上耗费精力，将个人的目的与社会的要求和利益相结合，将社会目的与个人目的和谐地融合在一起，将促进社会进步的目的作为实现个人人生价值的最高标准。目的坚定的人一般比较入迷，知道自己为什么而学习，应朝着什么方向前进。

② 独立的自主性。能按照自己的目的独立地创新学习，一般不用外人的帮助就能发现问题，也不受外人的干扰和约束；能积极坚持自己的正确观点，不受别人暗示的影响，不迷信权威，不屈从于别人。

③ 百折不挠的恒心。意志过程一般要经历决心、信心、恒心三个阶段，恒心是意志过程的最高阶段。创新学习一定要有恒心，要善于抵制不符合行动目的的主观因素的干扰，长久地维持已经开始的符合目的的创新学习活动。持之以恒，百折不挠，直至取得学习的成功。

（4）创新学习性格。性格是指一个人对现实的稳定的态度以及与之相适应的习惯了的行为方式的心理特征。性格在个性特征中具有核心意义，它制约着一个人的能力，特别是创新能力的施展与发展。良好的性格特征可以促进能力的形成与发展，可以补偿某些能力的相对弱点；不良的性格特征则会阻碍能力的形成，甚至还可以使已形成的能力衰退。一个具有优良性格特征的学生，可以保证其创新学习具有正确的动机、稳定的情绪、持久的兴趣和顽强的意志，获得创新学习活动的圆满成功。

创新学习要求一个人具有坚强、果断的性格特征，利用一切可能，合理地组织自己的学习活动，战胜各种障碍，达到既定的目的。同时，创新学习的性格应该具有可塑性和动态性。一个人的性格一旦形成以后，虽然颇为稳固，但也并不是一成不变的。随着社会生活、学习环境的变化，性格也会发生变化。性格在主、客观条件相互作用的过程中形成，同时又在主、客观条件相互作用的过程中发生某些变化。创新学习目标一旦确定，学习者就要改变自己不利于创新学习的性格，通过多种途径培养自己良好的性格。

3. 吉尔福特对创造性思维的研究

创新思维本身就是重新认识问题和解决问题。从这个意义上讲，人人都有创新思维，人人都能进行创新思考。吉尔福特在创造性思维的研究上做了大量工作，他认为创造性思维的基础是发散思维（divergent thinking）。他指出，由发散思维表现出来的行为，代表"个人的创造力"，这种能力具备变通性、独特性和流畅性三个特征。所谓思维的变通性，是指具有创造能力的人的思维变化多端，举一反三，一题多解，触类旁通。类似于"一块红砖有什么用处"这样一题多解的试题，回答者从建筑材料展开到十余种其他用途，表现出人们良好的变通性。所谓思维的独特性，是指对问题能够提出不同寻常的独特、新颖的见解。例如，对故事"一位哑巴妻子被医治好了，丈夫却为妻子变得唠叨而苦恼，从而想让医生把自己变成听不到妻子唠叨的聋子"加以命题，结果出现"聋夫哑妻""无声幸福""开刀安心"等独特、新颖的命题，表现出人们良好的思维独特性。所谓思维的流畅性，是指思维的敏捷性或速度。也就是说，创造能力高的人，思维活动多流畅、少阻滞，能在短时间内表达众多的观念。吉尔福特的研究为尊重学生个性和想象力提出了科学依据，为创新学习的相应思维训练提供了理论支撑。

4. 布鲁纳的发现学习研究成果

在学习理论上，按不同的学习方式，学习可以分为接受学习（reception learning）和发现学习（discovery learning）。所谓接受学习，是指学习者将别人的经验变成自己的经验的时候，所学习的内容是以某种定论或确定的形式通过传授者传授的，不需要自己任何方式的独立发现。与之相对应的教学方法是讲授教学法，学习者将传授者讲授的材料加以内化和组织，以便在必要时再现和利用。奥苏伯尔（D. P. Ausubel）曾把接受学习分为有意义接受学习和机械接受学习，其中，有意义接受学习的过程不是一个被动过程，而是一个新旧知识相互作用的过程，即新知识为"认知—知识结构"所同化的过程。学习者理解新知识时，原有认知—知识结构获得改造和重组。所谓发现学习，又叫"发现法"，是主张由学习者自己发现问题和解决问题的一种学习方式。它以培养学习者独立思考（思维）为目标，以基本教材为内容，使学习者通过再发现的步骤进行学习。发现学习分为独立发现学习和指导发现学习。前者与科学研究相同，在学校学习中较少见；后者却常在课堂教学中出现。它向学生提出有关问题，指导学生收集和学习有关资料，通过积极思考，自己体会、"发现"概念和原理的形成。尽管发现学习的效率比接受学习低，而且受学习者智力水平和知识基础的限制，但是发现学习的倡导者布鲁纳却认为发现学习有四个优点：一是有利于掌握知识体系与学习方法；二是有利于启发学生的学习动机，增强其自信心；三是有利于培养学生发现与创造态度探究的思维定式；四是有利于知识、技能的巩固和迁移。

发现学习的主要特征如下。

（1）强调学习过程。布鲁纳认为，在教学过程中，学生是一个积极的探究者。教师的作用是要形成一种学生能够独立探究的情境，而不是提供现成的知识。"认识是一个过程，而不是一种产品。"可见，学习的主要目的不是记住教师和教科书上所讲的内容，而是要学生参与建立该学科的知识体系的过程。

（2）强调直觉思维。布鲁纳认为直觉思维与分析思维不同。直觉思维不是根据仔细规定好的步骤，而是采取跃进、越级和走捷径的方式来思考的。他认为直觉思维对科学发现活动极为重要。

（3）强调内在动机。在布鲁纳看来，学生在一般教学条件下，学习的动机往往很混乱。他认为应该形成学生的内部动机。比如，发现活动有利于激发学生的好奇心，对探究未知的结果产生兴趣，所以，他把好奇心称为"学生内部动机的原型"。

（4）强调信息提取。布鲁纳认为人类记忆的首要问题不是储存而是提取。提取信息的关键在于如何组织信息，知道信息储存在哪里和怎样才能提取信息。

布鲁纳所倡导的发现学习，强调学习是主动发现的过程。他对于知觉、思维的独到见解，为创新学习提供了心理学的基础。

（四）创新学习的脑科学基础

现代科学正面临着四大问题挑战，即物质的本质、宇宙的起源、生命的本质和大脑的奥秘。为此，全世界众多科学家都在研究"脑"。大脑是人的心理的物质基础，更是学生素质提高与发展的物质基础。进行创新学习，必须了解和掌握有关脑科学研究的新成果及脑科学对学习提出的新的启示或要求。

1. 全脑模型研究与创新学习

（1）脑科学研究的新成果：全脑模型。关于脑科学的研究，自 20 世纪 70 年代以来，已不断取得突破性的进展。首先是罗杰·斯佩里（Roger Sperry）、约瑟夫·波根（Joseph Bogen）、迈克尔·葛萨纳嘉（Michael Gazzanaga）三人进行的著名的"分脑手术"，发现了左、右脑结构与功能的区别，提出了左、右脑分工说（见图 4）。①

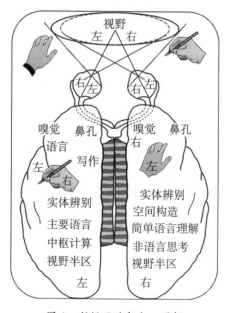

图 4   斯佩里脑部分工图解

---

① 董奇、陶沙：《脑与行为》，86 页，北京，北京师范大学出版社，2000。

　　这一发现在 20 世纪 70 年代初期影响很大，甚至影响到了教育领域。一些教育研究者纷纷进行关于右脑的教育开发研究，发表了许多研究报告。[①] 大脑两半脑在结构和功能上存在着巨大差异。左脑的思维方式更多是程序性的，就好像一个侦探；而右脑则更多是通过类似于"直觉"的方式，往往只需要扫一眼就可以在一群人中间找到想要找的人。或者更形象地说，左脑可能是通过串联的电路思考；右脑则可能是通过并联的电路思考。到 20 世纪 70 年代中期，美国国家健康学会的保尔·麦克连（Paul Mclean）又提出"脑部三分模型"，依照人类进化历程划分人脑的功能区：从爬虫类脑、哺乳类脑到新皮质（见图 5）。但直到 20 世纪 80 年代，坚持左、右脑二分法观点的人仍占优势，关于边缘系统的研究成果不被重视。

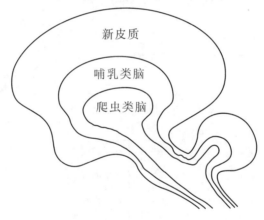

图 5　脑部三分模型

　　奈德·赫曼（Ned Herrmann）在斯佩里和麦克连两人的研究成果的基础上，把二者综合起来，提出了全脑四分构造模型，并认为这个四象限的模型可以当作大脑运动方式的一个组织原则：四大象限分别比拟人大脑皮质的两个半脑和边缘系统的两个半脑。这一全脑模型可以用图 6 和图 7 来描绘。四个构成部分之间相互联系、依存，构成一个统一的整体。

　　（2）全脑模型与创新学习。全脑模型为学生创新精神和创新能力的培养提供了

---

　　① 董奇、陶沙：《脑与行为》，86 页，北京，北京师范大学出版社，2000。

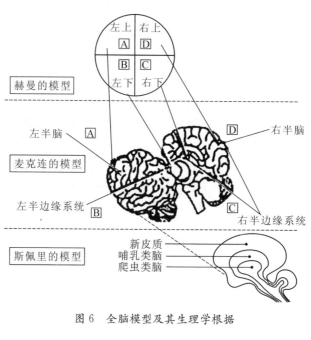

图 6　全脑模型及其生理学根据

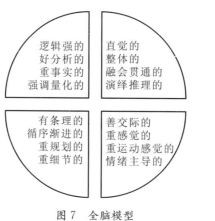

图 7　全脑模型

科学的新模式，即全脑式创新模式。赫曼认为，大脑是创新和创造的源泉。许多人认为，创造、创新纯粹是由右脑控制程序，赫曼却认为这是一个全脑活动的过程。他运用全脑模型研究创造或创新的过程，提出了一个新的由兴趣、准备、酝酿、领悟、检验、应用六个阶段组成的全脑创造过程模式。在不同的阶段，大脑发挥作用的部位不同，但在整个过程的启动和完成阶段，要靠全脑发挥作用（见图8）。

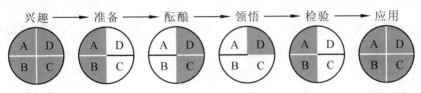

图8　全脑创造过程

兴趣是创造或创新活动的启动阶段，它表明主体对某一问题集中关注，并产生创造、创新的动机。在这一阶段，大脑的四个部分均发挥作用。在准备阶段，进行资料收集和事实分析，并将事实按照时间排列出来，正确说明问题所在。在这一阶段，大脑的 A、B 两部分发挥作用。酝酿是大脑在有意识和无意识两个层面上同时处理问题，主要是右脑（大脑的 C、D 部分）开展心智活动，运用的是直觉和概念式的理解能力，将可能的解决方法提升到意识的层面上来。在酝酿的基础上产生领悟，这时解决问题的思维突然产生，犹如茅塞顿开，豁然开朗。在这个阶段，主要是大脑的 D 部分发挥作用。之后是对产生的解决办法进行检验等，在这个阶段起作用的是大脑的 A、B 部分。应用，是对检验成功的解决方法投入使用和推广的阶段。这一阶段涉及的因素很多，因而大脑的四个部分都投入运行，综合发挥作用。这一创造过程的模型，对于我们理解学生的创新思维的产生过程或指导学生完成一项创新性的活动，具有很大的启发和帮助作用。

传统观点认为，脑的左半球是优势半球，右半球是从属半球。现代科学则认为，一个半球对另一个半球的优势，主要是学习和训练的结果，而不是天生的特性。长期以来，人们重视左脑的训练与开发（包括学校教育与社会习俗），形成了左脑是优势半球之说。要使大量的思维活动产生创造性的思维结果，必须左、右脑协同思维。因此，要在继续开发左脑的同时，积极训练和开发右脑。

左脑是记忆、语言、逻辑推理、计算、排列、分类、书写、分析和求同思维的控制中枢；右脑是视知觉、空间关系、音乐、节奏、舞蹈、身体协调、直觉、综合、态度、情感和求异思维的控制中枢。左、右脑功能各异，左脑承担着语言思维和逻辑思维，称为"理性脑"或知识"司令"；右脑承担着形象思维和直觉思维，称为

"感性脑"或创造"司令"。只有当逻辑思维能力与形象思维能力分别达到一定值时，才会产生突变，出现创造性思维。此时，两半球的功能达到了相对平衡，产生协同的作用。

青少年学生要加强左、右脑的训练，左脑功能占优势的人要注意锻炼右脑，右脑功能占优势的人要注意左脑的锻炼。第一，在学习各种科学知识的同时，加强音乐、美术、书法和艺术体操的学习与欣赏。第二，要经常进行推测和想象、假设与幻想的训练，例如，推测电影、电话和小说的结果，幻想未来社会的各种变化。第三，要丰富自己的学习、生活内容，扩大兴趣领域。第四，加强左、右侧身体的活动与锻炼，擅长用左脑的人要加强右侧身体的锻炼，擅长用右脑的人要加强左侧身体的锻炼。可以根据实际情况自己编排单侧体操，例如，擅长用右手的人，可以用左手持筷子夹黄豆进行训练。

2. 四种脑波研究与创新学习

人的大脑约有 140 亿个神经细胞，它们每时每刻都在不断释放微电流。科学家通过脑电图机，记录出大脑在不同活动状态下的脑电波。脑电波可分为 α 波、β 波、θ 波、δ 波。[①]

（1）α 波。频率为每秒 8～13 次，平均约 10 次，在头部的任何部位均可记录到，而以枕叶最为明显。波幅变动于 50～100 微伏，很少超过 100 微伏。该波与视觉活动有关，在闭眼静息时最常见。α 波表示个体处于一种放松状态，在 α 波状态下，个体学习语言、掌握知识的速度最快。日本学者春山茂雄指出：大脑产生 α 波，会使大脑前额叶联合区的机能开始活跃。在 α 波状态下，人的意识与无意识合为一体，使人的各种活动感觉敏锐，直觉和悟性提高，创造力达到充分发挥。也就是说，当 α 波出现时，大脑左、右两半球的功能会处于协调状态，从而使人脑的功能得到最大的发挥。[②] 这样，大脑的工作效率会提高，人对所学的内容就会感到轻松、容易，并会产生学习的灵感，对学习内容产生顿悟，提高学习的速度和效率。

如何产生 α 波，心想好事是其一，冥想是其二，改善食品是其三。冥想，并不是人们传统所想象的只有"坐禅""入静"状态，脑子自由想象，自觉"心情舒服"

---

① 沈德立：《脑功能开发的理论与实践》，223～225 页，北京，教育科学出版社，2002。

② 春山茂雄：《脑内革命》，郑民钦译，北京，中国对外翻译出版公司，1997。

也能冥想。α 波产生要多让左脑休息，使用右脑。因此，人类在学习、工作过程中，多想工作、学习中成功之事，多想自己感到高兴的事，多欣赏艺术作品，α 波产生的可能性就大，学习、工作效率就高。

（2）β 波。频率为每秒 14～30 次，在额叶最易出现。波幅一般不超过 20 微伏。在思考时最为明显。同时，β 波的出现也表示一个人的紧张、焦虑状态。

（3）θ 波。频率为每秒 4～7 次，在顶叶、颞叶最明显。波幅一般在 100～150 微伏。θ 波常在人昏昏欲睡、沉思冥想以及幻想状态时出现。它既可以是人将要睡着的表示，也可能使人出现直觉、灵感、洞察力和白日梦等心理。研究表明，大脑处于此状态下，人容易接受各种暗示。因此，θ 波是各种加速学习方法和实施自我控制的最佳期。

（4）δ 波。频率为每秒 1～3 次，出现于颞叶和枕叶。波幅在 20～200 微伏。δ 波在人深睡时容易出现。练气功和瑜伽的人在这种脑波下既能入睡，又能保持清醒。但对于一般人来说，如果大脑出现 δ 波，就会神志不清。

3. 多元智能研究与创新学习

美国哈佛大学当代最著名的心理学家霍华德·加德纳（Howard Gardner）的研究成果——多元智能（multiple intelligences），分为语言智能、逻辑—数理智能、空间智能、音乐智能、身体—运动智能、人际智能、自我认识智能及自然观察智能八种。一般读者知道的是七种智能，为什么又是八种呢？自然观察智能是加德纳在1997 年的研究成果，和原来的七种智能并在一块更加和谐。加德纳说：“按照我的观点，学校教育的宗旨应该是开发多种智能并帮助学生发现适合其智能特点的职业和业余爱好。我相信得到这种帮助的人在事业上将会更投入，更具有竞争力，因此将会以一种更具建设性的方式服务于社会。”[①]

（1）语言智能（linguistic intelligence），即有效运用口头语言和书面文字以表达自己想法和了解他人的能力。这项智能包括结合使用语言的结构、发音、意思、修辞，并运用自如的能力。

具有优势语言智能的学生拥有相当高的语言技巧，常常用语言思考；喜欢阅读

---

① 霍华德·加德纳：《多元智能》，沈致隆译，10 页，北京，新华出版社，1999。

和玩文字游戏；喜爱写作；积极投入讨论；热爱学习新词汇；书面作业表现良好；能够透彻理解阅读内容。

其代表有：小说家、撰稿人员、演说家、政治领袖、记者。

表现出的主要品质：有条理，有系统，有推理能力，喜爱听、读、写，喜爱文字游戏，对时事有很好的记忆力。

加强语言智能的品质的途径有：首先，学习者多朗读、朗诵，给人讲故事，当小记者，在小组讨论、小组汇报中积极发言，训练自己的说话及思辨能力、阅读能力。其次，加强写作，采用多种形式的练习，例如，写日记、笑话、小说、小品、访问稿、板报、通报、标语，自己编辑出版文集，达到训练写作能力的目的。最后，学习者要广泛参加校内、校外活动，尤其是一些社区的活动，例如，参加辩论比赛、朗诵或集体朗诵比赛、征文比赛，接待外国友人。

（2）逻辑—数理智能（logical-mathematical intelligence），即有效运用数字和推理的能力。这项智能包括计算、分类、分等、概括、推论和假设鉴定的能力，及对逻辑方式和关系、陈述和主张、功能及其他相关抽象概念的敏感性。

具有优势逻辑—数理智能的学生可以进行概念化和抽象化思考；喜欢做实验，解决难题；喜欢数学运算；喜欢寻找事物的规律和逻辑顺序；热爱挑战和解决复杂的问题；对可测量、归类、分析的事物比较容易接受。

主要代表有：数学家、科学家、工程师、侦探、律师、会计师等。

表现出的品质：喜欢抽象思维，讲求精确，喜欢计算，喜欢以逻辑方式做实验。

加强逻辑—数理智能的主要方法有：加强逻辑思维的训练，例如，鼓励学生互相讨论，培养分析和解读数据的能力，找到运用推理及预测能力的机会。另外，让学习者积极参加各种活动，例如，数学比赛、心算比赛、有关数学的电脑游戏比赛、有关度量衡单位的估计比赛、奥林匹克数学竞赛，有效促进学生的逻辑—数理思维。

（3）空间智能（spatial intelligence），它主要是指能以三维空间来思考，准确地感知空间，并把内在的空间世界表现出来。这项智能包括对色彩、线条、形状、空间和它们之间关系的敏感性以及能重现、转变或修饰心像，随意操控物件的位置，产生或解读图形信息的能力。

具有优势空间智能的学生习惯使用心像和图画来思考；对环境中的物体、形状、颜色和形态具有高度的洞察力；喜欢画画、着色和设计有趣的图案；喜欢玩拼图、看地图；爱做白日梦；喜欢看书中的插图。

代表人物有：建筑师、画家、雕刻家、航海家、棋手、博物学家、军事战略家等。

表现出的品质：有图像思维，喜爱艺术（素描、绘画、雕刻），能轻松地阅读图表，有较佳的色彩感觉，懂得运用想象力。

加强空间智能的途径主要有：欣赏不同的艺术作品并自我解释，大胆创作及色彩运用，参观画展、摄影展、雕塑展、艺术作品展。另外，积极参加校内外活动也是重要内容，例如，学生创作及作品展，布置艺术长廊，制作校园及社区墙画，绘画，漫画创作，参加网页设计比赛、手工制作比赛、民间工艺比赛、废物利用比赛、书法比赛等，促进学习者空间智能的发展。还有一个重要途径是学习者之间相互欣赏、鼓励创新，有条件的还可在醒目的地方设置角落，展示自己的创意作品。

（4）音乐智能（musical intelligence），它主要是指觉察、辨别、改变和表达音乐的能力。这项智能包括对音调、节奏、旋律或音质的敏感性及歌唱、演奏、音乐创作等能力。

具有优势音乐智能的学生喜欢音乐和节奏的形态。他们对周围声音很敏感；对各种声音、音调与韵律有明显反应；喜欢创作音乐；爱唱或聆听多种音乐；在乐曲中可以辨别出不同的乐器；擅长模仿声音；喜欢在有音乐的环境下学习。

代表人物有：演奏家、作曲家、指挥家、乐器制造者。

表现出的品质：对于音高、节奏、音色、音乐情绪力量、音乐复合结构表现出灵性、敏感。

培养音乐智能的途径主要是在音乐方面多尝试，例如，演奏乐器，组织合唱团或乐团，参与或听音乐会，电脑上谱曲，中、西乐演奏、演唱；有这方面专长的学习者还可定期进行音乐欣赏或参加正规表演团体，吸收更多的音乐元素，陶冶性情。

（5）身体—运动智能（bodily-kinesthetic intelligence），它主要是指善于运用肢体来表达想法和感觉，运用身体的部分改造事物。这项智能包括特殊的身体技巧，例如，柔韧性、速度、平衡、协调、敏捷，及自身感受的、触觉的和由触觉引起的能力。

具有优势身体—运动智能的学生对自己身体的觉醒状态有敏锐的感受。喜欢运动、跳舞、角色扮演、用手制作或发明事物；常用手势和其他肢体语言进行沟通；很会模仿动作；喜欢各种肢体游戏并喜欢演练、示范怎么操作；喜欢户外活动，让他们长时间坐着是很困难的。

代表职业有：舞蹈家、外科医生、演员、空手道教练、运动员、赛车手、在机械方面有天赋的技师、杂技演员、发明家等。

表现出的品质：能较好地控制身体，能较好地把握时间，有较好的反应能力，喜欢参与体育运动，喜欢演戏，喜欢动手操作。

发展学习者身体—运动智能的主要方法有：多参加活动，例如，跳绳、早操、武术、太极拳、戏剧活动、旅行、舞蹈、游戏、田径运动、球类活动、登山等。另外，学习者多动手，多操作简单仪器，多制作模型/机器，常参加各种车模、航模比赛等，都是培养身体—运动智能的有效方法。提升学习者的体育意识，鼓励学习者注意身体健康，培养体育精神，建立协作的气氛。

（6）人际智能（interpersonal intelligence），它主要是指觉察并区分他人情绪、动机、意向及感觉的能力，即察言观色、善解人意。这项智能包括对表情、声音和动作的敏感性，辨别不同人际关系的暗示，对暗示做出适当反应以及与他人有效交往的能力。

具有优势人际智能的学生可以从人际的互动中学习。他们通常有很多朋友，能为他人着想；热爱参与团体活动；会解决冲突，进行协调；对他人的想法或感受很敏感，能理解不同的观点；喜欢教导别人做事，经常是团体中的领导者。

代表人物：政治家、推销员、教师、管理者、宗教领袖、公关人员、律师、演员。

表现出的品质：善于谈判，善于交流，喜欢和人在一起，善于与人相处，喜欢群体活动，有许多朋友，喜欢做"和事佬"，善于"察觉"社会形势，能够察觉别人的意图。

加强人际智能的途径是：参加合作方式的学习活动、各种庆祝会、生日会、环保服务等，掌握沟通技巧及交谈方法，培养整理资料、思考分析等能力。

（7）自我认识智能（intrapersonal intelligence），它主要是指具有自我觉察的能力，即自知之明，并能够依此做出适当的行为，计划和引导自己的人生。这项智能包括：了解自己的优缺点；认识自己的情绪、动机、兴趣和愿望；自尊、自省、自律、自主，达到自我实现的能力。

具有自我认识智能的学习者喜欢独自工作。他们能够自我反省和自我觉察；有很强的直觉；行为经常是自发的；具有强烈的意志和自信；同伴常常会找他们征求意见，但有时觉得他们难以接近。

代表人物有：小说家、律师、哲学家。

表现出的品质：有自知之明，对生命的目的极其敏感，有自我认识的能力，非常个性化。

发展学习者自我认识智能的方法有：多与老师、父母、同伴进行私人化的谈心，用一些时间进行反省；独立地学习，进行多样化的思考及创作训练，看图作文、续写句子或故事；参加节日纪念活动、创造性活动，例如，辩论比赛、演讲比赛、故事创作比赛、旧曲新词比赛、绘画比赛、网上设计比赛、程序设计大赛、小课题研究，广阔的创作空间能引发其内在智能发展。

（8）自然观察智能（naturalist intelligence），即对生物的观察、分辨能力。

具有自然观察智能学习者对户外活动、动植物以及大自然的景物很喜爱。他们很注意天气、季节的变化；喜欢收集大自然的东西；喜欢养宠物并尊重生命。

代表人物：动物学学者、植物学学者、古生物研究学家。

表现的品质：观察灵敏，对一草一木特别感兴趣，喜欢教室外的活动，喜欢收集动植物标本，喜欢喂养小动物。

多元智能也是发展的。最新材料表明，多元智能已发展为九种智能，或者在以后的发展中，多元智能的分法或种类也将发展，但有一点可以肯定，人的智能是多元的，是因人而异的。正因为每个人都有自己的长处，创新的领域可能各有不同；同时，创新的方式、方法与时间也因人而不同。这再一次向我们道出：创新无处不在，无时不在，无人不创新，人人可创新。

四、创新学习的发展历程

（一）学习科学研究奠定基础

创新学习是我在"学习指导（对中小学生进行有效学习的指导）"八年研究的基础上提出的。全国教育科学"八五""九五"规划期间，我承担了"学生学习现状调查与指导""义务教育阶段学生学会学习研究"课题的主要研究任务。实验中，尽管我在教育科研院所工作，但始终在教学一线，同实验教师研究实验问题，解决实验中出现的问题，也经常为学生上课，积累了大量的一手材料，为创新学习的提出与研究奠定了坚实基础。

"学生学习现状调查与指导"是全国教育科学"八五"期间重点课题，北京师范大学原党委书记周之良教授为组长，下设 20 多个一级子课题。我主持其中一个子课题"快乐学习研究"，同时也是重庆市教育科学研究院承担的"初中学生学习现状调查与指导"课题的核心研究人员。其研究成果一并通过了由北京师范大学教育管理学院原院长顾明远教授为组长的鉴定，并同时获得全国学习科学学会一等奖。"快乐学习研究"主要研究兴趣对人类学习的影响。从兴趣的概说、兴趣学习的生理机制、兴趣学习的原则，到兴趣学习方法、兴趣学习与成才，再到婴幼儿兴趣学习、小学生兴趣学习、初中生兴趣学习、高中生兴趣学习、大学生兴趣学习、成人兴趣学习等，五年多时间的研究，我于 1995 年出版专著《快乐学习》，26 万字。"初中学生学习现状调查与指导"涉及实验教师近 1 000 人，实验学生近 10 万人，当时调查样本为 7 万人。分析学生的学习，从 15 个维度进行，既包括学习的欲望、学习的目标，也包括学习的习惯、学习的方法、学习思维等，形成"重庆市初中学生学习现状调查报告"。这两个课题对我后来的研究，不论是从研究方法还是研究过程的管理都起到了积极的作用，或者说，是我确定研究方向的重要阶段。1995 年 12 月，重庆市教育学会学习指导研究会（后改为学习指导专业委员会）成立，我担任秘书长。

1996 年，"义务教育阶段学生学会学习研究"课题列为全国教育科学"九五"规划重点课题。我和史美华主任承担了该项课题的子课题"学生学习指导与矫正研究"，同时也是原四川省教委普教重点课题。课题分析学生学习现状，找到学生学习的不良习惯，研究制定学生学习规范量表。分小学、初中、高中阶段，从学习计划、学习用具、作息习惯、课前预习、课堂听讲、读书习惯、课堂笔记、课后复习、完成作业、作业矫正、学习活动、学习结束、应考心理 13 个方面进行细化研究；分学生自评、小组评、教师评环节，有效地改变了学生的学习，提高了学习质量。我们同时编撰了《小学生学习指导》《初中生学习指导》《高中生学习指导》。1997 年又出版了《小学生学习 ABC》，其研究成果获得全国学习科学学会一等奖、重庆市教委一等奖、四川省教委二等奖。在这期间，我对如何组织课题研究，尤其是大型课题的组织、策划等积累了较丰富的经验。1997 年，我担任全国中小学课程导学研究会副理事长兼秘书长、重庆市学习指导专业委员会副理事长，撰写并发表了《学习指导是全面实施素质教育的重要途径》等论文，在全国多个省市做"学习指导的理论与实践""学习策略"等学术报告 200 多场（次），再次把自己的研究方向确立在学习科学方面，并奠定了坚实的基础，在全国学习科学中小学研究领域内产生了一定影响。

（二）创新学习实验取得效果

创新学习实验取得了良好的效果，举一所农村小学的例子。重庆永川临江小学是一所农村学校。学校自 1999 年开展"创新学习理论与实践"子课题"讨论—创新"以来，有效地改变了传统教学中以教师为中心、"满堂灌""填鸭式"的教学方法，体现了学为主体、师为主导、相互影响、相互促进、教学相长的新型教学思想，较好地体现了"学生是学习的主人、教师是学生学习的助手"的观念，提高了学生素质。见表 4。

表 4　实验前后学生综合素质和能力对比（"好"占的百分比）

时　间 ＼ 项　目	思想道德	科学文化	身体技能	劳动技能	收集信息	分析解决	表达能力	社交能力	主动获知	美感
实验前	65％	55％	60％	60％	50％	43％	43％	39％	48％	58％
实验后	70％	65％	65％	64％	67％	63％	70％	67％	70％	63％

学生的创新意识、创新习惯、创新个性和创新能力等创新素质都有一定的提高。三年来，参加各级各类竞赛的学生中有 32 人次获重庆市级以上奖励。与市内同类学校相比，该校的育人质量和社会声誉均走在前列。见表 5。

表 5　实验前后学生创新素质对比

时　间 ＼ 项　目	班级人数（人）	创新意识强（所占百分比）	创新习惯强（所占百分比）	创新个性强（所占百分比）	创新能力强（所占百分比）
实验前	628	37％	32％	28％	36％
实验后	631	49％	51％	46％	47％

不仅如此，实验还优化了课堂教学，提高了课堂教学效果，减轻了学生过重的负担，提高了质量。

对学生的问卷调查表明，认为课业负担适当的占 81％，没有一位同学反映负担过重。见表6。

表6   学生学习负担的调查统计

时间＼项目	认为负担适当的		认为负担重的		认为负担过重的		弃权	
	人数	%	人数	%	人数	%	人数	%
100	81	81	19	19	/	/	/	/

　　实验促进了学校教育教学质量的大面积提高。学生创新的个体能力不断增强，他们形成了创新的意识与习惯，善于观察生活，善于把学习与生活联系在一起，凸显了学生的创新能力。

　　下面是重庆市沙坪坝区育英小学一个学生学习100以内的加减运算后做的总结，即知识掌握的线路图，这更是一次创新的尝试（见图9）。另外两个学生把生活与数学学习有机整合，反映了创新学习的实验效果。

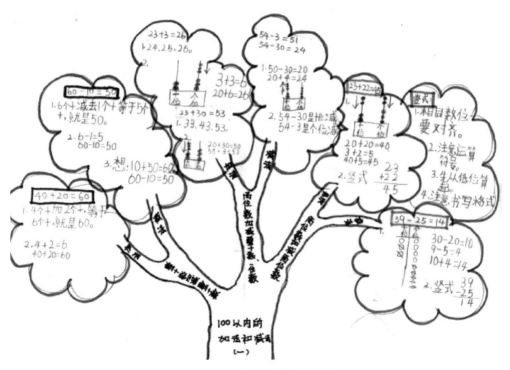

图9　100以内的加减运算总结

青城山之旅

（2013 年 5 月 1 日）

今天，我、爸爸、妈妈、小姨、哥哥等人一起来到都江堰的青城山的前山玩。我们首先去买票，成人票 90 元，儿童票 45 元，我们买了 2 张儿童票、11 张成人票。算式是：$45×2＝90$（元），$11×90＝990$（元），$90＋990＝1\,080$（元）。

我们吃力地爬着，我看了看台阶，头脑中画出了一个直尺，量了量台阶，大约是 5～15 厘米。"好高的台阶呀！"我感叹道。

然后，我们去吃早饭，一共吃了 42 元。我们吃了早饭又开始拼命地爬，半个小时过去了，我们终于爬到了半山腰。"我好渴呀！"我大声地叫着，于是小姨就给我们每人买了一瓶水，花了 56 元；舅妈又买了一些枣子，用了 35 元。买完了东西，吃了一会儿，我们又继续爬山，又过了半个小时，我们终于爬上了山顶。玩了一会儿，休息了一下，我们就下山了。下山我们只用了 40 多分钟就下去了。

今天我们一共用了 1 213 元。算式是：$1\,080＋42＋56＋35＝1\,213$（元）

无处不在的统计

（2014 年 3 月 10 日）

我统计了几个家庭的人均住房面积。

我家有 111 平方米，有爸爸、妈妈和我 3 个人住，人均住房面积就是 37 平方米。小姨家有 123 平方米，有小姨、姨夫、表姐 3 个人，所以，他们的人均住房面积就是 41 平方米。舅舅家也有 123 平方米，住着舅舅、舅妈、表哥 3 个人，所以，他们的人均住房面积也是 41 平方米。爷爷家有 100 平方米，有爷爷、奶奶 2 个人，他们的人均住房面积是 50 平方米。把这一系列信息统计成表，可见表 7。

表 7　亲戚家的人均住房面积

家庭	总面积（平方米）	数（人）	人均住房面积（平方米）
我家	111	3	37
小姨家	123	3	41
舅舅家	123	3	41
爷爷家	100	2	50

这样的实验学校还有很多。正因为有了学校的研究成果，才有了总课题研究的成果。重庆及全国其他地方共约 1 000 所实验学校提供的研究材料是很丰富的，奠定了创新学习研究的坚实基础。2001 年 5 月，创新学习研究通过了以北京师范大学原党委书记、博士生导师、著名教育家周之良教授为组长，西南师范大学校长、博士生导师宋乃庆教授为副组长，全国教育科学规划办公室常务副主任金宝成研究员、华东师范大学教科院副院长熊川武教授、原西南师范大学教科所所长张大均教授、中国高等教育学会秘书长张笛梅教授、全国学习科学研究会副会长董国华教授、重庆师范大学副校长黄翔教授、重庆市教育科学研究院院长万明春教授组成的专家组的鉴定。评价意见中说："重庆创新学习研究起步早，规模大，成果丰，已在全国产生了广泛的影响。""对创新学习主研人员探索的勇气给予充分肯定。"2005 年，联合国教科文组织中国委员会在重庆召开联合国项目的结题会，来自多个国家或地区专家对此给予了评价，认为它在海内外产生了影响。2010 年，该项研究获重庆市政府教学成果一等奖；2014 年，该项成果获国家教学成果二等奖。一批子课题研究成果也获重庆市政府教学成果一、二、三等奖和国家教学成果二等奖。

（三）国际项目增添课题辉煌

2002 年，我们成功申报并获准为联合国教科文组织的研究项目。根据项目要求，我们完成了课题研究任务。

2002 年 8 月至 2003 年 3 月，课题组在重庆、广州、哈尔滨、乌鲁木齐、中国香港等地进行了学生、教师创造性现状调查，样本为 47 548 人。调查对象既有中小学生，也有幼儿园的孩子；既有大城市的学生，也有偏远的农村学生；既有汉族学生，也有少数民族的学生；既有学生，也有教师；既有重点学校，也有一般学校。调查表明教师、学生的创造性普遍较低。教育的发展，更要关心农村学校、城市薄弱学校，促进教育均衡发展。课题组从最初实验开始，就对"差"校采取了多种方法帮扶，收效甚大。况且创造性往往在较差的学校更具有较大的空间。课题组在重庆几所最薄弱的初中进行实验，由于学校硬件、软件都比较差，学生学习水平相对也是最低的。为了让学校敢于实验，放下包袱，在整个初中过程中，实验班不参加区（县）、市的统一考试，只参加毕业升学考试。这样，实验老师就敢于放心地进行创新学习的实验。其实,教育的改革或者教学的实验,由于教师的关心,一般都会提升教育教学质量。但就某一阶段,由于实验的重点不一样,强调学生其他能力的掌握,可能导致考试内容未学完就要参加考试,教师就只能拼命应付。回过头来,教师认为,考试才有用,就放弃改革,走原来的路。广西玉林、四川省宣汉县、重庆酉阳县等都是国家级贫困县,学校设备落后,教师教学观念陈旧,课题组在这些地区多方面、多层次、多角度地培训教师,并与他们座谈,把体现创新学习、体现新课程思想的课送到基层,促进教师教学方式的转变。尽管学校的硬件设施与发达地区的学校没法比,但教育的"软件"接近了,提升了薄弱学校的办学水平,赢得了社会赞誉。

1. 研究设计

(1)研究的目标。

① 深化教育改革,改革传统的学习模式,培养学生的创新意识、创新方法、创新能力,全面推进素质教育。

② 指导学生树立创新志向,养成创新习惯。激发学生的创新意识、创新动机、创新激情和创新意志,培养学生动手动脑、热爱科学、勇于探索、敢于创新的开拓精神。

③ 让学生掌握创新的方法与技巧,开发创新潜能,发展学生的创新思维能力,提高学生的学习能力、活动能力和实践能力。

④ 培养学生的创新型人格,形成乐于创新的品质。

(2)研究的内容。

① 学生方面。

A. 创新意识的培养。形成推崇创新、追求创新,以创新为荣的观念和意识。只有在强烈的创新意识引导下,学生才可能产生强烈的创新动机,树立创新目标,充分发挥创新潜力和聪明才智,释放创新激情。

B. 创新思维的培养。它要求重新组织观念,养成符合创新学习活动的求新、求异、综合、发散性思维方式,以便产生新产品。

C. 创新问题的培养。敢于破除迷信,大胆进行探索,勇于提出问题。

D. 创新方法、技能的培养。懂得一般的创新方法与技巧。

E. 创新情感和创新人格的培养。重视培养和激发学生强烈的创新动机、坚忍不拔的创新意志力和健康的创新型人格。

F. 学生小课题研究。

G. 学生创新学习评价研究。

② 教师方面。

A. 创新学习课堂教学模式的研究。

B. 创新学习课堂教学评价的研究。

C. 创新学习与启发式、讨论式教学关系研究。

D. 教师指导学生进行小课题研究的方式研究。

E. 如何有效引导学生提问的策略研究。

F. 教师创新素质培养途径研究。

G. 创新教学与现代化教学手段研究。

③ 境外方面。

A. 华人社区学生创新性调查分析及对策研究。

B. 中美创新学习比较研究。

C. 境外创新环境研究。

D. 中小学创新途径研究。

E. 创新型教师素质研究。

④ 理论方面。

A. 构建创新学习的理论体系。

B. 构建创新教学的理论体系。

C. 创新学习与人类的可持续发展。

D. 创新学习的最优化理论。

E. 学生创新学习策略及模式研究。

F. 教师创新教学策略及模式研究。

（3）研究的对象。

分五个阶段，即幼儿园、小学、中学（职中）、大学、成人阶段，重点放在中小学。

（4）预期结果。

A. 出版《创新学习：新世纪学习观》《创新教学：新世纪教学观》等理论研究

成果。

B. 出版《学生、教师创造性现状的调查及分析报告》。

C. 通过实验，有效改变学生的学习方式，掌握必要的创新方法，学生能进行创新学习。在全国多种创新大赛中多项获奖，提高学生的学习素质。

D. 通过实验，有效改变教师、学校的教育教学观，给学生营造创新学习的环境。

E. 通过实验，学生学会创新学习，促进学生的可持续发展，出版《创新学习与人的可持续发展》等理论研究成果。

F. 对少数民族地区、贫困地区学生学习现状调查并分析，形成《民族地区、贫困地区学生学习现状》的调查报告。

（5）研究周期。

5年。

2. 联合国教科文组织研究项目研究成果

根据项目要求，我们做了四个方面的研究。其要点如下。

①《务实研究，追求卓越——创新学习的成果概述》（*Innovation and Achievements——A Summarization of the Research of Innovative Learning*）。该文介绍了创新学习的理论研究成果（创新学习的初步界定、基本特征、基本方法、理论基础等），创新教学研究成果，创新学习实践成果，创新学习推广成果，15 000 字。

②《革新方法，振兴教育——中国创新教育方法革新回顾》（*Innovate Our Method to Promote Our Education——A Retrospection of Innovative Education Method's Reformation in China*）。全文分四部分：变以教为中心的传统教育方法为以学为中心的创新教育方法；变狭隘的传统教育方法选择域为宽广的创新教育方法选择域；变以完成预先教学设计为目标的现实方法选择为促进学生发展为目标的方法选择；变单一的传统教学方法选择模式为立体的创新教育方法优化组合模式。

③《开展创新学习研究，促进基础教育课程改革》（*Develop the Research of Innovative Learning to Prompt the Reformation of Education Course*）。该文从开展创新学习研究是基础教育课程改革的要求、开展创新学习研究将有效地促进课堂教学的改革、开展创新学习研究将有效地促进学生学习方式的改变、开展创新学习研究

将有效地促进教师成长四个方面论述，指出了创新学习与基础教育课程改革的关系。

④《创新学习评价研究》（*Research in the Evaluation of Innovative Learning*）。全文分三部分：创新学习评价指标的构建；创新学习评价指标体系的构建，分学生创新学习评价表、教师创新学习指导评价表、学校创新学习特色评价表、创新学习课题评价表、创新学习课堂教学评价表；创新学习评价的实施。

五、创新学习策略

从人类获取知识的方式看，学习可分为两种类型，即维持学习与创新学习。它们不是对立的学习方式，但侧重点不同。研究创新学习，就必须把研究创新学习方法作为重要内容。因为只有通过有效的、科学的方法，才能使学生达到创新学习的境界，也才可能实现创新学习。当然，创新学习也要遵循一般的学习方法与规律。在此，我只着重论述创新学习的策略。

（一）自主学习

1. 自主学习的特征

自主学习，是指学生充分发挥个体主观能动性而进行的创新性学习。即学习过程呈现自主、主动、创新相互依存的三个层次。自主学习的基本特征是预期性、参与性与创新性。

预期性。学生进行创新学习，既要体现出有明确的目标意识，主动规划和安排自己的学习，又要在大量信息面前，具有捕捉信息以及敏锐感受和理解的能力，并能根据自己的需要进行分类、整理。

参与性。学生主动参与集体生活，能为群体所接纳，同时能和集体成员相互协作、相互尊重，对社会有强烈的责任感、义务感。

创新性。学生不满足于获得现成的答案或结果，对所学习的内容能展开独立思考，进行多向思维，创造性地探索新的问题。创新中必须有自主，创新与自主不可分割。自主是创新的前提，没有自主就谈不上创新；创新是自主的体现，没有创新也就无从展现自主。只有自主与创新完整结合，才能充分展示新经济时代人才的创新型人格。

2. 自主学习的策略

自主学习强调学生在反复实践中独立完成学习目标，中小学生在学校学习的基本程序如下。

（1）自学生疑。此步骤是整个自主学习训练的第一步。学生通过自学，必须发现自己能力范围所不能解决的问题，这就是质疑。

（2）合作质疑。合作学习有两种基本形式：一是小组合作交流；二是全班合作交流。在小组交流的过程中，提出本组的疑难问题，简单的立即解决，重要的、困难的地方，经过认真筛选，让全班同学讨论。筛选问题的形式不仅是选择，还可以是完善、合并、修正说法等。

（3）归纳释疑。创新学习提倡学生要对知识本身做深入探讨，前后左右互相联系，悟出它们之间深层的联系。除此之外，还应对学习方法进行归纳，改进学习方法，提出独特的见解。

（4）巩固拓展。巩固是对学习的知识的尝试记忆，尝试不仅有练习这一种形式，更重要的是在实践中运用，在反思中调整，查漏、补缺，并能结合现实的情况，深化发展。

（二）问题学习

问题学习，就是学生能有问题倾向，带着问题学习，并不断寻找信息，提出解决问题方案的学习。古今中外的教育学家、心理学家对"问题"研究的论述较多，但实际上，学生能真正使用"问题"学习的却不多见。原因是多方面的，其关键是考试评价的影响。我们的学生是聪明的，为了考试有好的成绩，背诵记忆省时省力，考试效果还很好，于是就少提问了。久而久之，学生提问的习惯就没有了。

1. 问题学习的特征

（1）问题心理倾向性。它是指学生要有想提问题的欲望。问题学习，需要学生克服自卑心理，有想提问题的意识和敢提问题的胆量，在心理上产生需要。

（2）问题构成目的性。它是指学生提出一个问题，总是从提这个问题的目的（要解决什么样的事）入手。

（3）问题要素开放性。构成一个问题要具有"三要素"，即问题的条件、问题的结论、条件到结论的一定的思维距离。要素开放，主要是指问题的条件或问题的结论开放。

2. 问题学习的策略

（1）酝酿问题。学生在学习过程中，可能就某些内容产生疑问，经过一定时间的准备，可提出问题。

（2）发现问题。首先，从发现问题的过程看，它体现了学生的主体地位；其次，问题发现的过程不仅包含了学生的知识素养，也包含了学生的思维品质和学习习惯；再次，发现问题要有最近的学习空间距（认知"冲突"）；最后，从自然现象中或者观察实验现象发现问题。

（3）明确问题。学生明确"问题"，既是一个学的过程，也是一个不断尝试、不断探索的过程。在这一过程中，学生自己界定问题的存在，自主地分析问题情境，自主地构建解题思路和策略，有意识地进行自我监控。

（4）解决问题。问题解决是寻找和接受信息、回忆知识和方法进行加工处理的过程，是一种较高层次的定向活动。时间可以不受限制，空间范围可以扩大，使学生有足够的自由度。在这一学习过程中，学生积极围绕问题进行思考，最终构建和完善解题方案直至问题的解决。

（三）开放学习

开放学习是针对封闭学习而言的。相应于"开放学习"的是"开放教育"。开放教育的概念最早产生于 20 世纪 30 年代。当时，英国的中小学出现了一种与传统的课堂教学迥异的教学组织形式。教学不在传统的课堂中进行，而是在教室和走廊里布置若干"学习区""作业区""兴趣区"，并陈列必要的图书资料、学习器材等。学生不分年级，也不按能力分组，而是按各自的兴趣和需要，采取不同的学习方式，不同的学习进度，不同的学习内容。教师的任务是创造一种学生喜爱的环境，并对学生进行必要的引导、建议和帮助。根据需要，教室还可以临时分割为若干小的活动场所，适合于小组教学或个别教学。20 世纪 60 年代，美国也出现了这种形式，美国形象地称为开放课堂。可以看出，开放学习的思想已蕴含其中。因此，我认为，所谓"开放学习"，内含学生学习场所的可变性、学习方式的多样性、思维过程的发散性和学习结果的探索性。

1. 开放学习的特征

（1）动态性。指学生能在可变的学习场所中学习。学生还可根据不同的学习场所，选择不同的学习内容。例如，在旅游途中，可选择学习历史知识或地理知识，也可以收集标本等。

（2）多样性。一是指学习手段的多样性；二是指学习方法的多样性。学习手段不仅是书、笔、纸及实验器具等，也有电脑等学习用具。鼓励每一个学生能创造出自己的学习方法，反复使用，不断总结，达到熟能生巧的地步。像爱因斯坦的"淘金式"读书法、卢梭的"三步"读书法、培根的"尝吞嚼"读书法、爱迪生的目标读书法等，都是他们反复探求的结果。

（3）变通性。在学习过程中，学生往往受思维定式的影响，思维方式单一。尤其是受考试的影响，造成学生思维的求同性和思维的不灵活。思维的发散可以避免这一类错误的出现，同时也是创新学习之必需。

（4）探索性。指学生在学习过程中，经过思考得到的解决问题的结果可能不是唯一的，当然，很多问题也是没有标准答案或唯一答案的。古典名著《红楼梦》，若要请学生来回答某个问题，可能有多少人就有多少种答案，同一个人读几次就有几次体会。总之，创新学习需要学生打破思考问题只有唯一答案的坏习惯，学会对结果的探索。

2. 开放学习的策略

（1）开放学习目标。开放学习目标，是说学生不要给自己确立一个十分固定的目标。通过学习，可能达不到预期目标，也可能超过了原来的目标。随着学习的不断深入，还可以改进目标。开放学习目标与达到预期目标，应该是统一的。

（2）开放学习内容。学生在学习过程中，不拘泥于书本或者一种学习材料。要求学生结合生活实践、结合现代科技进行横向和纵向思考，并检索相关信息。

（3）开放学习形式。指学生不要僵化学习方式，不能只有个别化学习。小组合作学习、向前辈学习、网上学习、图书馆学习等方式将被更多采用。

（4）开放思维空间。发散思维、逆向思维等思维方式将更多陪伴学生的学习。同时，只有当学生思维开放，学习才能开放，也才能创新学习。

（四）案例学习

在我国的教育现状中，学生从小基本上受的是"原理教育"。只要学会了中小学的各种定理、公式、语法，就找到了"分析问题、解决问题"的方法。与"原理学习"相比，"案例学习"最显著的特征是没有唯一正确的答案。"同一个问题，一百个人就有一百个答案。"道理很简单："案例"太具体了，对它的求解也必须拿出具体的对策才行。由于长期的"原理学习"，导致学生的行动也公式化。因此，我认为，中小学生运用案例学习，是培养创新学习能力的最有效方式。

1. 案例学习的特征

案例学习有别于其他的学习方法，其显著特征如下。

（1）内容非定型化。这是说学生选择的学习内容、学习方式和处理的结果多种多样，没有固定的答案，只要有"理"都是正确的。案例学习在西方国家是比较有影响的，搞得有声有色的是哈佛商学院。

（2）思维非定式化。学生在进行案例学习时，没有定式思维的束缚，思维充分发散，以解决具体问题。

（3）结果非唯一化。解决问题的答案不是唯一的，或者没有最优答案。案例学习的宗旨不是传授"最终真理"，而是通过一个个具体案例的讨论和思考，去诱发学生的创造潜能。它甚至不在乎能不能得出正确答案，它真正重视的是得出答案的正确过程。

2. 案例学习的策略

（1）找到学习的案例。应该说，案例在我们的周围是很多的，有待我们去发现。我们在学习时，可能根据地、时、人所选择的案例都有不同，这需要灵活选择。重庆外语学校的学生从课本中找"案例"，学生根据七年级语文课文《羚羊木雕》改编成剧本。这样每一个学生就可以根据自己的理解刻画人物。全班 47 人写出了 47 个《羚羊木雕》的剧本，很有创意。

（2）找到学习的同伴。不同的人感兴趣的人或事不同，要能对同一案例进行学习，就需要有同样的兴趣，不然就可能达不到应有的效果。

（3）营造合作的环境。案例学习的过程，也是学生思维碰撞的过程，也是学生合作讨论、争论的过程，这就需要营造合作的环境。重庆 50 中是一个有名的薄弱学校，但一个学期的案例学习，课堂异常活跃，学生表达的意见也很有见解。同时，教师听课，不是执教老师安排内容，而是听课的教师确定内容；由谁表述意见，也不是执教教师请哪位同学回答，而是由听课教师来指定。这改正了教师公开课作秀的弊端。

（五）课题学习

课题学习法是学生创新学习的一条良好途径。尤其是中小学生，由于常常是继承式学习，没有较好地形成创新学习的观念，课题式学习比较容易扭转学生这种学习的局面。

1. 课题学习的特征

（1）学习生活化，指学习内容不是特定的知识体系，而是来源于学生的学习生活和社会生活，涉及的范围很广泛。它可能是某学科的，也可能是多学科的综合或交叉的问题，也可能是偏重于理论研究方面的或者偏重于实践方面的问题。例如，重庆市沙区实验第一小学的学生观察到，学生大都不喜欢佩戴红领巾。针对这一现象，学生确立了一个研究课题——"学生不喜欢佩戴红领巾的原因调查"。他们所选择的调查方式、调查内容、分析结论等都是开放的，没有现存的一成不变的东西。同时，由于学生个人兴趣、经验、所处环境不同，学生选择的切入口、研究方法、研究手段及表达成果的方式也可能不同，具有很强的灵活性。这就为学生提供了一个广阔的空间，形成了一个开放的学习过程。

（2）学习多维化，指学生的学习方式不是被动地记忆，而是敏锐地发现问题，主动地提出问题，从多个维度寻求解决问题的方法。它还指学习结论的多元性，不一定只有一种解决方案。例如，重庆外国语学校森林小学的学生为了了解自然水、矿泉水与纯净水的不同，自己探求多种方法检验。参加研究的学生相互讨论，反复论证，确定了"用这两种水各取若干，一是泡同样的茶；二是养同样品种和相同尾数的金鱼；三是发同样品种的黄豆芽；四是种同样品种的蔬菜"。然后分成小组进行观察并每天记录，最后分析得出结论。整个学习过程都体现了学生学习的探索性，学生能积极地进行思考。

（3）学习活动化，指学生关注现实生活，亲身参与社会实践活动。在实践中学习，在学习中实践；在实践中创新，在创新中实践。重庆 28 中的几位学生对流经学校的一条河流——清水溪，进行考察，了解清水溪被污染的原因。学生们徒步逆流而上，发现若干工厂直接向河水排污，也有生活污水直接流入清水溪，并有居民把生活垃圾直接倒入河中。这些学生每到一个河段就取一瓶水样标本，然后到实验室进行化验，分析不同河段水质情况，并分析水污染的原因。这种在实践中学习的过程，充分体现了学生的主动性，并培养了学生的实际动手能力，发展了学生的创新能力。

2. 课题学习的策略

（1）准备阶段。即学生根据学习或生活环境，确定研究课题，并创设一定情境。例如，重庆市合川区第一中学的学生确立"烟草对人的危害"的研究课题，研究小组观察吸烟人的姿势，调查吸烟人每天吸烟的多少，走访烟草专卖店等。创造问题环境就是让学生处于研究的氛围中，进入研究状态。

（2）实验阶段。第一是收集与分析材料。学生应了解和学习收集资料的方法，掌握访谈、上网、查阅报纸与杂志来获取信息的方法。同时要学会判断信息真假，选择与本课题研究有关的信息，学会整理与归纳资料。第二是制订研究计划。第三是调查研究或实验。学生根据获取的材料，并根据自己的选题设计研究方法或调查问卷或实验方案，并与其他同伴或教师讨论，论证自己的观点。重庆市酉阳县是一个国家级贫困县，酉阳实验小学的小朋友选择了一个令大家都感兴趣的题目："下岗工人的现状调查"。围绕这一课题，学生设计问卷，了解下岗工人下岗前后的生活及工资，采访卖服装的阿姨，调查蹬三轮车的叔叔……形成了一份酉阳县下岗职工现状分析报告，受到相关部门的好评。

（3）总结阶段。学生课题学习的关键是了解研究的方法，形成科学的伦理道德。至于研究的结论，有结论是好事，没有结论也是好事。大多数学习者可能都没有形成结论，写出研究论文，重要的是学生的参与。因此，评价课题学习的方式是多元评价，要旨是充分调动学生的学习积极性。

（六）网络学习

21世纪的到来，大数据也随之影响我们的工作、生活与学习。2011年至今，美国、英国等国家斥巨资研究大数据。2014年6月，全国政协常委会专门研讨大数据的国家战略。大数据时代需要我们会使用数据，会收集数据。2015年3月，李克强总理在政府工作报告中强调了"互联网＋"的工作方式、思维方式。可以说，"互联网＋"正在改变我们的学习，改变我们的学习内容和学习方式。微课、慕课、翻转课堂正在进入我们的学习领域。据统计，在美国，通过网络学习的人数正以每年300％以上的速度增长。目前已有超过1亿美国人通过网络学习方式获得知识和工作技能、技巧，超过60％的企业通过网络学习方式进行员工培训和继续教育，攻读学历和学位课程的远程教育学生已占其总数的82％。

网络学习的本质依然是学习，它的可以使任何人选择任何时间和任何地点接受学习的特点，形成了一种无法抵挡的冲击力。应该说，网络学习对我们学习者来讲还是一件新鲜事，这不仅是由于网络和多媒体技术等手段的原因，也是由于网络学习的实施除遵循通用教学原则外，还遵循其特定的教学原则。网络学习系统特定的教学原则应该是：创设真实情境，强调自主学习、协作学习和发现式学习。而这些与传统的学习方法和学生的需求存在着很大的不同。比如，在传统的学习过程中，教学资源是一种很短缺的商品，所以，需要准时到学校听老师讲课，并且每次所学的内容基本上是老师按照教学进度进行安排。网络学习促使教师在此中扮演非常重要的角色。教师不仅需要精通专业领域的知识，还需要掌握和熟练应用现代教育技术。因此，老师教学水平的高低也是十分重要的。网络和多媒体技术的发展从根本上解决了教师和教学资源不足的问题。通过网络，教师可以面对很多人授课，而学员也可以随时选择所喜欢的讲课老师和课程。在教师的指导下，学生由知识内容的被灌输者逐渐成为网络学习环境下的主动学习者。如果资源共享做得到位，网络环境是可以解决教学资源短缺的问题。应该说，网络作为一种智能媒体将会大大增强教师的教学能力。也或许，由于微课、慕课等的大量出现，我们的教学方式会带来革命。

1. 网络学习的特征

（1）开放性。语言将不再作为交往的唯一媒体，包括符号、图像、视频等多种形式将支持人类的信息交流。网络学习与传统学习的最大区别在于，学习者从网络中获得的学习资源不仅数量大，而且快速、及时，学生将在网络上获得比传统课堂更大的学习空间。在传统教育中，教师作为知识的传授者始终是最重要的信息源，在教学中起着主导作用，教师以灌输的方式向学生传授知识，教师作为知识源便确立了教师在教学中的主体地位。而互联网上，学习者和教师之间、学习者和学习者之间是完全平等的。

（2）自主性。网络学习充分实现了个性化学习。在传统的课堂教学条件下，因材施教和个性化学习只是一个理想化的追求。而互联网使因材施教成为可能，学习变成一个各取所需的过程，个性化的学习得以真正实现。在互联网上，没有统一的教材，没有统一的进度，每一位学习者都可以根据自己的特点，在自己方便的时间从互联网上自由地选择合适的学习资源，按照适合自己的方式学习。网络学习不仅使自主学习成为现实，而且使自主学习成为时尚。传统的课堂教学是以教师为中心的灌输式的教学，极大地限制了学习者的自主学习。而互联网的出现改变了这种状况。一方面，互联网将全世界的学校、研究所、图书馆和其他各种信息资源联结起来，成为一个海量的资源库；另一方面，世界各地的优秀教师或专家可以从不同的角度提供相同知识的学习素材和教学指导，任何人可以在任何地点通过网络访问，形成多对多的教学方式。在这种情况下，学习者在时间和内容上有了充分的选择余地，自主学习成为必然。

（3）交互性。网络学习实现了交互式合作学习。在传统的课堂教学中，大多数教师没有机会和班级中的每个学生进行交流，也有很多学生因为种种原因，不敢和教师进行面对面交流。网络学习改变了这一切。在互联网上，学习者不仅可从网上下载教师的讲义、作业和其他有关参考资料，而且可向远在千万里之外的教师提问，从而调动了学习的积极性。这样将最大限度地做到文化、教育资源共享，并将其运用于自己的学习研究活动。同时，在良好的社会控制下，网络将给人类提供前所未有的极其丰富的文化资源，例如，点播电视、远程登录、环球网页浏览等。学习将变成一种充满乐趣的活动，自然而然地达到人们梦寐以求的寓学于乐。

（4）创新性。网络学习注重精神创造，寓学于乐。计算机网络使人们在学习过程中进一步冲淡空间距离造成的地域聚集群体观念，而注重虚拟的网上学习情境，由此而产生虚拟学校和不受地域、时间限制的网上学习小组、网上讨论等新的学习形式。网络学习更注重个性创造的创新学习。在网络学习中，人们最缺乏的将不再是信息资源，而是如何对纷繁的信息进行准确选择的能力，以及在此基础上生产和提供市场经济和网络社会欢迎的产品的能力。在无限丰富的信息世界里，要想使自己的物质产品和精神产品受到市场欢迎，没有创造性是不可能的。因此，网络学习是一种注重个性创造的学习，学习者可以充分地展示自己的创造能力。

2. 网络学习的策略

在目前的信息时代，新知识、新事物随时随地都在大量涌现。人们必将从一次性的学校学习走向终身学习，而互联网则为教育走出校园、迈向社会提供了强有力的支持。这是一个教育社会化、信息化的过程。在未来若干年内，教育将从学校走向家庭、走向社区、走向乡村，走向任何信息技术普及的地方。互联网将成为真正的没有围墙的学校，网络学习将成为生活的有机组成部分，成为日常生活乐趣的一部分。网络学习是通过因特网或局域网来传送课程，其教学特点具有双向性、实时性和交互性。其中教与学的交互性，正是现行教育缺乏个性的重要原因。其实施特点是全球性和共享性，而教育资源的共享性，恰恰指出了现行教育资源配置的要害。目前我国对课件开发平台、学习界面设计、教学模式、评估方式、通信交互方式的研究和应用进展神速，可以想见，一个日渐成熟的网络远程教学体系很快将出现在我们面前。

（1）学会选择学习内容。计算机、手机、平板电脑是网络时代的主要工具，在网络时代，每个人都可以根据自己的需要和兴趣，选择学习方式和方法，个人获取信息的能力、途径、机会将大大增加。因此，自主性学习将成为网络学习的主流。首先，对学习内容的自主选择将成为可能。其次，学习方式将发生重大变革。网络时代，每个人的学习、工作、生活将十分紧密地联系在一起。工作即学习，生活寓学习之中，而学习则融入日常生活、工作的每一个方面和每一个环节，三者有机地组成一个整体。你将很难区分哪些是有意识的学习，哪些是无意识的学习。学习将成为人们的内在需要。

（2）学会网上交互。以群件为核心的学习将使个体的自主学习进入一个更高的层次和更新的境界。群件是指能支持群体进行合作学习的课件。它的主要功能是对小组学习过程进行控制，可使学生之间通信，构筑友好学习界面。在网络学习中，除了课堂学习和个别化学习以外，人们还可以通过群件进行小组讨论或学习。学习者可以在网上找到兴趣相近的伙伴，在网上组成一个学习小组，利用网络进行双向或多向交流，共同寻找、开发和利用网络中的学习资源。学习者还可以以问题为中心，在网上求解或寻找共同研究的学习伙伴。这种网上合作学习能有效地解决问题，激发创新思维的灵感，最大限度地体现学习的自主性。从早期学习心理学积累的很多个体认知策略和协作学习策略的研究成果看，个体认知策略包括注意策略、精加工策略、组织策略、元认知策略、问题解决策略等；交互学习策略主要包括头脑风暴法、角色扮演策略、发送问题法、互问互答法、协作阅读理解策略等。群体的信息加工要比个体信息加工的信息量大，容易产生认知冲突，而认知冲突是教学和学习的最佳契机。

创新学习的策略应该还有很多，例如，反思学习策略、发现学习策略等，但以上几种应该是最基本的策略。

六、创新学习思维

（一）批判思维

批判思维是学习者创新思维的前提。批判思维，要求学习者不拘泥于书本，不畏惧权威，敢于向权威挑战。2000 年度诺贝尔经济学奖获得者赫克曼在华中科技大学讲座时指出："开放式的讨论，广泛地思考与批判、创新观点，而不一味地遵循权威的观点，才是一个学者进步的阶梯。"[①] 创新思维就是要有这份勇气，敢于挑战，敢于批判，这样才会有真正的见解。

---

① 赫克曼：《尊重并敢于挑战"权威"》，载《文汇报》，2001 年 6 月 6 日。

1. 批判思维的形式

批判思维应该是学习者具有的思维品质。在中国五千年的文化中，既有批判思维的成功典例，例如，王充的《问孔》。也有因为中国人不善批判思维而形成"独尊儒术、罢黜百家"的传统。封建社会文化禁锢思想，导致国人形成了唯上、唯书、唯权威的陋习。要使学习者养成批判思维，最重要的是处处有逆向思维、非定式思维的习惯，促进创新学习思维的形成。

（1）逆向思维。在批判思维中，人们常从逆向思维开始，这是在正向思维难以取得效果或效果不理想的情况下，向相反的方向寻求解决问题途径的思维方式。运用这种思维方式，往往能收到"山重水复疑无路，柳暗花明又一村"的效果。世界是矛盾的统一体，矛盾的两个方面是对立统一的。但是由于惯性思维的缘故，学生往往只侧重一面而忽略了另一面。这种钻牛角尖的思维方式，常使学生陷入思维的僵局。

（2）非定式思维。创新思维最大的障碍就是使人们取得过成功的思维定式。所谓思维定式，是指人们在长期的思维实践中，由于受民族文化、科学技术和实验条件、生活环境、个人经历等多种因素的影响，在头脑中形成的特定的思维和思维框架，固化为一种惯常的定型的思维风格和思维模式。它具有强大的惯性，一旦建立起来后，就会"不假思索"地支配人们的言行举止，具有很强的稳固性和顽固性。

2. 批判思维与创新

（1）创新首先要学会批判。儿童为什么比成年人更富有创新精神呢？这主要是因为成年人比儿童拥有过多的"习惯"。随着年龄的增长和知识的增多，成年人具有越来越多的经验和习惯，这些对于逻辑性的思考或判断是极有好处的，但是，它也逐步导致了思维方式的僵化。这种思维方式的僵化是知识的抑制作用造成的。许多心理学家将这种现象称为"思维定式""功能固化"等。按照心理学的研究，人们思考问题的过程与其个人史直接相关。凡是我们以往的所见所闻，特别是我们取得成功的活动和思想，整合于我们的心理态度而成为其中的一部分，这对于解决已经遇到过的问题，是极其有用的。事实上，当类似的问题再出现时，我们总是拿已经证明过的最优解法处理它。于是，面对新问题，我们的倾向是局限在以往用于解决类似问题的几种方法中思索。如果以往的方法无一见效，就必须设想新的方法。新方法并不是从无中产生，它实际上也就是旧材料的新组合。通常的做法是组合习惯行为的各种片断，或者说以新的方式综合以往某些活动的某些部分。创造从某种意义上说就是组合或综合。

然而，产生新的组合并选择出有意义的组合是十分不易的，这正是创造性思维的重要契机。在创造学家奥斯本（Osborn）看来，头脑风暴法正是激发我们产生新组合的良好技术。它能有助于我们克服以往经验的压抑，放开缰绳，听任我们的想象力去奔驰，去搜索解决新问题的各种新方法。具体地说，激励创造的基本原则与方法应该包括以下几个方面。

一是营造鼓励和赞扬的气氛。罗彻斯特大学的埃默里·L. 考恩做过这样的实验：他将学生分成两部分，一部分常予以严厉批评；另一部分则予以反复表扬。结果，经过一段时间的学习和训练后，在创造性的测验中，那些被经常赞扬的学生在思维的僵硬性上比经常挨批评的学生少 37％。他将这种差别归结为测验者的鼓励态度。实际上，鼓励及赞扬的氛围有益于克服焦虑情绪，摆脱固定思维的枷锁。

二是通过有意识的努力激发潜意识。头脑风暴法要求在特殊的会议过程中，每一个与会者都有意识地摆脱习惯性思维的压抑和经验的重荷，尽量产生新颖甚至是"怪诞"的新观念。这种特殊会议的一个重要功能就是通过"风暴式"的轮番发言互相启发，从而调动与会者的潜意识，激发灵感。

三是将观念的产生与分析批判分开进行。我们在思考问题时，一种最常见的模式就是"产生"观念的同时就进行逻辑分析和批判。创造性的努力与批判几乎是相伴相生。这就出现了一个矛盾：新观念在最初大都是不严密的，因而新观念往往在产生之初就被否定了。然而，大量的创造发明事实表明，有很多创造性的观念在最初往往是不严密的，甚至是荒唐的，需要发展和逐步完善，不能轻易否定。奥斯本认为，将观念的产生职能与批判职能分开是解决这一矛盾的良好方法。他认为，应该采取延迟评判的方式来保护新观念的产生，即让批判推迟到新观念已达到足够数量的时候。以充分的数量来产生质量是头脑风暴法的特点。因为，尽管大多数的新观念是不成立的或无用的，但在新观念的数量足够多时，创造性观念出现的比率也会加大。

（2）创新需要克服不利心理因素。创造力的发挥与个体的性格、胆识等心理因素密切相关。奥斯本认为，自我泄气、从众循俗、羞怯、缺乏冒险心等都是创造力的"灭火剂"。因而，创造技法的一个重要功能就是克服不利于创造力的心理障碍。

自我泄气是创造性思维常见的心理障碍。由于创造性的努力十分艰难，而且经常成为无数人批评的目标，因而许多人在创造性思考的开始就会成为众矢之的。在强大的压力下，很多人就泄气，发挥不了创造力。可见，不怕批评、增强自信心，克服自我泄气的情绪，这是实现创造的一个关键。

从众循俗，这也是不利于创造力发展的。许多人因害怕被视为离奇或显得疯疯癫癫而宁愿与别人保持一致。这样，个性与创造性也就被扼杀了。奥斯本曾对接受创造力训练的学生说：在他人眼里，或在你们自己眼里显得疯癫，哪一种更坏？你们的观念中，有一些可能被人们认为蠢。真正的聪明人无不赞赏创造性的努力，因为他们知道，世上已有的成功无不来自当初被视为荒唐的观念。

羞怯是导致创造性观念流产的一个重要的因素。奥斯本认为，羞怯通常出于我们对自己创造力的怀疑。这是一种本能的怀疑，它使我们害怕尝试，因而会失去很多创造机会。羞怯还使我们不敢表达自己的观念，尽管这种观念已在我们的头脑中深思熟虑。羞怯的另一个重要原因是太在意别人的评价，例如，害怕自己的观点不如上司期待得那样好，或害怕出错会使自己难堪等。

不愿冒险是一种扼制创造力成长的心理因素。所有创造性的尝试几乎无一例外地面临着失败、遭受磨难的可能。十拿九稳的创造几乎是不存在的，因此，创造是从无数失败中滋生的。有心理学家做过这样的实验：一个甘愿冒险试做三件事而只期求两件事成功的孩子，和只愿试做一件事但力求完美的孩子，他们的精神状态大有差别。那力求完美的精神，对创造性的努力是有抑制的。

头脑风暴法正是为发明者营造了一个充满鼓励、严禁批评的环境，使受训练者大胆尝试，无所顾虑，从而克服这些心理障碍。另外，奥斯本认为，要克服这些不利心理因素的影响，除营造有利的环境以外，个体自身的心理暗示或训练也是十分必要的。除此之外，有益的尝试是极其有效的。在一些相对简单的事物上做一些创造性的尝试，尽管不是很辉煌，但这是"在开创一种习惯"，对于培养创造性的心理习惯是非常有利的。

（二）发散思维

发散思维，即思考者根据已有的知识和经验，从一个问题出发，沿着各种不同的方向生发开去，思维方向是多角度、多侧面、多层次和多结构的。因此，产生的解决问题的办法也是多途径的、多方案的。它使人们的思维趋于灵活，是一种推测、想象和创造的思维过程。多方法、多方案为人们提供了选优的可能，使人们向更高、更新的方向探索，产生创造性的方法。

发散思维这一概念，早在 1918 年就已由心理学家武德沃斯（R. S. Woodworth）提出，后来也有一些心理学家使用过，但并未引起人们的注意。直到 1967 年美国心理学家吉尔福特，在研究能力倾向基础上提出了"三维智力结构模型"，其中将发散思维作为智力结构的主要因素之一提出来，并编写了一系列培训发散思维的教材，制定了相应的培训程序和测试发散思维能力的具体方法。一时间在美国、日本和其他一些国家形成了一股强调发散思维的热潮。在吉尔福特的宣传下，许多研究者甚至认为，发散思维在实际上等同于创造性思维。这样，发散思维的影响日益扩大起来。

对于发散思维，大家比较公认的定义是："发散思维（又叫求异思维、逆向思维、多向思维）是创造性思维结构的一个组成要素，但不是人类思维的基本形式。其作用只是为创造性思维活动指明方向，即要求朝着与传统的思想、观念、理论不同的另一个（或多个）方向去思维。发散思维的实质是要冲破传统思想、观念和理论的束缚。"

发散思维是创新思维的重要成分，有人称为主导性成分，但不等于创新思维。一般用流畅性、变通性、独特性来衡量一个人发散思维水平的高低。流畅性是发散思维的低层次的特性，体现了思维量的特征。一般是把对某个问题发散思维的回答个数作为分数。流畅性取决于一个人记忆信息和知识的多少，它反映一个人知识广博的程度。变通性是发散思维的较高层次的特性，它常能给思维带来一些新型思路和想法。通常，我们把发散思维答案的类别的个数作为其分数。独特性是发散思维的最高层次的特性，它常常突破常规和经验的束缚，所以，发散思维具有独特性。例如："请你列出砖头的用途，越多越好。"甲回答："造房子、造烟囱、造仓库、造路面、筑堤坝、修沟渠。"乙回答："造房子、造烟囱、造仓库、筑堤坝、修沟渠、垫床。"丙回答："造房子、造烟囱、造仓库、垫床、自卫武器、磨成粉末做颜料。"三人虽然回答的个数一样，即流畅性一样，但乙和丙的变通性强。乙回答了两类用途：用作建筑材料和垫高度；丙回答了四类用途：用作建筑材料、垫高度、防卫武器、颜料。丙的回答具有独特性，他回答"用作颜料"，这是人们不易想到的。

1. 发散思维的形式

这是一种由一个已知的信息生产出多个新的信息的发散性思维形态。任何事物都是由若干部分构成的，任何事物的功用也不是仅仅一种。这种思维形态能使学习者达到"善假于物"的效果。例如，"树"，可以写出树的组成部分——叶、花、果、枝、干、根；也可写出一个词，并指出它的若干功用。例如，"口"，功用有说、吃、喝、叼、咬、吹、吸、吞、喷、吻、喂、喘……就可达"左右逢源""游刃有余"的境界。

发散思维能突破人们习惯性思维的约束，在解决问题时常能另辟蹊径。高斯在做"$1+2+3+\cdots+100=?$"的算术题时，突破人们习惯性的思维，采用 $1+100=101$，$2+99=101$，$3+98=101$，…，$50+51=101$，这样，就突破习惯性思维而产生了创造性思维的成果。

发散思维在学习过程中非常重要，只有进行发散思维，学习者才会获得灵活的知识、有价值的知识、能从事创造活动的知识。我们常说的"举一反三""一以贯十"中的"三""十"就是这种思维的结果，"反""贯"就是我们思维涉及的方面。我们在做习题时，如果进行发散思维，就能解答各式各样的习题。在阅读中，如果进行发散思维，就能提出各种各样的问题，把知识理解得更深刻、灵活。

发散思维形态是从已知的概念出发，不断推出与上一个概念相关的新概念的方法，也称联想思维。训练时可以是一个词，也可以是一个成语。例如，一气呵成，成千上万，万水千山，山清水秀，秀外慧中，中流砥柱……这样不断发散，学习起来有兴趣，且效果较好。

发散思维是由一人或事物想到其他的人或事物的思维形态。世界是一个矛盾的统一体，一事物与其他事物存在着必然的联系，联想思维则是架起事物之间联系的纽带和桥梁。它极为活跃，富于跳跃性和转移性。事物之间的性质、形状、特征等若具有共同点，就极易形成联想。例如，由"蜡烛"联想到"教师"，由"太阳"想到"党"，由"母亲"想到"祖国"。我们常写的作文题目《由×××所想到的》，就是运用联想思维的例子。

有一次，一实验学校的两个班的学生围绕"距离"口头作文。"距离就是美"……一位教师滔滔不绝地阐述了一阵，使学生茅塞顿开，于是这位教师的观点被学生们"克隆"了。而另一堂课则不同，大概是这位教师笃信"青出于蓝而胜于蓝"吧。"同学们，我们生活中哪些现象与'距离'有关？"这一问居然欲罢不能，从两点间的距离到人与人之间的距离，足足写了两黑板，看来学生头脑中富含的信息远远超过教材，超过教师。把这些信息提取出来，反馈下去以达到信息资源共享，这样的美事何乐而不为呢？三个臭皮匠能顶个诸葛亮，我们绝不能低估了这些处在信息时代的后生小子。重庆江津四牌坊小学的李老师曾执教一堂作文课"创新作文题目"，大屏幕显示正缓缓落下的一片树叶，鸟巢中一只小鸟正张开嘴。老师让同学们自拟作文题目。同学们说出了上百个作文题目："小鸟找妈妈""一片树叶的诉说""世界充满爱""救救地球"等。

每个人在现实生活中，时时刻刻都在同各种产品打交道，利用它们的功能为我们服务。但是，每一种产品是否只有一种使用功能呢？这是许多人不注意思考的。事实上，经常发散思考如何扩大现有产品功能，对于训练思维、提高思维水平是有极大好处的。

2. 发散思维与创新

创新思维由发散思维和聚合思维组成。创新思维的形成，要经过从发散思维到聚合思维，再从聚合思维到发散思维的多次循环才能完成。聚合思维是重要的，而发散思维也是创造性活动所不可缺乏的。因此，我们要在训练和发展聚合思维的同时，积极训练和发展发散思维。

（1）发散思维是创新思维结构中的一个要素，但不等于创新思维的全部。

（2）发散思维在创新思维中起目标指向（即确定思维方向）的作用，也仅仅起这一作用。思维的方向性问题在创新思维活动中有决定性意义，因此，发散思维的作用绝不能低估，但也不能随意夸大，以为它能解决创新思维活动中的一切问题。

（3）发散思维没有自身特定的思维材料，也没有自己特定的思维加工手段或方法，它不是人类思维的基本形式，所以不可能成为创新思维活动的主体，它只起指引思维方向的作用。主要的创新思维过程只能由另外三个要素——形象思维、直觉思维、时间逻辑思维来实现，发散思维不应该也不可能越俎代庖。发散思维的培养策略如下。

① 学习活动中有意识地加以训练。由于受传统文化的影响，我们的学生在学习活动中多数情况下是进行集中思维。因此，要特别加强学习活动中发散思维的训练。

A. 同义词或反义词。

B. 进行扩写、改写训练；将同一题目，写成多种体裁文章的训练；以同一文体、同一素材表现不同主题的训练。

C. 给一篇文章尽可能多地配上合适标题的训练，或给一篇文章设想各种不同结尾的训练。

D. 为图片、照片等拟题配诗的训练。

E. 进行一题多解训练和一题多问训练。

② 在日常生活中进行训练。

A. 对某产品列举优点、用途。例如，举出铅笔的用途，越多越好。

B. 对某产品列举缺点和改进意见。

C. 对某事物提出尽可能多的发展趋势的估计。

前几年，创新学习课题组在四川外语学院附属外国语学校举行了第二届创新大赛，共有 202 个项目 1 000 余人参加了决赛。通过几年的实验，实验学生已获益。参赛学生现场抽题，然后封闭。每一位选手通过发散思维寻求解决办法，效果很好。例如，你家住在 6 楼，家中突然失火，你该怎么办？下面是选手们在一分钟内的回答。

A1：关电源通知有关部门，也达到了通知邻里的目的。

A2：打电话叫楼上楼下邻居帮忙（若火势太猛，可以让他们先下来）。

A3：若街道比较狭小，可以喊对楼的同志，用水帮一下忙。

A4：打 119（无法控制火势）。

A5：在邻居帮忙时，自己也冲上去。

B1：打119。

B2：用被子把火扑灭。

B3：关掉所有窗户，把空调开到制冷的最大限度（注：不开风，只制冷），冰箱里的冰块搬出来，灭火。

B4：躲到冰箱里。

B5：把水龙头打开，用管子接上灭火。

B6：用被单打结成梯子再爬下去。

B7：用家里的碗、锅等较大的器皿盖住火焰。

C1：打119，将楼道上的消防系统打开。

C2：打开窗户，透气，打开门，求救。

C3：寻找家里可利用的一切东西，或者别人家里的，还有楼道上的消防栓，同别人一起尽量扑火（要戴上口罩等可以过滤空气的物品）。还要将易燃易爆物品运离火灾现场。

C4：实在不行，赶紧离开。若被堵在卧室里的话，找绳子或用被单撕成几条绑紧，从窗口出去。

C5：干冰。

D1：通过电话报119火警，然后在窗口挥动显眼的物体，引起别人的注意，再把毛巾弄湿，捂住口、鼻，半蜷着身子，在烟雾下方朝安全通道走。如果只有自己家着火，则可以请邻居帮忙，或自己一家人动手灭火。

D2：如果火势增大，则要通知邻居一起跑向安全通道，带好随身物品。

E1：拨打119，告诉其自己的住址以及火势的情况。

E2：将毛巾打湿，捂住嘴、鼻，从烟雾下爬出自家，迅速从安全出口撤离。

E3：迅速告诉自己的邻居，让他们准备撤离或与自己共同救火。

E4：将床单、窗帘系成绳索，一端牢固地拴在自家靠窗的地方，再顺着另一端滑到5楼。

E5：用瓷盆在窗口处猛烈击打，让人知道自己处于火中。

F1：打119。

F2：在窗口呼喊，求得他人帮助。

F3：用湿手帕捂住嘴伏在地上前进，如无法脱离火场，则在楼中找一处安全而显眼之处。

F4：跑上楼顶，等待救援队，并在楼顶求得楼下人的帮助。

F5：跑到窗口，若房子易攀登，则可在无火或少火处沿墙壁下去。

F6：用床单、布条、绳子等打结后搓成绳索，沿墙壁逃生。

F7：若附近有挨着较近的楼，可在楼顶上用足够的木板搭过去，或用粗铁丝拴一重物抛到另一楼，吊过去。

上面的几位同学面对同样问题，让他们在 1 分钟之内围绕题目任意想象解决的办法。尽管有些是一致的，例如，"打电话 119"，但也可看出同学们的思维是很活跃的，很多想法是大家想象不到的。从中可以总结出，每一个学生都具有发散思维，都能有 10 种方法或者更多，方法流畅性都不错。有些方法是不同类的，具有独特性。

（三）聚合思维

聚合思维，也称集中思维或收敛思维，即思考者根据已有知识和经验，向着一个方向去思考，寻求某一正确的结论或解决问题的方案。一般用于探索真理、寻求规律、提炼概念等。在课堂上，教师讲授新知识，学生获得新知识的过程，一般就是靠这种聚合思维的方式进行的。所以，聚合思维是学生接受教师传授知识的一种重要的思维过程。学生根据教师传授的知识和方法，可以迅速地解答习题，节省时间和精力。聚合思维是人们长期从事某一工作、解决某一问题时所形成的一种习惯性思维。虽然它是人们解决问题不可缺少的，甚至可节省时间和精力，但很难使人们的思维达到高级水平。这种思维不易提出新问题，解决新问题，开创新局面，常常是创新的一种阻力。

1. 聚合思维的过程

聚合思维的一般过程可见图 10。

聚合思维是利用已知的信息产生某一逻辑结论，或根据熟悉的规则解决问题的思维。这是一种有方向、有范围、有条件论的思维方法。例如：已知矩形的长和宽，求这个矩形的面积，这时可根据题目的条件和头脑中已有的矩形面积的公式，得出一个逻辑上正确的结论。聚合思维常常用到演绎推理的方法，在思维中有重要的作用。人们的思维大多是聚合思维。由于它是有条理、有范围、有方向的思维，所以，这种思维的逻辑性强，推理合理，结论较可靠。

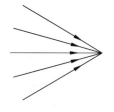

图 10　聚合思维的过程

2. 聚合思维与创新

聚合思维运用到产品或理论构思更新上，可多方发散，然后汇聚思考。任何结论或产品，就现有条件而言，不可能达到理想化的程度。因此，将现有结论或产品不断优化，从中提高思维能力，可从以下几方面思考。

（1）使结论或产品优化。例如，要求电视机的图像清晰、真实，颜色协调；要求钢材的硬度增强；要求纺织品美观等。沿着这些方向去思考，将会产生许多有益的思维产品。

（2）使结论或产品成立条件放宽或寿命延长。例如，防止塑料老化、断裂，就可考虑在原料内加入某种填充料；防止玻璃破碎，就可考虑在玻璃中加入某种材料，使其防震、防打击；有些金属用品可考虑在表面涂上保护剂等。

（3）减少结论成立的条件或减轻产品重量、缩小体积。例如，对飞机与宇宙飞船，减轻重量、缩小体积将节省高质能源和巨额资金。据说，日本人在飞机的每种材料和机件上狠下功夫，尽量减轻重量，即使是对涂料也做了认真研究，整个飞机的油漆涂料如果能减少一两千克，也是极大的收获。

（4）替换结论成立的条件或替换材料，降低消耗。我们生产和生活中的许多产品都是可以设法改变材料的。例如，面盆，就由原来的铜盆换成铝锑盆，再替换成搪瓷盆，最后替换成塑料盆。后面的每种材料都比前面的材料轻便和价格低廉。

随着科学技术的发展，产品优化是人们长期思考的问题。学习者应在这方面下功夫，不断训练自己的思维。创新学习课题组进行了几次创新大赛，图 11a 至图 11g 是几位参赛选手经过认真思考，从发散到聚合，设计出的较好作品。

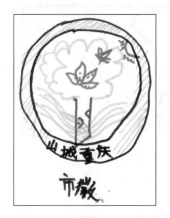

图 11a

图 11b

图 11c

图 11d

图 11e

图 11f

图 11g

图 11   学生创新作品

重庆市育英小学的学生都学习了圆、分数、长方体等单元知识，同学们围绕所学进行了知识整理，似乎每个人整理的结果都不一样，既综合一个单元的知识，也体现了学生的创新。具体可见图 12a 至图 12g 的一组图片。

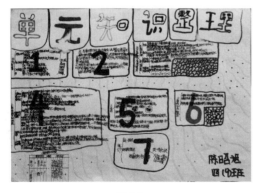

图 12a

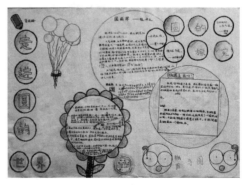

图 12b

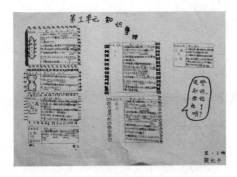

图 12c

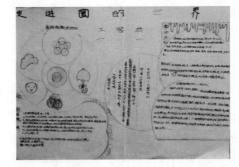

图 12d

图 12e

图 12f

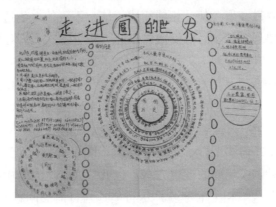

图 12g

图 12　学生整理知识中的创新

（四）创新思维

1. 对创新思维的认识

创新思维，又叫超常规思维或突破性思维，是指突破原有的思维范式，重新组织已有的知识、经验、信息和素质等要素，在大脑思维反应场中超序激活后，提出新的方案或程序，并创造出新的思维成果和思维方式。创新思维是在一般思维基础上发展起来的，是条件类型的思维在创造活动中的一种有机结合并产生突破性飞跃的思维新范式，是人类思维能力高度发展的表现。

创新思维的重要性，从经济领域到教育界，从社会到学校，大家都已经在思想上有了足够的认识，特别是在学校的教育教学工作中，这一认识正在不断深化。但是，认识归认识，在学校教育教学中，培养学生创新思维仍有相当大的障碍。创新思维，即解决创造性问题时，进行创造活动的思维。所谓创造性问题，就是提供首创的、具有社会价值的问题。所谓创造活动，就是个体运用现有知识、经验、技术和方法，提出首创的、具有社会意义的新关系或新方法的活动。即在前人或今人取得的科学成果的基础上，有新的发现、新的发明、新的创造、新的前进或新的突破的活动。

2. 创新思维的过程

发散思维与聚合思维相结合才能创新。发散思维是创新思维的重要成分，但在创新思维活动中，发散和聚合却是相辅相成、缺一不可的。创造性地解决问题，思维往往既要发散又要聚合，然后再发散再聚合，经过多次循环往复，才能提出创造性解决问题的方案。其过程如下。

（1）思维只有聚合了才能发散。在许多场合下，要解决的问题的界限不清楚，情境不明确，此时必须聚合思维，明确地提出需要解决的问题，这就是发散思维的发散点。

（2）思维发散了还需要聚合。问题提出后，即找到发散点后，让思想自由发散，自由联想，产生各种解决问题的设想方案。也就是说，让大脑中的经验、知识以及潜知（表面上与问题毫不相干的经验）尽可能地与目前的问题发生有意义的联系。由思维发散而产生的各种方案，不可能都正确、都可行，实际上有许多是无意义的和错误的，有价值的答案是很少很少的。当然，如果发散的答案越多，有价值的答案出现的可能性就越大。

发散思维与聚合思维结合解决问题就是创新思维，其模式如图 13。

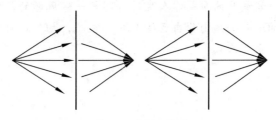

图 13　创新思维图

重庆外国语学校龚冷西同学在读八年级时的期末考试是阅读一段文章，然后通过发散与聚合思维，站在母亲的角度写一篇文章。以下是文章内容。

给孩子的一封信

亲爱的孩子：

当母亲抱着你从林荫小道上走过时，是母亲踩着那枯黄的落叶；而现在我站在一旁看你从林荫小道上跳过来跳过去，脚下的落叶还不时发出响声，像在是呻吟着什么。你跳过来亲了我一下，我才突然发现，你长大了，你即将上学，即将去面对那个复杂的世界。顿时，我有些惊慌了，我甚至于不愿意你走出爸爸妈妈为你营造的这样一个美丽的世界。可妈妈知道那是不可能的，所以妈妈想教你为人处世的基本原则。

最重要的就是"帮助"。

在你成长的过程中，会遇到很多人和很多事。它们不一定对你都有好处，但它们都会促进和激励你的成长。如果说人生是一条长河，那必定会有许多牵绊你的小石子。当你不小心摔倒时，父母不一定就在你的身边，而这时你就需要别人的帮助。有了帮助，或许你就能重新站起来。即使有了伤口，有了帮助也会慢慢愈合的。

当然，妈妈不仅要教你学会请求他人的帮助，同时也要不吝啬自己的付出。你应随时准备好去帮助别人，看见别人有困难时，多问一句："你需要帮助吗？"那费不了多少时间，相反有时还会有意想不到的收获。帮助是相互的，只有你帮助了别人，别人才会帮助你。而且在很多时候，付出比得到更为轻松。孩子，你懂吗？

差点儿忽略了一点，你也不能太依赖别人的帮助。因为很多事情，别人的帮助只能是一个建议，而真正做决定的人却是你。帮助虽然是必需的，但你却不能过分地依赖他人。你要学会独立自主，你要更能干，知道吗？

我亲爱的孩子，妈妈真的希望你人生的道路是一帆风顺的，但妈妈也只能为你做这些。因为人生的道路必须由你自己去开拓。孩子，相信你自己，妈妈永远都会祝福你。孩子，你一定要幸福。

爱你的母亲

在海南的一次创新学习公开课中，重庆南坪实验学校的汤翠娥老师执教了一堂课"形形色色的广告"。经过教师的有效教学，学生的创新思维得到了很大的展示。这是几个学生在课堂上的发言。

张悠同学发言两次：

第一次：昨天我访问了家长，家长对广告有两点看法：① 广告的真实性值得怀疑；② 现在的广告五花八门，各种各样，买东西的时候不知道买什么品种。

第二次：这三个广告都十分精彩，第一个给我印象最深，原因有两点：① 那两条金鱼在鱼缸里住久了，觉得鱼缸里很不自由，就去撞鱼缸，居然把鱼缸撞动了；② 鱼儿闻到了饭菜香味，跳出了鱼缸。

李欢同学发言两次：

第一次：通过采访自己的父母、伙伴……我了解到每个人喜欢的广告类型各不相同。有的喜欢幽默一点的广告，有的喜欢名人打的广告，有的喜欢比较生活性的广告……

第二次：通过看广告，我最喜欢第二个广告，它给我的印象很深刻。青蛙是有益的动物，是人类的朋友，但有的人为了满足口味，竟吃青蛙。这表现了人的一种不道德的行为。在这里，我希望在座的各位老师、各位同学，在今后要保护动物，不要伤害动物。

杨慕菡同学发言：

我们全家老老小小都很受广告的影响。拿洗发水来说，我们全家都用舒蕾洗发水，舒蕾洗发水真的很不错，让头发更柔顺、漂亮。

　　我最欣赏的是第三则广告，是天仙牌电风扇。最让我印象深刻的是广告词："天仙的名气是吹出来的。"这个"吹"字很特别。我在一家理发店里也见过一句广告词："一切从头开始。"这个"头"字与"吹"字一样，具有独特之处。现在的人真聪明，想法太绝了。

王绿野同学发言：

课后了解广告，走进广告有哪些收获？

　　在课余，我通过看电视上的广告，了解到广告五花八门，广告可以让我们知道该去买什么东西，广告让我们学到许多知识，广告可以让我们在学习之余轻松一下。

　　刚才看到的三则广告都很精彩，但给我留下印象的是第一则。它介绍的是两条金鱼在鱼缸里游，后来又蹦到缸外。我觉得这个广告给我留下最深刻印象的原因有两点：一是这个广告图画描绘得很好；二是这个广告看似简单，喻义却很深。它不仅说明了要给鱼儿等动物们一个活动空间，同时也说明了人类应该控制人口。不然，再这样增长下去，地球上到处都是人，就会使人没有活动空间了。

传瑛红同学发言：

通过采访，我了解到广告已成为人们必不可少的东西。它走进了人们的生活，成为人们的购物指南。

　　第一则广告给我留下了深刻印象。小金鱼是动物，只吃鱼食，然而它却为了吃眼前的糕点而跳出水面。也许糕点真有那么香吧！第二则广告更为精彩，谁的舌头长？青蛙是有益的动物，是吃蚊子的，而人类却吃青蛙，实在太不应该了。人类应当保护青蛙。第三则是广告词。我认为"吹"字甚好。如果天仙牌电风扇真的好，我想名气自然越来越好。

　　上面几位的发言都是我听课所记录的。五年级学生有这样的思维，的确不错，所以，陶行知先生说"人人都是创造之人"，关键是教师如何引导。

　　卞小娟老师教数学课，让学生用数学的概念或公式设计漫画，学生的作品创新性很强，因为漫画是学生喜欢的。这里附上学生的几幅作品，别看只是 10 岁小朋友，但设计很不一般。见图 14a 至图 14e。

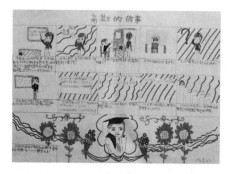

图 14a

图 14b

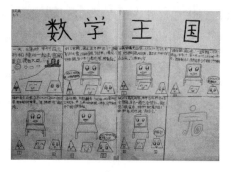

图 14c

图 14d

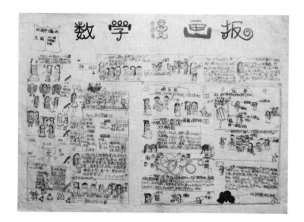

图 14e

图 14　10 岁小朋友用数学知识设计的漫画

（五）"TADI"学习模式

1. "TADI"学习模式介绍

课题组对具有创新学习的学生进行了案例分析，总结出学生创新学习的"TA-DI"模式，见图15。

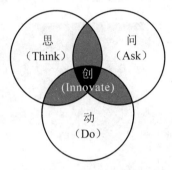

图15　"TADI"学习模式图

思（Think）：凡事多思考，并对收集到的信息进行分析，产生强烈的学习动机。

问（Ask）：在思考的基础上提出问题，并进行广泛的扩散，多思路考虑。

动（Do）：动手实验或动手检索资料。实验既可是实验室的"精"实验，也可是生活中的"粗"实验。

创（Innovate）：创新。创新先是评价，对自己设想进行修正，使其有独创性、新颖性、合理性与社会性。

2. "TADI"学习模式举例

重庆市育英小学六年级学生在学习圆柱与圆锥的体积后，思考它们的体积公式，并提出问题：为什么圆柱的体积是圆锥体积的3倍。于是，学生展开了一系列体验研究，用圆柱、圆锥装米的多少或者动手制作圆柱、圆锥，了解它们之间的体积关系。以下是两个学生的报告。

1. 甲学生的研究报告：制作圆柱、圆锥

甲学生制作圆柱的流程见图16。

用圆规在白纸上画一个圆，再用剪刀沿半径剪开，把圆形分成两个扇形（见图16a）。

取其中的任意一张，把两条直边拼接，就是一个圆锥（见图16b）。

接下来算它的底面积，制作出它的底面（见图16c）。

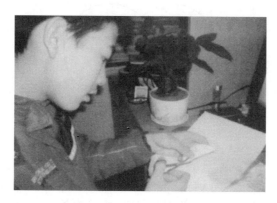

图 16a

图 16b

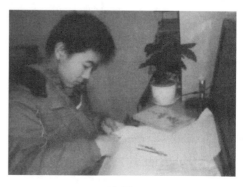

图 16c

把一张白纸卷成一个圆柱（见图16d）。

算出底面积后做两个底面，并组装圆柱（见图16e）。

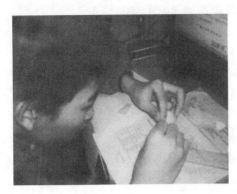 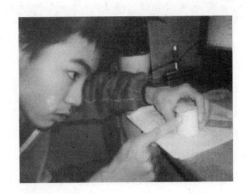

图 16d　　　　　　　　　　　　　　图 16e

图 16　甲学生制作圆柱的流程

圆柱的体积和面积：

$R=2$ cm　　$h=4$ cm

$S=12.56$ cm^2

圆柱的体积 $V=50.24$ cm^3

圆锥的体积：$V=16.74\dot{6}$（无限循环）

推导：拿这两个等底的圆柱、圆锥做试验，准备一小袋大米，先灌满圆锥，再倒在圆柱里；圆锥再灌满大米，倒进圆柱；这样重复到第三次，圆柱才会被倒满，由此可以推导出"圆锥的体积是圆柱的 1/3"。见图 17。

图 17　用圆锥向圆柱倒大米

由此可以知道：圆锥的体积等于与它等底等高的圆柱的体积的 1/3。

圆柱的体积＝底面积×高×$\dfrac{1}{3}$

圆柱的体积 $V=Sh$

圆锥的体积 $V=\dfrac{1}{3}Sh$

2. 乙学生的研究报告：制作实体圆柱、圆锥

（1）为了方便观察，我用甘蔗削成一个圆柱和一个圆锥（注：圆锥和圆柱等底等高，甘蔗质地相同），见图 18。

图 18　用甘蔗制作圆柱和圆锥

（2）在杯子里注入 1.5 cm 高的水，并染色，见图 19。

图 19　分别将圆锥和圆柱放入水中

（3）把削好的圆锥放入杯中，观察结果显示水线增高到 1.8 cm，高度增加了 0.3 cm。

（4）将削好的圆柱放入杯中，观察结果显示水线增高到 2.4 cm，高度增加了 0.9 cm。

由此得出，0.3 cm 与 0.9 cm 存在的倍数关系，推测圆柱与圆锥的关系：

① 圆锥与圆柱的体积比为 1∶3；

② 圆锥的体积 $V = \dfrac{1}{3}Sh$。

七、创新学习与问题场力

（一）问题构成与提出

问题，是创造的起点，也是学习与创造的动力。"问题"本身也是创新学习的策略。之所以单列出来，是因为根据我国学习者的一般习惯，总是把"问题"摆在一个不起眼的地位，实际上，问题是创新学习的关键。美国创造心理学家郭有遹教授在论述这一问题时强调，尽管学问是把"学"与"问"放在一起的，但"三代而下，有学而无问"[①]，多数人勤于学而荒于问。

1. 问题的要素

什么是问题？或许你没有思考过这个问题，但你几乎每时每刻都遇到问题或思考问题。"所谓问题，就是你遇到一个情境，一个没有直接明显的方法、想法或途径可遵循的情境。"[②] 问题情境不仅仅包括已知与未知的客观关系，而且要求主体参与这一关系，并反映出主体和客体相互作用的特殊类型。国外的一些专家也给予了多种定义。例如："当生物有一个目的而不知如何去达到该目的时，问题就发生了。""问题是'所应该'与'所实际发生'之间的差异。""问题是'所有'与'所要有'

---

① 刘开：《问说》。

② 甘华鸣：《创新的策略》，4 页，北京，红旗出版社，1999。

之间的差异。""当对一个情境的反应受阻时，便有了问题。""当某种条件具有诱惑力，而当事者缺少产生那种条件的反应时，便有了问题。""能使人探究、考虑、讨论、决定，或解答的询问便是问题。""问题是属于各行各业中具有危机性的知识问题。"① 这些定义都在论述条件与结论之间的一段距离。这首先是发现新知识的过程中产生的主体的某种确定状态。在这一过程中，随着主体对新的知识的发现，主体的心理状态也同时发生变化，并构成新的心理形成物。因此，问题情境中的探索过程是与形成新的基本的心理形成物的过程是相一致的。问题的核心成分是新的、未知的东西。当然，这是相对于学习者本身而言的。苏联教育心理学家马秋斯金认为："问题情境是主体与客体思维上相互作用的一种特殊类型。它的特点首先是当主体完成要求，发现新的、主体前所未知的知识或动作方式的作业时产生的一种心理状态。"②

一个"问题"必须具有三个要素：一是关于问题条件的给定；二是关于问题结论的目标；三是条件与结论之间，需经过一定的思维方能达成。

（1）问题的条件。学习者在提出问题时，要了解问题的情境。首先要明确问题的条件，缺少条件，就不成其为问题。有一些问题，例如，"已知圆的半径为 5 厘米，求圆的面积是多少""如果能做一双大面积的轻便鞋底的话，在水面上'行走如飞'的武功就会变成现实"。它的条件——"半径为 5 厘米""做一双大面积的轻便鞋底"，就很容易知道，但有一些问题的条件隐藏在其中，需要认真分析。

（2）问题的结论。问题的结论，也称问题的目标，是问题要求的答案或者目标状态。上面的问题，结论分别为"圆的面积是多少""在水面上'行走如飞'"。

（3）问题的思维。由于问题的条件与结论间有"差距"，学习者就要寻找解决的方法，这就需要有一定的思维活动。有些可能短时解决，有些可能需要很长的时间，这就要分析问题的条件与结论间的"差距"。陈景润为了找到"任何一个大于 4 的偶数等于两个奇素数之和"（简称 1＋1）的方法，用了一二十年时间，解决了"1＋2"离"1＋1"还差一步。例如，上面"已知圆的半径为 5 厘米，求圆的面积是多少"可能只需 1 秒时间。寻找条件到结论的解决方法，是学习者经主体思维而找到方法

---

① 郭有遹：《创造性问题解决法》，117 页，台北，心理出版社，2001。
② 转引自高文：《问题教学》，载《外国教育资料》，1988（2）。

的心理过程。它可能是有现成答案的常规性问题解决和无现成答案的创新性问题解决。

2. 问题的分类

问题可有多种形式，按不同性质划分有多种分类。以下按问题的表现形式分类。

（1）基础性问题。这是指学习者根据学习内容，提出的有关基础知识的问题。例如，学习数学的同底数幂的除法法则 $a^m \div a^n = a^{m-n}$ 这一法则，学生可能自然要设计一系列问题：法则条件是什么？结论是什么？条件能否增减？能否更换？法则有什么特征？在什么范围内成立？怎样证明？除书中证明方法外还有其他证明方法吗？该法则是否有几何意义？在哪些方面能够运用？可否推广……有些问题可能还需在实验中解答。例如，一些学习者学习数学中的浓度问题常常有困难，就用食盐加水，从加食盐的多少对溶液浓度高低的配制有感性认识，从而使问题得到解决。

（2）开放性问题。开放，主要指题目的条件不完备或结论不明确，从而蕴含多种可能，而要求学习者自行推断。它主要有三种形式：一是有关条件的开放性问题。这种题型一般缺少条件，答案可能有多种。只要答案与题设条件对整体题目而言是充分的、相容的、独立的，便可认为是正确的。二是有关结论的开放性问题。三是存在性的开放性问题。有些问题不能用一句话说它存在或不存在，它的存在需要有一定的条件。

开放性问题一般形式新颖、构思精巧，能通过训练使学习者在错综复杂的事物联系中发现问题的实质，客观评价事物，并能够再现、理解、巩固所学基础知识。留美博士黄全愈在南京讲课时给小学生现场出了一道题：从以下四类动物中，挑出不同类的一个：全白的猫、花狗、绿色的鸟、黄色的狮子。学生们争先恐后地发言，有的说是鸟，因为鸟能飞；有的说是花狗，因为其他动物的颜色是单一的；有的说是狮子，因为狮子吃人……答案五花八门。尽管黄博士心中的答案是"鸟是禽类，其他是兽类"，但他认为同学们的答案都正确，因为他们都能自圆其说。其实这一问题本身是开放性的问题，因为问题条件是开放的。

（3）研究性问题。有一些问题，需要学习者广泛涉猎资料，进行演绎或者用实验来探究。研究性问题与发现问题分不开，是学习者自己想出来的，不是别人提供的。黄全愈的儿子8岁时就"研究"了蓝鲸。他有了这一问题，就让他妈妈陪同去图书馆查阅有关蓝鲸的资料。儿子通过阅读这些资料，对蓝鲸有了比较清楚的认识，比如，蓝鲸一天要吃掉 4 吨虾，寿命是 90～100 年……在我们创新学习实验学校中，有一个学生提出了"减法能否从高位减起"。尽管是个小学生，但他到重庆少年图书馆、学校图书室查阅了很多的资料，并和他爸爸一道来解决这个问题。后来他构造了"减法从高位减的法则"，很有创意。

学习者提出的问题，需要在实践或者讨论中进行。例如，一实验学校的学生提出"城市居民生活垃圾分袋装"的问题。她们先设计调查问卷，然后对城市居民生活垃圾的处理情况进行调查并做数据分析，走访环境保护局及环卫所，再到图书馆查阅资料，最后提出可行性意见：将目前公用的垃圾桶统一改装，由"一桶式"改为"分隔式"。这样有利于资源回收，有利于环卫工人处理不能腐蚀的"白色"垃圾和其他塑料制品等。还有一些问题需要学习者相互讨论，效果会更好。但需要讨论的问题，一定要目标明确，方法实际，有一定难度，有趣味，并有一定的价值。例如，学生学习《致橡树》一文，一学生就把握住了主题"我们应确立什么样的爱情观"。几个学生围绕这一问题，各抒己见，并结合现实发散思维，最后形成多种向上的观点。

以上分类仅为一种，其实问题的分类有多种方式。例如，按问题的性质分为明确问题和模糊问题；按形式分为实践问题、讨论问题、应用问题等。不同类型的问题，应有不同提问与解答的方法。

3. 问题的结构

问题，对每个人来说都存在。按对象划分，有学术问题、管理问题、商业问题、人际问题、金融问题、生活问题，但都有一定的结构。就其逻辑结构来说，主要有下列几种形式。

（1）叠式结构。即各问题之间层层递进，像塔一样，直接相连，由易到难，不断攀升。重庆市某师范附小徐老师在执教语文第三册《诚实的孩子》中第三自然段时是这样引导学生思考的。

① 本段共有几句话？请标出。

② 在朗读时要注意语气的变化。从哪句话可以看出孩子们没有发现列宁打碎了

花瓶，请找出关键词语。（用下划线标出。）

③ "互相追赶" 又是什么意思呢？同学们在捉迷藏时有这样的体会吗？能不能用 "互相" 说一句话？

④ 谁听见了打碎花瓶的声音？找出姑妈听见声音后的表情动作的词。（用着重点标出。）

⑤ 孩子们听了姑妈的话，分别是怎样回答的？同样是一句 "不是我"，为什么用不同的标点符号？

⑥ 列宁在回答时，为什么要低头呢？你们有这样的体会吗？（结合插图理解。）

⑦ 从 "低头" 和他说话的语气，可以看出列宁是一个爱撒谎的孩子吗？

⑧ 姑妈听了回答后，又是怎样说的？为什么？

⑨ 孩子们听了姑妈的话反应怎样？为什么只有列宁没有笑？

上面 9 个问题，从第 1 个到第 9 个问题，问题不断深化。

（2）链式结构。即所设问题由表及里，环环相扣，有如锁链。在学习《黄继光》一文的第 7 至第 11 自然段时，学生提出这样的问题：① 黄继光站起来几次？② 黄继光每次在什么情况下站起来？学生边读边用笔勾画出来。再着重分析第一次站起来，让学生再读一次，能准确找出是在什么情况下站起来的，并且找出说明黄继光伤势的有关词句，抓住重点句进行分析。"黄继光肩上腿上都负了伤。他用尽全身的力气，更加顽强地向前爬，还有 20 米，10 米……近了，更近了。"学生再读，又提出更深层次的问题：① 从重点词语可见伤势如何？② 这里的数字和省略号是什么意思？然后引导学生朗读，体会作者连用三个感叹号表达的感情。分析第二次站起来时，先让学生带着问题朗读，能找出在怎样的情况下站起来。再引导学生思考：黄继光昏倒醒来，他想到什么？从而体会站起来后，他又是怎么做的。

（3）点射结构。即所设问题之间，像太阳发光一样，由一点发散开去。与直接相连不同，它是间接相关，由大到小，不断扩展，发散开来。例如，郭老师在执教小学语文第五册第 21 课《手术台就是阵地》中 "战士们没有离开他们的阵地，我怎么能离开自己的阵地？" 这句话，她是这样导思的。

　　①"战士们的阵地"指什么？

　　②"我们的阵地"指什么？

　　③"我怎么能离开自己的阵地呢？"是什么意思？

　　（4）总分结构。"小问题"本身相对独立，但与解决"大问题"紧密相连。其表达方式或从大到小，或从小到大。我的女儿在学习高一化学绪论时，其中有一个让学生思考的问题："请结合实际，谈谈化学的用途。"她确立了问题"纸与化学"。于是她想了解"纸的历史""纸的组成""纸的化学成分""纸的生产流程""纸的发展"等子问题。她通过查阅资料，逐个将问题解答，最终写成了 3 000 多字的论文。

　　（5）集束结构。即提出的问题解决的不是单个的阅读目标，其所提问题也不只是一个，而是一个问题群。虽然其他结构的提问也不只是一个，但其指向是单一的或递进的，解决的是单个的阅读目标。

（二）提问技巧与分析

　　学生在学习中，不能提问题，或者不敢提问题，其最重要的原因是学生学习观念陈旧。正如王充所说："即徒诵读，读书讽术，虽千篇以上，鹦鹉能言这类也。"王充又说："世儒学者，好信师而是古，以为贤圣所言皆无非，专精讲习，不知难问。"意思是学生不要只背诵文章，还要大胆"难问"。

1. 更新观念，大胆提问

　　（1）勇于批判。王充给我们做了表率。他在《问孔篇》中写道："凡学问之法，不为无才，难于距师，核道实义，证定是非也。问难之道，非必对圣人及生时也。世之解说说人者，非必须圣人教告乃敢言也。苟有不晓解之问，追难孔子，何伤于义？诚有传圣业之知，伐孔子之说，何逆于理？"王充敢于大胆问难，具有彻底的批判、革新精神，他主张"距师""问难"，反对"信师是古"，要求学习者能提问，多思考，实中求学。尽管孔子是大学问家、教育家、思想家，但王充对孔子的一些教学方式不敢恭维，有自己独到的看法，是"濯去旧见，以来新意"的表现。这也是我们今天的学习者所必须有的学习品质。

　　不守旧才有批判，有批判才能开拓，才能有问题，才能有创新。

（2）敢于提问。中国科学院院士、著名化学家、香港中文大学化学系教授黄乃正，分别在中国上海、香港地区及美国学习、工作、生活过。他对自己在学习中不断发现问题有独到的看法："少给自己规定条条框框，要大胆发挥，大胆提问。有了问题，自己要独立思考，设法解决。简单地说，就是自己把问题弄明白。"①

学习者要让自己敢问，首先，要克服自卑的心理。可通过阅读名人故事提高对问题重要性的认识。例如，爱因斯坦从小爱问为什么，长大后成为举世闻名的科学家。其次，要提高自己提问的兴趣，消除懒得提问、怕提问的思想情绪，激发起想提问的欲望，锻炼敢提问的勇气。最后，学习者对自己提出的问题要认真对待，不论问题多么肤浅或异想天开，都不要觉得不好意思。有疑，自然要向同学、老师、家长等发问，只要大胆地提出来，就不要怕他人耻笑。因为提问是学习者的权利，应该受到他人尊重。张载曾说："人多是耻于问人。假使今日问于人，明日胜于人，有何不可？"只要能从他人回答问题中，捕捉到智慧的火花与灵感，就达到了目的。促使自己不断地提出新问题，最终就能达到提出有水平的问题的目的。当然，如果学习者融入的是一个爱提问的环境，可能提问题的积极性就会更加高涨。黄全愈在《素质教育在美国》一书中写得最多的莫过于美国的教师如何尊重学生提问，如何创设提问的环境。尽管学生提出的问题常常让教师"难堪"，但他们认为这是正常的。因为教师不是圣人，况且现在知识更新很快，学生学习知识的途径增多，教师不能回答学生的问题是正常的。但只要善于组织，例如，广泛讨论、到图书馆查阅资料、走访专家学者等，学习者就一定会尊重教师，也使学习者的学习真正具有了创造性。

（3）寻找时空。我们今天的学习者常说一句话"我不会提问"，或者不爱提问，或者没有提问的习惯。这主要是过去的教师教我们学习，几乎没有给我们提问的机会。因此，学习者要从细节处学会提问。

① 会找提问的时间。很多中小学生都说，我们每天的作业太多，几乎没有提问的时间。由于"减负"的着力推进，教学改革的不断深入，很多教师都压缩了作业量，并给学生提供了提问的时间。例如，创新学习实验，所有的实验教师每节课原则上都留了不少于10分钟给学生提问的时间，并实行学生无错原则，解放学生，大胆提问。有一次，我去一所实验小学听小学二年级的数学课——"三、四位数的竖

---

① 黄乃正：《情系香江的化学家》，载《少年科学》，2000（7~8）。

式减法"。按照创新学习课堂原则，需有提问题的时间。在提问的时间内，学生相继提出了"竖式减法是谁发明的""竖式减法是什么时候产生的"等问题。当然，除了课内有时间保障外，课外也尽可能多地给学生提问的机会。同时，学习者还要给自己确定提问的时间，不要被作业埋没了提问，每天规定提问题的数量。只有不断地产生问题，才能不断地思考。

②会找提问的空间。提问，教室或许是一个很好的场地，但有时不在教室或学校。有问题要问，也可以用书面方式提问，或以其他方式（电话、微信、短信等）向教师提问等。为了不放过任何问题与灵感，学习者应备一本问题本，随身携带，及时记录。我在香港讲学，看到一些学校采用了问题墙或问题园地。满满的问题不拘形式粘贴在墙上，下面有联系方式。可能其他同学能解，就解决了这一问题。到一周或一个固定时间就组织一次讨论，专门解决疑问，或者到图书馆查找资料或者请求专家学者来解决。学习者通过这种方式，记忆深刻，效果甚好。这正如郑板桥所说："要使疑窦释然，精理迸露，故其落笔晶明洞彻，如观水观火也。"问题解决后，学习者又以愉悦、欣慰的情绪提出新的问题来，从而提升了学习质量。

2. 掌握方法，有效提问

（1）会疑。任何事物都是发展变化的。前人总结的思想认识与实践经验，往往受时间、条件与文化背景的局限。即便当时是正确的，具有新意，可是随着历史的发展，就会出现"到了千年又觉陈"的现象。这是正常的。因此，在学习前人积累的书本知识或实践经验时，就不应一味地照学、照搬，必须有所取舍，有所变更，根据现实情况提出问题，才能有新的发展需要。

学习是否深入的一个重要标志，就是善不善于提出问题与分析问题。明代教育家陈献章指出："前辈谓学贵知疑。小疑则小进，大疑则大进。疑者，觉悟之机也。一番觉悟，一番长进。章初学时，亦是如此，更无别法也。"王夫之说："由不疑至于疑，为学日长；由疑至于不疑，为道日固。"他们都说明了一个道理：学习的过程，是围绕着一个"疑"字，有疑才产生问题，有问才引人深思，螺旋上升，这就是"学则须疑"的意义之所在。质疑是问题的开始，质疑是创新的基础。只有当学习者能质疑，会质疑，才有创新的可能。

学习者在学习中可通过设疑形成问题空间，促使自己为问题而思，为问题而问，为问题而学，为问题而创。例如，通过一题多解、一题多变等方式，迫使自己一题多问，特别要注意设计一些非模式化而对启迪智慧有挑战性的问题，激发自己探究、解决问题的欲望。

（2）会问。孔子在《学记》中说："善问者如攻坚木：先其易者，后其节目，及其久也，相说以解。"意思是说提问要由易到难。以劈木柴为例，先从容易砍的地方入手，然后攻其他关节，随手就劈开了。同样，问题要先提容易解答的问题，通过对容易问题的解决取得经验，树立信心，难题也会得到解决。

著名教育学家陶行知先生极为重视提问的方法。他在一首诗中这样写道："我有几位好朋友，曾把万事指导我。你若想问真姓名，名字不同都姓何：何事、何做、何人、何如、何时、何地、何去。还有一个西洋派，姓名颠倒叫几何。若向八贤常请教，虽是笨人不会错。"台湾著名教育学家陈龙安教授经过多年的教学实践，得出了提问的技巧，用十个词提问："假如""列举""比较""替代""除了""可能""想象""组合""六 W""类推"，[①] 通过这十种提问的方式，学习者一般都能较好地提出问题，并且每一问题都有一定的发散性。这种没有固定答案的提问，能培养学生的发散思维。

学习者从敢于提问到善于提问，是一个飞跃的过程。只有多问、勤问，最终才能实现这个飞跃。知识来源于问号。著名发明家保尔·麦克克里德说得好："唯一愚蠢的问题是不问问题。"只要学习者坚持不懈，就一定能悟出自己提问的方法，成为一个善问的人。

美国郭有迁教授认为寻找问题可从三个方面入手，即方法类别，如组合法、审问法等；问题类别，如确认、改进等；问题情境，如学术、管理等。他给出了寻找问题的三维结构图，见图 20。[②]

这样，按照组合的方式，就可有 $5 \times 5 \times 6 = 150$ 种方法。

提出问题是学生学会学习、学会创新的关键。当学生能提出问题，并不断解决问题，又不断地提出新的问题，逐渐发展，由发散思维到聚合思维，由聚合思维到发散思维，再到聚合思维，学习的效果就一定会很好，学生就一定会乐意学习。

---

① 陈龙安：《创造性思维与教学》，49 页，北京，中国轻工业出版社，2001。
② 郭有迁：《创造性问题解决法》，119 页，台北，心理出版社，2001。

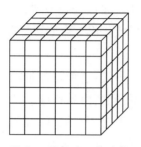

图 20　问题的三维结构

（3）会思。强烈的问题意识是创造型人才的重要特征。"问题—探究—问题"教学就是以"疑问"作为中枢开展教学活动的。"善思则疑"，思维自问题始。问题是学科的心脏，是思维的发动机，是教学的血脉，它决定着课堂教学的流向和走势。教学过程本身就是一个不断提出问题、分析问题、解决问题的过程。通过疑问可以揭示学生认识上的矛盾，对学生的心理智力产生刺激。因此，数学特级教师王培德认为，在教学过程中要高度重视学生自信心的培养，以此来激励学生的问题意识。

学生会思、会问，与教师的引导和环境创造分不开。重庆巴蜀幼儿园陈洁老师上语言课，我多次听她的课，她善于引导，幼儿思维发展得很好。以下是她的教学记录。

大风来了

一本奇怪的书，书缺了一角，是谁撕坏的呢？缺口后露出一只小老鼠，估计是它咬的吧……我满怀好奇地翻开了这本无字书——《大风》。全书没有一个字，故事中小老鼠每个画面的动作、细节都充满了不确定性。小老鼠不停地咬纸，纸的背后到底是什么呢？这个问题一直困扰着我，一直读到最后，我才恍然大悟。我想，每个人在阅读的时候都会读到一个不一样的故事。这本书给原本想象力丰富的孩子们提供了无限的猜测、想象空间，我也思考着怎样能让小班的孩子们读出一个个不同的故事。于是，我和孩子们一起翻开了这本充满想象的无字书。

一、不同的结果猜测，提问指向多少种可能

故事一开始就呈现出了一个广阔的思维空间：一张空白的纸上，一只小老鼠飞快地跑着（见图21）。孩子们看着它，露出了好奇的眼神，我立即问："小老鼠跑这么快，要去干什么呢？"话题一下子打开了。有的小朋友说："它的肚子饿了，去找东西吃。"有的小朋友说："它一个人不好玩，去找朋友。"有的说："后面有老虎要吃它，它吓得飞快跑。"说完他还做了一个老虎的动作。有的说："它是回家，去找妈妈了。"孩子们想象了很多种可能，他们的答案反映出了不同的指向。我并没有点评对与错，而是说："大家想象了很多种可能，有道理，我们继续往后看，看看书上会告诉我们什么。"

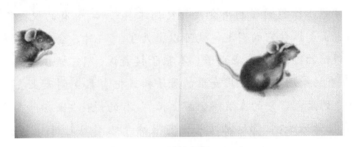

图21　小老鼠在纸上飞跑

小老鼠停了下来，开始撕咬白纸。有小朋友喊起来："它在咬东西，它饿了。"有的还发现："小老鼠咬了一个小洞，它在看（见图22）。""它在看什么呀？那洞里会有什么呢？"我顺着孩子的话问。有的说："里面有吃的，小老鼠想去吃好东西。"有的说："有很吓人的怪兽。"有的说："洞里会有老虎。"随着小老鼠把纸洞越咬越大（见图23），我一直激励着孩子们的想象："看，纸洞越来越大了，后面藏着的东西慢慢露出来了，把你们想到的都说出来。"孩子们对小洞里的想象越来越多，他们也猜测着各种不确定的可能。

图22　小老鼠咬出洞

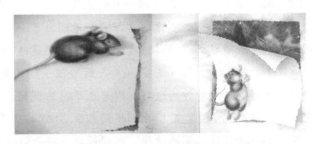

图23　小老鼠的洞越咬越大

二、不同的方法设想，提问指向多个角度

随着纸被小老鼠咬开，一阵大风从后面吹过来，原来是大风呀。大风从哪里吹来的呢？孩子们一起说："是天上。"从图画里，孩子们看到天上有飞着的老鹰、直升机、降落伞……"看到这么多东西在天上，小老鼠会想什么呢？"我问道。有的小朋友说："小老鼠也想上天去玩。"我追问："那可不容易呀，小老鼠会想什么办法让自己也能上天呢？"问题提出后，小朋友们积极地思考。有的说："它开一架直升机就飞上去了。""嗯，你想到了利用会飞的交通工具帮忙。"有的说："请老鹰帮忙，它坐在老鹰的身上，抓住它的羽毛，就可以上天了。""对，会飞的还有动物呢！你想到了请别人帮忙的办法。"我点评道。有孩子接着说："它抓住气球，气球会送小老鼠上天的。"有的小朋友说："用女巫的魔法棒，把自己变到天上去。""啊，你还想到了故事书中的角色，它的魔法棒会帮上忙。"有的说："坐在会飞的房子里就可以上天了。"我惊讶地说："那这栋房子一定很神奇吧。""对呀，是可以飞的房子，跟我们的房子不一样。"小朋友神气地解释道。天真的孩子们从不同的角度帮助小老鼠想了好多上天的办法，大家都争着表达自己的想法，让我看到了孩子们的思维在不断地扩散。

三、不同的猜想判断，提问指向多个结果

孩子们想了很多的办法，小老鼠会用谁的办法呢？我们一起接着往后看（见图24）。"小老鼠在折东西。"晶晶大声说道。我问："对了，如果它要上天，会折什么东西呢？我们看看小老鼠折的顺序，你说说它会折什么？"南南说："我看到它咬了一条线，是要折飞机飞上天。"香香说："不对，它咬了4条缝，它要做4个翅膀（见图25），粘在自己身上，扇一扇就能飞上去。"牛牛说："是做火箭，我知道火箭会飞上天的。"明明说："你们看，它用尾巴打了一个洞，把纸穿进尾巴里。它是要做个风车。我婆婆（奶奶）给我做过风车，就是这个样子的。"天天说："对，好像是做风车，风车还会转（见图26）。"听了孩子们的判断，我非常高兴："你们都能够仔细观察小老鼠制作的过程，跟自己平时看到的、想到的一些能飞的东西结合起来判断，这种想法更能帮助你们找到答案。"随着孩子们的猜想、推断，我一页一页地展示小老鼠制作工具的过程，翻到最后，孩子们一起喊起来："啊，小老鼠做了一个风车呀！"孩子们兴奋极了。尽管结果只有一个，但是在这个过程中，我看到孩子

们能根据老鼠的制作过程去判断，得出不同的猜想，并能说出自己的理由，我想这也是一个多思维思考的体现吧！

图24　小老鼠折东西　　　图25　小老鼠折翅膀　　　图26　小老鼠做风车

　　终于，小老鼠飞起来了，孩子们欢呼着、跳跃着，模仿小老鼠在天上飞的情景，无比兴奋。我很高兴为孩子们创造了广阔的思维和想象空间，也让他们插上想象的翅膀，在自由的天空里快乐飞翔！

　　在发散式提问策略的运用中，我关注幼儿语言与思维的共同发展，既注重鼓励幼儿有顺序地、完整地表达自己的想法，也注重培养幼儿的发散性思维。在针对某一问题提出多种解答思路后，引导幼儿进入情境进行发散性思考和理解，鼓励幼儿调动自己的已有经验，从不同角度、不同问题、不同结果等方面大胆地猜想，从而进一步提高幼儿发散性思维的独特性、变通性、灵活性。

3. 建构知识，互动提问

　　建构主义知识观认为，知识必须形成网络，在学生头脑中建构，才会形成力量。知识建构是指认识主体在学习过程中对学过的知识有一个系统的整体评价的认识过程，把原先孤立的、割裂的知识内容建成一个全面的、系统的、有机的结构体系。结构是建构的结果，结构对认识起中介作用，学习过程中知识的掌握就是结构的不断建构。

　　认识主体掌握知识之间相互依存关系的过程，不是消极地、被动地反映或机械地、直观地一次完成，而是在原来获得知识的基础上进一步掌握新东西，再扩大、深化，逐步构建起来的。

建构主义知识观要求我们的学习者从实际出发，在累积性、目标指引的积极建构中完成，参与问题的形成与解决的过程。

问题的目的是便于探究，最终使问题得到解决，建构新的知识。这实际上形成了"疑问—推理—建构—留疑—平衡—建构"的动态整体结构。留疑阶段的开放性问题打破了学习者认知结构的平衡，促使引起认知结构不平衡的新知识输入。学习者在探究学习过程中，不断接受新知识，打破原有平衡，建立起新的平衡，通过调整和同化，使两种活动过程达到相对平衡。在平衡的不断发展过程中提高学生的自适应、自组织、自调整能力，促进整个心智的发展。

从目前学习内容看，基础知识的相对稳定和传统内容的更新及其反映的社会经济、文化、科学技术发展的要求，是一个不平衡的系统；从学习者的发展看，知识的累积、智能的提高、态度的形成，也是一个不平衡的系统；从学习方法看，自学、探索、讨论，同样也是一个不平衡的系统。

整个系统在频繁的信息交换、反馈与调整过程中，不断向前发展，产生出新的更加高级有序的组织，建构起新的知识点。

建构的目的是最大限度地激发学习者的创新智力活动。例如，在探疑阶段，为了鼓励学生标新立异，给学生提供充分的创新机会，对学生提出的新奇想法，哪怕乍看起来有些荒谬，但只要有创新成分就要及时给予鼓励和奖励。在质疑阶段，通过各种各样的变化训练，例如，改变条件、改变结论、变换角度等方法来寻求问题的变异。在释疑阶段，师生以创新性为标准，各抒己见，共同评价学生的思维结论，对探索性、开放性的问题树立尊重差异性、追求新颖性的概念，通过发散性的答案引导学生以创新为标准去评价别人与自己的思维成果。留疑阶段是知识的应用阶段，应给学生极大的余地和广阔的探究空间。知识只有在创造性运用中才能产生巨大的力量，才能超过原有价值。

（三）问题场力与解决

我们经常说"某人有气场"，讲话震撼力强，有一大批粉丝愿意洗耳恭听。这表明有场力这种东西存在。学习场应该首先是问题场，有问题场就应该有场力。学习动力，从根本上来说，是一种场力。

1. 问题场力的界定

场力是一个物理学概念。例如，地球具有场力；物体提到一定高度放开就会落向地面，这是地球对物体具有吸引力作用；物体在地球场力中。问题场力就是问题本身对学习者的吸引力。

（1）问题场力的特点。

① 无形性。场力是无形的，场力的作用也是无形的，它是一种通过场力间接作用于被控对象内在动力机制的力。场力既能在不知不觉中约束学习者的问题意识，又能激发学习者的内在潜能，从而最大限度地调动提问人的积极性、创造性。

② 持久性。场力作用是持久的。这一方面表现在场力作用的形式上。问题场力就如同物理学中的场力一样，只要处于场中，就时时刻刻都在场力的作用之下。这种作用不仅是无形的，而且是持久的。另一方面表现在作用效果上。因为每个学习者都具有相应的自主性和自控性，都有实现自我价值的欲望，实现效果上的持久性。

③ 自动性。场力也具有较强的约束力，能激发和诱导学习者的责任心、荣誉感。这是因为它的作用是无形的，无处不在，使学习者在不知不觉中受到了影响；它的作用是连续的，无时不在，并能把外在作用力转化为内在动力，使学习者具有自动提问的习惯。

（2）问题场力的培养。

① 问题本身的磁性。问题场力的培养，着重是培养学习者提出问题、解决问题的"磁性"。磁性是一个物理学概念。在物理学中，有一类物体具有吸引铁等金属物质的性质，这种性质叫磁性。具有磁性的物体叫磁体。在磁体的周围，存在着一种能传递磁间相互作用的物质，这种物质叫作磁场。有了磁场，就有了吸附力、凝聚力，进而转化为电能、热能，做功、生效。在学习中，有目的使学习者的主体实践活动得以进行，因为活动是有磁性的载体。在活动与学习者之间同样存在着一种传递相互作用的隐形而可感知的东西，例如，情境、氛围、策励、竞争等带动引力。有了这种引力，就有了活动"场"。学生在"活"中"动"，在"动"中"活"，活动生动力，学习出效率。

② 问题场的有效性。问题场力中的"场"与物质中"场"的形成的不同之处在于，学习活动中的"场"是多种空间和谐开放、互相作用的产物。学习空间开放，

打破传统学习仅限于学校与教室，沟通各种鲜活知识源源不断地汇入学习天地，从而产生吸附力。传统学习仅限于课本知识的承传，课堂呈现出教师"发"、学生"收"的单一模式，学习者只能随着教师的话语听、记，或是顺着教师的诱导，直到说出教师事先设计好的答案才算满意的机械问答，考的时候再复制教师讲授的内容。创新学习一直都强调教学手段开放、教学内容开放、教学形式开放、学习评价开放。一学多径，博学多取，使学生的学习与时代更加吻合，体现时代性和有效性。问题场的效应，关键是吸附力、激活力、提升力。从心理学的角度看，关键是提高技能和培育问题情感，形成"场"的"场"。当然，问题场的效应与学习者知识视角也有很大的关系。

问题场是解决问题的核心，当出现的问题处于学习者某一知识场中，学习者可能通过思考获得解答，或者提出更深入的问题；反之，学习者就可能要建立新"场"，达到理解或解答的目的。

2. 问题解决找策略

根据解决问题的认知方式，可以将问题区分为常规性问题和非常规性问题。常规性问题的解决方法可以直接从已知的认知结构中提取。在加涅和奥苏伯尔看来，这类问题并不是真正的问题。非常规性问题的特点是：初次遇到的不能直接用已知经验来处理的情境，所解决的问题需要以原有的认知结构为思维素材，通过独立思考形成新的认知结构，而且新的认知结构是可以迁移的。学习过程的问题首先是以获得物理知识为目的的问题。这类问题是对学生发展过程的再模拟，使之成为师生、生生共同参与、共同探索最终解决问题的过程。其结果是在学习者头脑中生成概念，再发现规律，在过程中学习方法，形成能力。其次是学生在学习过程中所暴露出的问题，例如，各种前概念、各种疑难和错误，需要通过问题进行诊断并给予修正，需要通过一定的问题巩固学习成果。最后是应用知识过程中的问题，这类问题相当于应用题，并以非常规性问题为主。不论哪一种问题，解决的关键是建立新的场，使问题在新的场中显现。

问题解决有不同层面的理解，它是学习、应用知识的过程中的一种能力，是我们学习的目的。问题解决是一种学习活动。信息心理学认为：问题解决是寻找和接受信息，回忆知识和方法进行加工处理的过程，是一种较高层次的定向活动。加涅把问题的解决放在人类学习之最。现代建构学已涉及问题解决的研究。建构主义知识观认为，人的认识的本质是主体的"构建"工程，问题解决作为高层次的学习活动更不例外。它是以思考为内涵，以问题目标为定向的心理活动或心理历程，是一种构建过程，从而也是一种探索的过程。在这一过程中不断提出设想，验证设想，修正和发展设想。在探索的过程中，广泛应用分析和综合、归纳和演绎、联想和类比等多种思维方法，并辩证地应用聚合思维、发散思维、逻辑思维、形象思维和直觉思维。这种探索活动是在一定的社会环境中实现的。主体通过表达、交流、辩证、调整等社会构建形式获得问题的解决，而问题的解决的结果往往导致对某种主体而言是有意义的发现或新的认知结构的形成。所以，问题解决是认知的、有目标指向性的、个体的而又与社会环境有关的、接近于创造的过程。难怪几乎所有的教育心理学的著作都将问题和创造性联系到一起。

学生在学习过程中，对教科书中的问题存在着一些看法。

（1）思考或练习题型的封闭性。表现为完备的条件和单一的答案，不需要或很少用假设进行推理和判断。

（2）解题的机械性。表现为题目中的问题不能激起学生的兴趣，问题与学生建构的场有很大的距离，所求的结果未必有意义。

（3）解题的被动性。习惯于教科书上例题的思维定式，而不是学习者欲"做"先"探索"的习惯，缺少自主意识、自我评价和反馈监控。这样是培养不出学生的独立思考和创新能力的。这种死记各种套路和模式的方法，把学习者训练成对习题做出快速反应的解题机器。

（4）解题研究的局限性。表现为侧重于解题方法的探讨，或思维方法与某些题目的对号入座。

当然，习惯和问题、解题和问题解决应该是辩证统一的，而不是绝对分开的。实际学习中，解题训练和问题解决兼而有之。

3. 问题场力显扩张

质疑、释疑、探疑、析疑、留疑是学习者学习的主要措施，也是问题学习的关键。学生由课前预习发现问题，进入质疑阶段。释疑阶段则以问题为诱因，根据问题情境，激发学习的探索欲望。在探疑阶段，深入抓住问题，从独探到共探，由同伴共探到小组共探。以发散性问题，从不同角度、不同方面进行质疑，使学习思维达到应有的深度。析疑阶段，学生与他人共同寻求问题解决，使学习建立起一个新的认知结构。留疑阶段，留下富有启发性和开放性的思考问题，这也就是进入下一个质疑阶段。整个学习过程要及时经常地利用反馈信息来调节探究过程，并和同伴共同探讨，培养合作学习的能力。

"问题—探究"的学习模式是问题场力的重要扩张方法，对学习者的学习具有以下作用。

（1）以建立知识结构和发展智能为出发点，对学习者学习进行良好的认知结构和完善的能力结构的全面培养。

（2）把知识的建构过程变成模拟研究过程，把问题学习真正置于认知主体的地位。让学生自己来探索和发现规律，建立起有自己特色的认知结构，并纳入新的问题场中。

（3）"问题—探究"不断循环的过程中，要求呈现具有顺序性的知识。知识结构的建构过程，不是新旧知识的简单组合，而是一个通过同化和调节，使知识结构从不平衡状态向相对平衡状态转化的过程。探索顺序性的知识可以使学习者不仅知道结果，而且知道得出结果和结论的过程、先决条件以及分析问题、解决问题所采取的策略，从而命名其理解和掌握解决问题的思维过程，促进智能发展。这也与《中共中央国务院关于深化教育改革，全面推进素质教育的决定》让学生感受、理解知识产生和发展的过程的要求相一致。

（4）"问题—探究"的学习模式是以认知心理学的学习观为基础建构的。它注重学习者揭示认知对象的内在规律；着重解决知识结构与认知结构转化过程中存在的问题，使学习活动成为一种积极主动的建构过程；培养学习者分析、综合、比较、概括、抽象等思维能力，使其形成一个完整的认知结构。

"问题—探究"学习模式是开放型的，使得问题探究学习在理论上得以深化，在实践中具体可行。学生通过探究式自主学习，不仅实现了认知与心理的自我发展、自我完善，提高了认知结构形成的效率，而且形成了强烈的创新意识和较强的创造能力。

问题学习是创新学习的核心，通过不断提出问题、解决问题的学习，形成问题学习的能力，彰显创新水平。

八、创新学习课堂

（一）创新学习课堂模式

关于教学模式，很多专家、学者在这方面进行了深入研究，对课堂教学模式的界定方式、角度各有不同。综观这些界定，我归纳为：教学模式是在一定的教育思想、教学理论指导下，在丰富的教学实践基础上，为完成特定的教学目标和教学内容而形成的稳定而简明的教学结构理论框架以及具体、可操作的教学实践活动程序和方式。教学模式具有哪些特点呢？从表现形式看，它是直观的、简约的、完整的，它是一种理论的体现。从功能看，它具有开放性，可以根据内容加以具体化，加以突出调整，还可以根据实践加以发展；具有整体性，它规范教学的全过程，教学的各个要素具有很强的针对性，只有对准某种目标，它才是有效的；具有很强的操作性，可以把先进理论具体体现给教师来操作。创新学习的教学模式就是在创新学习的理论基础上，为发展学生创新意识、创新精神与创新技能，为完成特定的教学目标和教学内容而形成的稳定而简明的教学结构理论框架以及具体、可操作的教学实践活动程序和方式。有模式，一定不能是机械的，不然就模式化了。

1. 教学模式的内涵

根据界定，教学模式的内涵可从以下几方面理解。

（1）教学模式在理论层面上是指向教学结构的，即教师、学生、教材三个基本要素的组合关系，而在实践操作上则是教学程序与教学目标、内容、方法、手段之间的相互联系。这体现了教学模式作为教学论与教学实践之间的中介性质。

（2）教学模式从静态来看，是稳定而简单的理论框架；从动态来看是具体、可操作的教学活动程序和方式，并在实践中不断修改、完善。

（3）教学目标及内容之间的对应关系应是相互制约、相互适应的。

（4）界定表明了教学模式是教学理论指导与教学实践经验积累结合而形成的产物。它的形成有两种方式：一种是在一定的教学理论指导下，构建模式，再放到教学实践中去检验、修改、完善模式，完善理论，应用于实践；另一种是在具备丰富的教学实践经验的基础上形成模式，不断地修改模式，完善理论，应用于实践。教学模式与教学方法是两个不同层面的概念，它们之间有联系，但又有区别。教学模式的内涵较为丰富，"模式"的概念规定了教学方法，在一种模式中可集中多种可遵循模式要求的教学方法。而教学方法的内涵较为具体、单一，灵活运用于模式中的任何一个教学环节。任何一种教学方法难以包容教学模式。

创新学习的教学模式既体现以上思想，同时也具有创新学习的思想。

2. "四为主"教学思想

1998年1月，重庆市创新学习研究总课题组主研人员认真总结"创新学习"的课堂思想，尤其是如何凸显"学生"与"问题"，我们归纳、提炼出符合创新学习的"四为主"课堂教学思想："学为主体，教为主导，疑为主轴，动为主线。"教师变教为诱，变教为导；学生变学为思，变学为悟；变传统课堂的"灌输、适应"为"探究、发现"；变"教室"为"学室"；变教师的"教案"为"学生课堂学习策划方案"。让广大学生动手、动脑，多方进行实践操作，把"问题"贯穿于整个教学、学习过程中，体现学生的创造性，实现课堂是安全、问题、开放、情感的价值取向。

3. "四导"课堂教学模式

基于课堂教学模式构成的基本要素，赋予各构成要素符合创新学习的新内容并以此为切入口，可以为构建创新学习课堂教学模式提供一定的启发性思路。

我们通过"设计—尝试—修改—完善—升华"的方式，不断完善，不断创新，构造了"四导"课堂教学模式，见图27。

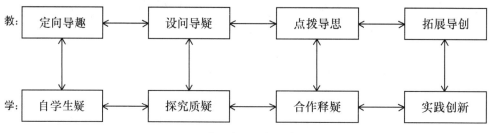

图27 "四导"课堂教学模式

（1）理论基础。教学模式都是在一定理论指导下建立的。正如乔以斯（B. R. Joyee）和威尔（M. Weil）所说："每一个模式都有一个内在理论基础，也就是说，它们的创造者向我们提供了一个说明我们为什么期望它们实现预期目标的原则。"教学模式所赖以建立的教学理论或思想，是教学模式深层内隐的灵魂和精髓，它决定着教学模式的方向性和独特性。鉴别一个教学模式成熟的程度，一般从理论基础中即可窥见一斑。"四导"教学模式的理论基础是什么？在创新学习理念下构建创新学习课堂教学模式，要解决的核心问题在于，如何充分发挥学生在学习过程中的主动性、积极性和创造性，变维持性学习为创新性学习，教师由知识的传授者、灌输者变为学生创新学习的组织者、指导者、帮助者和促进者。创新学习理念下构建的课堂教学模式的核心是：学为主体，教为主导，疑为主轴，动为主线。即在教学过程中，教师的教和学生的学是一个辩证的统一体。教学过程是在教学引导下，充分发挥学生的主体性，让学生主动学习、创新学习的过程；课堂的主体活动是学生自主学习活动，教师的活动则作为辅线，融于学生的各项活动之中；教师的导与学生的学以"疑问"为牵引，展开在学生实践训练的主线上；教学的目的是为了让学生最终离开教师后也能独立地、创新性地学习，达到叶圣陶先生所谓"教是为了达到不需教"之境。

（2）功能目标。任何教学模式都指向一定的功能目标，或者说，总是为了完成特定的功能目标而设计创立的。功能目标是人们对教学活动在学习者身上产生"什么样的""多大的"效用所做的预先估计。它在教学模式构成因素中居于核心地位，对课堂教学模式具有定向功能，对其他要素还起一定制约作用。功能目标的实现程度以及人们对教学目标认识的发展，往往又作为一种反馈信息，帮助人们调整或重组组织程序，使教学模式日臻完善。传统的教学模式大多把目标定位于引导学生掌握知识，向学生灌输知识（陈述性知识），凸显的是单一智育目标。而创新学习理念视学生具有多方面发展需求和发展潜力的人，具有主观能动性、有可能积极主动参与教育活动的人，把教学目标定位于学生全面、和谐发展。不同的教学模式具有不同的功能目标。创新学习课堂教学模式，是在素质教育理论指导下，以民主、合作的教学关系为基础，以导学的教学程序为主线，充分激发学生的问题意识并通过教学系统诸多要素的优化组合，以实现学生自学能力、创新能力和整体素质共同提高的功能目标，培养学生的创新意识和创新能力。

（3）实现条件。这是指促使教学模式发挥效力，达到一定功能目标所需要的各种条件。任何教学模式都在特定的条件下才能有效。教学模式的实现条件很多，有教师、学生、课程内容、教学手段、教学的时空组合等。认真地研究并保障教学模式的实现条件，可以更好地掌握和运用教学模式，成功地达到预期的目标。课堂创新学习要得以实现，必须赋予这些条件要素以"创新"的内涵。对于教师和学生，总课题组强调，学生是具有多方面发展需求和发展潜能的人，是具有主观能动性，有可能积极、主动参与教育活动的人，是学习活动中不可替代的主体。教师则应该是学生创新学习的组织者、指导者、帮助者和促进者。对于教学内容，我们认为：第一，从性质上看，教材只是提供教师和学生展开教学活动的材料，并不完全等同于教学内容；第二，从类型上看，呈现教学内容的形式不拘泥于文字，而是有文本形式和超文本形式；第三，教学内容不等于知识点，还包括情感、态度、能力和方法等。对于教学媒体，我们认为它已成为课堂教学中具有独特意义而又不可忽视的因素。运用多媒体技术于课堂的交互式学习，既是创新学习，又有利于在学习中创新。对于教学组织形式，创新学习的课堂主张全班集体学习、小组学习、独立自学三种形式有机结合，特别强调合作学习。因为师生之间的平等交流或角色互换，既能发挥教师的指导、示范作用，也能提高学生的参与度与责任心。生生之间的交流合作，更易激发学生的学习动机、参与意识和主人翁态度。对于教学环境，我们认为教师应努力营造出民主、和谐的教学氛围，这有利于激励学生的创新，萌发创造动机。以上这些方面的实现条件，总课题组将之归纳并研究制定成"创新学习课堂教学评价表""创新学习课堂教学规范要求"。

（4）教学程序。任何教学模式都有一套独特的操作程序，详细、具体地说明教学活动的逻辑步骤，以及各步骤所要完成的任务等。一般说来，教学程序的实质在于处理教师、学生与教学内容的关系及其在时间顺序上的实施。由于教学过程中，既有教材内容的展开顺序、教学方法交替运用的顺序，又有内在的复杂的心理活动顺序，所以，人们常从不同侧面提出教学活动的基本阶段及逻辑顺序。教学程序只能是基本的和相对稳定的，而不应是僵化的和一成不变的。

把握教学过程的本质，制定科学的教学程序，构建有利于培养学生创新意识和创新能力的教学模式，是实施创新学习的关键。在对于教学过程中教学主体的认识上，长期以来，一直是"教师中心论"占统治地位，在课堂教学程序设计上主要立足于教师的"教"。而现代构建主义教学论认为，教学过程是在教师启发指导下，学生自主构建认知结构的过程，亦即学生自定目标、自我评价、自我调整、自我实现的心理组织过程。"教是为了达到不需教"，课堂教学必须致力于学生自主创新能力的培养；课堂教学程序的设计，必须立足于学生的创新学习。相对稳定的教学程序是教学模式的要素之一，但稳定性并不等于一成不变。一个相对稳定的教学模式，可根据教学中不同的具体情况，对教学模式的操作程序进行调整，也可对教学模式的主、客体要素的组织形式和结构关系进行调整。

（5）教学评价。教学评价是指教师如何看待学生，如何对学生的外显行为做出反应。由于不同的教学模式完成的教学目标、使用的程序和条件不同，评价方式和标准也就不同。所以，一个教学模式一般要规定自己的评价方法和标准。例如，美国布鲁姆的掌握学习模式结构的评价因素不同于标准化评价，布鲁姆的标准是以学生的学习作为参照系的。在一些模式中，教师公开奖励学生的某些行为，以此来塑造良好的行为习惯。而在另一些模式中，教师对学生的行为不急于做出评价，而是充分发挥学生的自主精神和创造力。课堂教学评价是按照一定的价值标准，对课堂教学活动的诸因素及发展变化所进行的价值判断。科学的课堂教学评价，应围绕课堂教学评价的对象，以评价的价值取向作为出发点，选择适当的方法和评价方式形成合理的评价体系。从创新学习的价值观来看，课堂教学对学生发挥的作用应符合社会对创新的要求，满足学生创新素质发展的需要。创新学习课堂教学评价对象的核心是教师和学生在课堂创新学习的活动、关系及变化，应侧重评价教师对学生创造力的培养。在实践中，可根据下面几个因素来评价。

① 教师提出了几个开放性问题。

② 教师提出一个问题后，允许学生思考的平均时间是多少。

③ 教师批评学生或否定学生的次数是多少。

④ 学生主动提问的次数是多少。

⑤ 课堂教学中有多少时间用于学生的独立思考、独立学习或研究。

⑥ 课堂教学中有多少时间用于小组自由讨论和合作学习。

没有哪种评价方式是绝对优异的，每种评价都有各自的运用范围和评价目的。只有将多种评论方式结合起来发挥作用，才能达到评价的目的，提高评价的准确性。创新学习课堂教学评价体系应采用定性、定量相结合的方法，综合运用各种评价方式，并应特别重视对学生"延迟评价""激励评价"等方式的运用。

课堂教学不应是教师规定的一个个细密的认识程序，而应是在教师引导下的学生生动、活泼的认识活动过程。

有模式，但不模式化。教师要根据学生和教学内容实际，围绕以上模式实质，设计多种利于学生创新的子模式群。

4. 创新学习子模式群

我们总结归纳的"四导"课堂教学模式，是在大量实验教师课堂教学的实践基础上，通过多次讨论并演绎构建的。总课题组根据自己提出的创新学习理论并借鉴现代认知心理学、创造学等理论，提出了"导趣、导疑、导思、导创"的"四导"课堂教学模式，并将该模式先后在重庆42中、重庆53中、重庆巴川中学、重庆沙区实验一小等校试点，然后进行修改、完善，再经过总课题组织的赛课活动、研讨观摩活动进行推广。通过广大实验教师的实验反馈，再进一步丰富、升华，构建出了创新学习教学的"四导"基本模式。各实验教师从教学实践出发，依据创新学习理论，对课堂教学实践的经验进行分析。运用归纳法，概括、提炼出符合创新学习要求，符合教学规律、认识规律和学生发展规律，并有一定特色的教学结构框架，再把提炼出的教学结构框架付诸实践，进行修改补充。再经过教学实践的验证，最后形成具有相对稳定性的教学模式。其构建程序大致如下。

① 选择课例。

② 分析并构建教学模式雏形。

③ 反复实践验证，并进一步完善模式雏形。

④ 提炼符合创新学习理念的教学模式。

⑤ 模式定型。

在分析、构建课堂教学模式雏形时，为了充分体现教师和学生的活动及学生的发展，可采用"三因素"（教学程序、教师活动、学生发展）构思法。参加创新学习实验的广大一线中小学教师构建的课堂教学模式大都是采用归纳法构建的。例如，石柱中学根据创新学习理论，结合历史学科的具体特点，总结自己的教改实践，参照课堂创新学习"读—思—练"基本模式，归纳提出了"导读—导思—立论—反馈"的"中学历史四步教学模式"。教学模式是有层次性的，正确把握和充分运用教学模式的层次性，就能有效地防止课堂教学模式程序化的弊端，从而大面积有效地推进创新学习的实验。总课题组认为：具有普适性（即适用中小学各学科）的创新学习课堂教学总体模式为第一层次，以总课题组提出的"导趣、导疑、导思、导创"四导模式为基本模式，各区县教研室、课题组构建的普适性模式为变式；各区、县子课题构建的学科教学模式为第二层次的基本模式，各实验教师归纳、总结的学科教学模式为变式；实验县、校子课题组提出的学科内部分类教学模式为第三层次，广大实验教师归纳、总结的学科内部分类教学模式为变式。创新学习实验正是力图探索和构建以总体模式为核心（第一层次），以中小学各学科教学模式（第二层次）和学科内部分类教学模式（第三层次）为外层的创新学习课堂教学模式群。

5. 构建创新学习子模式的方法

（1）从教学目标实际出发。教学模式要为教学目标服务，而培养目标必须通过教学模式的各教学环节活动而实现。因此，实验学校在构建创新教学模式时应根据我们制定的培养目标而定。比如，创新学习教学模式中的"质疑问难""合作讨论""拓展迁移"等教学环节的设计都是围绕学生创新精神、创新思维、合作意识、参与意识等这些培养目标而构建的。在这种指导思想下，我们形成了一定特色的创新学习教学模式。

（2）从学生的实际出发。由于城乡差异，各地社会经济发展、人文环境不同等因素，学生各自的基础知识和认识事物的水平存在一定差异。在教学模式构建研究中，首先要考虑到学生的主体，一切教学活动都要为学生服务，都要符合学生的年龄特征、认知心理和能力水平。因此，在构建和运用某种教学模式时，要考虑以上因素，并不断调整模式结构（教学环节），绝不能生搬硬套，也不能搞教学模式化，防止教与学脱节，导致教学模式走向死胡同。

（3）从教师的实际出发。在教学模式构建过程中应充分鼓励教师的创造性劳动，充分发挥教师的集体研究优势和作用，开展教研组之间、校际之间的合作交流研究，避免各自为战、走弯路，形成课题组内外一家的互助局面。

6. 构建创新学习子模式的原则

（1）理论性原则。构建教学模式应以现代教育思想和先进的教学理论为指导，紧紧抓住教学改革和发展的大方向，渗透素质教育思想，坚持以学生发展为出发点。

只有这样，我们构建研究的教学模式才具有时代意义，才有推广应用的价值。

（2）主体性原则。要以学生为主体，调动学生学习的主动性和积极性。因此，在设计教学时要尽可能考虑学生的学习活动环节。比如，自学圈点勾画，思考质疑问难，合作交流讨论等，使学生真正成为学习的主人。

（3）指导性原则。学生能力是靠训练形成的，我们在强调以学生为主体的同时，也不能忽视教师的主导作用。教师在课堂上是组织者、指导者，关键是要"导"得精要，"导"在关键，"导"有方法。教学模式构建考虑了"导"与"学"的统一和有机结合，营造了一种师生间平等、民主、合作、和谐、活泼的课堂氛围。

（4）系统性原则。教学结构是反映教学过程的完整的系统结构和有机结合的整体。它是由若干个相互联系、相互衔接的教学环节的系统组成。因此，在构建教学模式中，把握好教学过程中的每一个环节，使其相互联系，互为补充，环环相扣，以产生课堂教学的整体效应和综合效应。

（5）学科性原则。各学科构建教学模式有共同的教学思想、教学理论和教学原则，但各学科教学任务不同，各有其特点。比如，语文学科教学侧重于积累、感悟、情感熏陶等培养；数学学科侧重于数理、算理、思维等培养。因此，我们在构建教学模式时应注意学科特点，使教学模式具有其个性特点，适用于本学科教学。

（6）实践性原则。构建教学模式是现代教学思想和理论指导下的实践活动。教学模式从设计到形成都必须在教学实践中检验，证明其实用性、可行性，切忌闭门造车，脱离教学实际。只有通过实践证明的教学模式，才能显示出它强大的生命力。

7. 构建创新学习子模式的实践

借鉴国内外构建教学模式的理论和实践，我们构建创新学习课堂教学模式也主要采用演绎和归纳两种方法。构建中以一定的教学思想和理论为指导，设计出相应的教学模式，然后把设计的教学模式付诸实践，在教学实践中反复实践、认识、反馈、验证、补充、完善，最后构建成相对稳定的、适应范围较广的教学模式。

（1）区县模式。① 石柱县教研室构建的"读—思—练"课堂自主创新学习模式。课堂教学必须致力于学生自主创新能力的培养，课堂教学模式的构建必须立足于学生"自主创新学习"。石柱县课题组通过总结过去进行学习指导实验的成功经验，深入学习创新学习、构建主义学习、协同学习等理论，提出了以促进学生自主创新能力发展为宗旨的课堂"自主创新学习"模式。这一模式的推广，为创新学习实验的区域性推进发挥了十分有效的作用。

②巴南木洞学区构建的"试导教学模式"。"试导教学模式"是在借鉴多种教学理论和模式的基础上发展起来的。其基本特征是：目标试导，先试后评。目标试导就是强调在教学中必须充分体现教学目标的核心作用，主要包括三层意思：一是目标导向，教学目标是教学的出发点和归宿点；二是目标导学，教学目标是教师教、学生学的主要依据；三是目标导评，教学目标是师生共同评价教学过程和学习结果的主要依据。先试后评的总体要求是：改革传统的教学程序，为学生创设必需的自学机会。它也包括三层意思：一是学生试学，指学生依据教学目标在教师指导下自学教材；二是学生试评，即在初步感知新课内容后，学生间相互交流、讨论、评价；三是教师导评，指教师在学生试学评价的基础上对学生的学习进行指导性评价、点拨。

③永川北山中学构建的"启发—创新"模式。"启发—创新"课堂教学模式的主要特征是通过问题思考，让学生达到"愤悱"状态，即"心求通而尚未通，口欲言而未能言"的状态。这就是孔子所强调的"不愤不启，不悱不发"。然后在老师的点拨指导下自主探索，感悟创新。这需要采用"设疑—探究""点拨—解疑""示范—拓展""暗示—引趣"等课堂操作策略。

（2）学科模式。学科模式构建甚多，语文、数学、英语、物理、化学等都有很多高水平的模式。我们早几年出版的《创新学习理论与实践》《中学教学模式探索与实践》《小学教学模式探索与实践》《创新学习求索》《学习与发展》中都有大量的教学模式，在此仅举"中学历史四步教学模式"为例。"中学历史四步教学模式"提供给学生的是一个由浅入深、由感性到理性、由具体到抽象、由零散到系统的循序渐进的认知过程。完成这一过程，学生不仅能了解历史事件本身，更重要的是通过"立论"这一环节，使学生学到的知识得到创新，从而获得带有普遍意义的理论观点。"反馈"的执行，又使他确立的理论应用到实践，达到迁移知识、学以致用的目的。

（3）分类模式。具体就某一内容的学习模式同样很多，在此以"文言四步"阅读模式为例。"文言四步"阅读模式适合初中文言文的教学。这是一个以读为主、问题导思、变学生被动学习为主动探索的课堂教学模式，破除了"串讲分析"的传统模式，有利于学生自主学习和创新能力的培育。

构建创新学习课堂教学模式并不是目的，它是为推进创新学习实验，培育创新人才服务的。语文教育家张志公先生说得好："我们应当追求的目标，是探讨规律，根据探讨所得，寻求正当的方法，形成若干有用、有效的模式，进而活用这些方法，活用这些模式。"只有这样，实施创新学习，培育创新人才的任务才能真正有效地落实到课堂教学之中。

（二）创新智能教学

在创新学习研究中，创新智能教学是指在新课程背景下，以学生发展为本，应用多元的教学目标，多方位、多角度、多途径地培养学生的创新素养与创新能力，实现从课堂到课外、从知识到能力、从现在到未来的立体化教学。[①] 它从教学设计理念、教学目标、教学内容、教学方法、参考资源、教学反思和课堂管理等方面，为广大教师提供所需的各类丰富的教学策略与措施，实现资源共享，有效地提高了课堂教学的质量与效率，推动着课程改革大步向前。

1. 创新智能教学的内涵

（1）创新智能教学是建立在多元智能理论之上的教学。第一，每个学生都有自己的优势智能，有自己的学习风格和方法，教学中要根据学生的智能特点、学习类型和发展方向去教育学生。学校的教育评价应通过多种渠道、采取多种形式，在多种不同的实际生活和学习情境中进行。我们的教师应从多方向观察、评价和分析学生的优点和缺点，并以此服务学生，促进学生积极发展。教学时要注意发现他们的优势智能并加以挖掘和发展，要从不同角度去了解和发现其闪光点，并采取适合其智能特点的有效方法，使其特长得到有效发挥。在人们的欣赏、钦佩和尊重中，他们的自尊心和自信心会逐渐提高，就会产生对教师、同学以至于学校的积极情感，并逐渐对学习产生兴趣。第二，人的智能领域是多方面的，各种智能的发展是相互影响的，在设计教育教学活动时，应充分体现学生智能的多元性，提供多种多样与学生发展水平相应的智能活动，以学生现行知识为基础来设计；否则，学生的兴趣支点就无法支撑，智能的培养也就失去了意义。第三，每个学生都有自己的优势智

---

① 龚春燕：《创新智能教学》，载《今日教育》，2007（1）。

能和弱势智能领域，教育者应该对不同的智能一视同仁，充分认识、肯定和欣赏他们的优势智能领域，并鼓励和帮助学生将自己的优势智能领域的特点迁移到弱势智力领域中去，实现以优扶弱的智能互补。第四，从智能的本质上讲，解决实际问题的能力也是一种创造能力，我们的教育应该把落脚点放在学生实践能力和创造能力的培养上。教学时，教师应尽力挖掘创造因素，增加培养、创造能力的内容，例如，课内外、校内外的实践活动，让学生多动手、动脑等，并进行创造性的教与学，使学生的创造意识不断萌发，创造能力迅速提高。

多元智能理论注意整体性、强调差异性、突出实践性和重视开发性的特征为我们的教学活动指明了根本原则。整体性强调的是我们的教学活动要从人的全面发展角度来组织教学活动，而不是限制在狭隘的本学科所强调的能力培养。差异性强调教学过程中要注意个体各种智能的不同发展程度，教师应当了解学生各种智能的组合情况，扬其长，避其短，促进其整体能力的提高。实践性同样在于强调"实践出真知"的真理，是人类认识的最根本途径，因而是教学活动中不可或缺的原则。重视开发性在于强调教育活动的"启智""学会学习"功能，是学校教育的终极性目标。因此，教学过程应当高度重视并合理地运用这些原则，才能从根本上摆脱"分数至上"的教育误区，走向以培养学生能力为目标的轨道。

(2) 创新智能教学是以创新智能的开发为导向的教学。它有以下三个含义：第一，创新智能不属于某一种具体的智能，它是创新思维指导下的一种高级智能。它既表现为各种智能之上的一种综合智能，又依赖于具体智能，以各种智能为基础，存在于一切智能之中，是各种智能自身的高级形式。第二，创新智能以创新思维为核心，表现为不墨守成规，批判继承，勇于探索，不断成功的创造力，而创造力又是形成新的形象、理论、信仰的能力。我们所说的成功，其实就是创新智能不断实践、不断强化、不断验证的过程。第三，创新智能具有强烈的时代性。因为时代的多元化发展必须要求具有潜在的多元智能的人不断展现和发展多元智能来适应时代，创造时代。任何智能都需要不断地更新、创新，时代前进、教育发展、个人进步都需要创新智能强有力的支撑。

创新智能教学理论揭示了智能是先天与后天的共同产物。智能的形成既有先天的基础，又有赖于后天的开发，这启示教育关注人本身的先天特质的同时，充分发挥其影响价值。我们要相信："每个儿童都是各具智能特点，内含巨大发展潜力的幼苗。"对大多数人而言，只要教育得当，每个人的 8 种智能或更多的智能都能达到较高的发展水平。

（3）创新智能教学是一种以培养学生创新精神和能力为基本价值取向的教学。它的教学理念是以培养学生创新精神为中心，以知识为桥梁，以活动化的课程与教材为依托，以学生为主体，以探究、实践为基础，促进每个学生创新性学习，培养其创新态度、思维、习惯和品质的教学实践。这种教学并未增添新的教学要素，也不排除各种已有教学方法的使用。但是，由于有了新的目标和理念，原有的教学要素有了新的组合，具有了新的功能；原有的方法在新的教学环境中为实现新的教学目标服务。

创新智能教学的过程就是开发学生智能的过程，就是学生不同智能之间相互影响、相互促进的过程，是一个创新的过程。从教育资源（包括教材）出发，以学生为主体，分层分类找到发挥每个学生智能优势的切入点，以教师为主导，在教学过程中运用多种手段传授知识与技能，发动学生参与，给学生提供展示才华的舞台。这样的课程，以学生的优势智能进行引导，不仅使学生获得知识，令学生有成就感，而且能增强其自信，达到自我悦纳、自我肯定、自我实现，从而发挥其潜能。

2. 创新智能教学的理解

创新智能教学的丰富内涵，赋予了它许多特质。

（1）主体性。创新智能教学秉持"以学生发展为本"的理念，充分体现了主体性特征。创新是人的主体性的最高表现，教学的终极目标是受教育者主体性的获得与张扬。"为了全体学生的发展，为了学生的全面发展，为了学生的个性发展"成为创新智能教学的基本目标。因此，要尊重学生的主体性和个性，要给予充足的时间和空间发挥其主体意识，发挥主体的潜能。在实践中，要相信所有的学生都能创新，人人想创新，重视学生的兴趣爱好。把问的权利留给学生，把讲的机会让给学生，把做的过程交给学生，尽可能地把学习的主动权还给学生，真正体现学生的主体性，使学生在自觉、主动、深层次的参与过程中，实现发现、理解、创造与应用，在学习中"学会学习"。

（2）多元性。创新智能教学倡导"多元的教学目标""多方位、多角度、多途径地培养""多元化的评价方式"。创新智能教学以多元智能理论为基石，关注学生创新潜能的开发。虽然没有任何一种教学方法是万能的，但只要发挥不同智能在教学中的不同作用，用多元化的教学手段适应各种类型的学生，评价上采用定量与定性相结合、终结性评价与过程性评价相结合、绝对性评价和相对性评价相结合、教师评价与学生自我评价和生生互评相结合等方法，相信"人人有才，人无全才，扬长避短，人人成才"的教育理念会成现实。

（3）延展性。创新智能教学将传统课堂延伸到课外，拓展了学生创新的时空，因此是延展式的。课堂时空的拓展可通过课堂舞台的前移和后延来实现。把课堂舞台前移，就是将课堂要学习的知识设计成若干个活动项目，或者把教材中的"课后活动"变为"课前活动"，让学生围绕活动的要求在课前做准备，相当于让学生提前介入新知识的学习，为课堂上"唱好戏"埋下伏笔；把课堂舞台后延，主要体现在学生作业的设计上，作业是课堂教学的延伸，作业设计的多元化，无疑又给学生提供了一个展示自我的舞台。另外，网上交流这一教学模式是课堂教学的延伸和拓展，这种教学模式注重教师与学生之间、学生与学生之间的双向或多向交流。网上交流可以通过类似聊天的形式讨论交流，还可以在提问、回答中运用网络技术，或按照研究方向进行交流讨论，学生可以将自己遇到的问题上传到网络的相应栏目请求帮助，也可以对其他同学的想法和解答或提出疑问，帮助完成更好的作品。

（4）开放性。开放性是创新智能教学的系统观，创新智能教学系统是一个开放的系统。普利高津（Prigogine）的耗散结构理论表明："封闭系统传递和转移（transfer），开放系统则可转变（transform）。"创新智能教学的开放性表现在教育目标、教学形式、教学手段等的开放。教育目标的开放充分肯定了学生的无限潜能；教学形式、教学方法与教学手段的开放使得学生潜能的充分发挥成为可能。

（5）前瞻性。创新智能教学注重学生"从知识到能力"的获得，让学生"学会学习"；关注学生学习过程中的情感体验，培养创新精神和创新个性，谋求学生的可持续发展，因而是"从现在到未来"的教育，终身学习是现代社会发展的必然趋势。现代社会要求公民具备良好的人文素养、开放的视野、创新的精神和合作的意识，具备阅读理解、交流表达以及运用现代技术收集、处理信息的能力。我国著名的教育家陶行知先生说过："活的人才教育不是灌输知识，而是在于将开发文化宝库的钥匙尽我们知道的教给学生。"由此不难看出，教给学生学会学习是多么重要，教师的责任是多么重大。为学生的终身学习奠定基础，创造良好的条件，是创新智能教学的应有职责。

3. 创新智能教学结构

根据这样的理解，在创新与智能的理论基础上，我们开发了创新智能教学系统。见表8。

表8　创新智能教学系统（I²S）的框架结构

备课	备课前准备	教材分析		
		学情分析		
		设计理念		
	学习目标			
	教学环节准备（在实际教学过程中无先后顺序要求，而且对每一项学习内容，根据其特点，不一定涉及所有的教学环节）	引入	方法一 ……	
		自主	方法一（学习中的问题，以呈现学生学习中的问题为主） 方法二（重点内容指导） 方法三（难点内容突破） ……	
		合作	方法一 ……	
		实践	设计一 ……	
		……		
	资源平台	与本课相关的资源 （其中的某一资源应为典型练习题）	资源一 ……	
		从课本中找到的创新内容	内容一 ……	
		相关多媒体课件链接	课件一 ……	
		……		
	学生学习策划方案生成			

续表

多媒体教学		
教后反思	对教材分析的反思	
	对学情分析的反思	
	对设计理念的反思	
	对教学环节的反思	对引入的反思
		对自主的反思
		对合作的反思
		对实践的反思
		……
	对资源使用的反思	
	……	
	其他反思	

　　创新智能教学系统的开放性、互动性，充分激发和展现了教师的创造性。"资源包"在设计上充分注重教师创造性的发挥，在各环节的设计上都体现了开放性。例如，在"学习目标"环节，除列出了主要达成的目标外，尚留有空白，使教师针对具体教学内容、教学形式可再做补充。在教学流程中，每一环节皆提供了数种设计，教师可自由参考、选择，可择其一、择其二甚至全盘推翻，自行设计……应该说，"资源包"尽可能地留出了教师发挥创造性的空间，使用这一"资源包"设计出的教学方案可以也应该是个性化的。

　　总之，备好课是一项创造性的工程，没有一个现成的、非常完美的模式可套，但这并不妨碍我们从中整理、筛选出一般的可行定式。长期以来，大多数人把教学研究的重点都放在"课堂教学及其评价"上，而对备课的研究则相对忽视。众所周知，备课是教学的重要行为之一，是教师上好课的关键，如果备课无效，教学就必然无效。我们花力气研究备课，实际上是"磨刀不误砍柴工"。所以，我们认为备课的研究比教学其他环节的研究更重要，要大力提倡和实施创新备课。

（三）"253"模式创新教学

创新学习研究与实验有诸多的实验模式，但创新学习更关注着一般学校、一般学生的实验。"253"模式实验的主要对象是重庆 50 中及其他多所中学，当时的重庆 50 中还是一所薄弱初中，通过研究与实验，学生综合素质提高了，教师在研究中也发展了，学校面貌焕然一新。课题组曾庆宇老师是本课题的具体指导者，每一星期数次与教师、学生座谈，提高了实验的针对性。

1. 模式界说

"253"模式教学主要是通过实施分层分类教学，培养学生的创新学习能力，主要应用于后进生的创新教学。"253"模式三部分的组成如下。

"2"——两大类：一类为学知学法；另一类为发掘潜能。

"5"——五种类型的学习模式：授知型；授法型；自学型；交流型；拓展型。

"3"——三个层次：基础层；普及层；提高层。

具体见表 9 和表 10。

表 9　"253"模式中的两大类、五种学习模式

类别	学习模式	内容侧重	角色侧重	学习方式侧重
学知学法类	授知型	传授知识	教师	讲授—点评
	授法型	教给方法	教师	讲授—点评
发掘潜能类	自学型	所得、所难、所疑	学生	自学—点评
	交流型	交流　所得　解难　释疑	师生互动 生生互动	交流—点评
	拓展型	读书笔记	学生	自学—点评

表 10　"253"模式中的三个层次分析

层次	层次类别	层次水平差异
第一层次	基础层	侧重：愿不愿（创新）
第二层次	普及层	侧重：能不能（创新）
第三层次	提高层	侧重：会不会（创新）

学知学法、五种学习模式、三个层次是发掘潜能、培养创新能力的有效途径。其中，三个层次又是学生潜能开发过程中显示的水平差异。

2. "253"模式评价研究

要实施"253"模式，需进行评价研究，建立"253"模式的评价体系。其基本精神如下。

（1）以评价促进学生的发展，不过分强调评价的甄别和选拔功能。

（2）突出评价的整体性和综合性，从知识与能力、过程与方法、情感态度与价值观三方面进行评价。

（3）形成性评价和终结性评价相结合，加强形成性评价。

（4）定性评价和定量评价相结合，更重视定性评价。

（5）教师评价学生、学生自我评价与学生间互相评价相结合，家长也可参与其中。

（6）考试仍是评价的主要方式之一，评价的目的是促进学生的发展。评价内容可见表11。

表11　"253"模式评价表

教学内容			执教教师		执教班级	
评价项目		评价要点			评价得分	
整合的三维目标（10分）		学生在愉悦的、兴趣盎然的氛围中，体验了知识发生发展的过程，落实了"双基"				
适切的教学内容（30分）		创造性地使用教材，教学内容适合大多数学生的学习能力				
		教学内容贴近学生生活，能引起学生强烈的学习兴趣				
科学的过程组织（30分）		学习形式多样，能根据教学内容和学生特点恰当选择自主学习、合作学习、探究学习、体验学习等方式				
		学习环境宽松、和谐，学生积极参与，勇于发表意见				
		教学过程有序				

续表

教学 内容		执教 教师		执教 班级	
评价项目	评价要点			评价得分	
真切地关注发展 （15分）	关注每一个学生，因材施教，注重差异				
	为学生提供讨论、质疑、探究、交流的机 会，给学生留有思维、想象的空间				
	关注学生的学习过程，发现和利用教学过 程中生成的教育资源				
艺术的教学交流 （15分）	有激情，善沟通，多鼓励				
	文字、口头等语言表达自然、得体				
评价意见					

3. 使用方法

（1）调查学生实情。我们经常说要因材施教，但有几个教师做到了因材施教，学生对学习内容本身的兴趣如何，不得而知。老师们只常说一句话："学生学习没兴趣。"但他们没有研究兴趣是什么因素影响的。课题组为了对学生有真实的了解，设计调查问卷，对学生进行了大量的调查（见表12），对语文的单元及课文的情况有了初步的了解。

语文第×册一共×单元，你的兴趣是：

表12 语文的单元及课文调查

名称	难易度调查				喜欢度调查			
	很难	较难	一般	不难	很喜欢	较喜欢	一般	不喜欢
第一单元								
第二单元								
第三单元								
第四单元								
第五单元								
第六单元								

重庆某中学语文阅读教学中学生主体地位调查表

1. 上语文课时，除了老师指定你读书，全班齐读之外，你自己独立阅读的情况是：（　　）。

A. 一节课独立阅读 10 分钟以上　　　　B. 一节课独立阅读 5 分钟以上

C. 一节课独立阅读 2 分钟以上　　　　D. 一周独立阅读 5 分钟以内

2. 上语文课时，你主动动脑筋，主动想问题吗?（　　　）

A. 经常　　　　　B. 有时　　　　C. 很少　　　　D. 从不

3. 语文课堂上的问题来源是（　　　）。

A. 老师提问　　　B. 同学提问　　　C. 自己发现

4. 你在上语文课时的发言状况（　　　）。

A. 很多（平均一节课 4 次以上）　　　B. 较多（平均一节课 2～3 次）

C. 一般（平均一节课 1 次）　　　　　D. 很少（一学期 10 次左右）

5. 不感兴趣的原因是（　　　）。

A. 老师讲课不吸引人

B. 老师教学方法单一

C. 老师一讲到底，自己没有时间参与活动

D. 教材不吸引人

6. 喜欢看的书籍、报刊是（　　　）

以上调查设计文字可能不是很美，语句可能不通，但我将全文录出，一是想让读者看到真实的一面，二是反映重庆 50 中教师过去的水平。重庆 50 中之所以效果明显，就在于实验教师做好了调查研究，从中分析原因，找到教学关键是什么，这正是教师所需要的。

（2）教学模式创新。学校改革从学校实际出发，充分尊重学生，相信学生，一步一步地激发学生学习的欲望。我们现在的学生对学习都不感兴趣，甚至把学习视为畏途，其关键是学生没有学习的兴趣。重庆 50 中的学生本身基础就差，如果我们一味用其他学校的标准去要求，他们学习就会越来越没有兴趣。课题组抓住这一关

键，从学生实际出发，不用传统方式评价学生，在教学中教师用了多种方式激发学生的兴趣，改革教学方法，学生从过去"害怕"学习到现在"喜欢"学习，效果良好。

第一，多种方式激发学生爱学。选取学生感兴趣的资料，使学生爱学。例如，当美国等多国部队轰炸伊拉克时，老师和学生一起收集资料，不同的学生收集不同类的资料：有的收集美国等部队使用武器的型号及功能；也有的收集双方战术的资料；还有的收集双方死伤情况的资料，尤其是贫民的伤亡等。学生收集以后，再进行交流，相互学习，然后写一些读后记，生动真实。又如，有的学生一学期就收集国内足球甲 A 的信息，最后写出了文章在《重庆日报》上刊发，这样就一改学生"写作文头就痛"的毛病。

第二，改变方式，让学生爱学。语文中总有一些晦涩的词语难懂，师生共同想办法。例如，学《刻舟求剑》一文，老师让学生多读课文，然后画出一张体现文意的画来，学生作品还真不错。通过这样的方式让学生学习，学生能不喜欢吗？

第三，教什么内容，让学生定。老师要教什么内容，不是老师说了算，让学生定。这既要求能熟练地掌握全册书的内容，同时又要不断地进行了解，学习先进的教学理念和思想，跟上学生的步伐。有一次，我去给学生上课，准备的是一些创新技法的内容，但学生让老师讲《流星花园》，我和同学们一起探讨该剧的主人公和描写手法，并在"异想天开"时，他们把《流星花园》《愚公移山》联系在一起，这为我到其他地方执教创新课增加了素材。同时，这样做也一改了教师公开课作秀的习惯。多次学校的观摩活动，都是听课的教师选教学内容，效果还真不错。

第四，课堂由学生讲。"253"教学模式成功的关键，还在于老师放手让学生干：课文，学生自己讲；作业，学生自己批改；管理，学生自己管理。每一节课都是以学生为主，学生的表达能力得到加强。

第五，分层分类达到目标。课题承担学校学生成绩较差，要让学生爱好学习，关键是让学生有成功体验，而这一步中就是分层分类达标，每天的练习也是分类的，让学生自己决定完成"普及层""提高层"中的哪一类，学生有浓厚的学习情趣。

第六，开放性教学。课题组为了让学生有竞争的势头，组织学生和重点中学的学生进行比赛，活动大大激发了学生的学习热情，学习劲头十足。

4. 考试改革

"253"模式教学改革中，考试改革也是主要的方面。重庆50中是重庆教育质量最差的学校，学生成绩差，家庭经济状况差，为此，课题组在渝中区教委的大力支持下，进行考试改革，语文分平时、口试、期终考试，学生的成绩由这几方面成绩按权重计算而成。

（1）改革成绩计算方法。学生的考试成绩，不仅实行了平时、口试、期终按比例计算的方法，还实行了"考后100分"，即考试卷子，学生不满意，可拿回修改，还不满意，可继续修改，直到满意为止，让学生不再害怕考试。

（2）改革试题的命制方法。学生害怕考试，关键是学生总认为教师是想"考倒"学生，不是从积极的角度去考虑，于是学生对考试既害怕，但又没有办法。重庆50中从改革命题方式入手，学生自己命制试题，体现了学生的主体性。

重庆某中学七年级上学期期末考试题

一、规定试题，自定层次

（一）评分标准

第一层次要求：读完全文，抄写你认为对自己有帮助的词句。

第二层次要求：选做三道题。

第三层次要求：四道题全做。

（二）阅读下文，完成后面各题

美国田纳西州有一位秘鲁移民，他在居住地拥有6公顷山林。在美国掀起西部"淘金热"时，他变卖家产举家西迁，在西部买了90公顷土地进行钻探，希望能在这里找到金矿和铁矿。他一连干了5年，不仅没有找到任何东西，最后连家底也折腾光了，不得不又重返田纳西州。

当他回到故地时，发现那儿机器轰鸣，工棚林立。原来，被他卖掉的那个山林就是一座金矿，主人正在挖山淘金。这座金矿仍然在开采，它就是美国有名的门罗金矿。

一个人一旦丢失属于自己的东西，就有可能失去一座金矿。在这个世界上，每个人都潜藏着独特的天赋，这种天赋就像金矿一样，埋藏在我们平淡无奇的生命中，一个人是否能有幸挖到这座金矿，关键看能不能脚踏实地地发挥自己的长处，经营自己的人生。

1. 作者在本文中要表达的是什么意思？

2. 请给文章写一个标题。

3. 文中有没有使你内心震动的句子？如有，用横线在文中画出来。

4. 读了这篇文章，你有什么看法？

二、选做试题

1. 题目：阅读海伦·凯勒的《我的老师》《我的生活故事》，自选内容进行比较。

内容略。

2. 评分标准：自定层次。

第一层次要求：认真读完以上两篇文章，抄写你认为最有启迪性的词语或段落。

第二层次要求：认真读完以上两篇文章，选出一个方面谈谈你的看法，不少于200字。

第三层次要求：认真读完以上两篇文章，选出一个或几个方面进行分析，有观点，有事实，不少于400字。

（四）创新学习课堂"六境界"

课程改革的核心环节是课程实施，而课程实施的基本途径是教学。实际上，课程方案一旦确定，教学改革就成了课程改革的重头戏。如果教学观念不更新，教学方式不改变，课程改革就流于形式，事倍功半甚至劳而无功。根据基础教育课程改革的基本精神和核心任务，其相应的教学改革应在整合教学与课程、师生关系互动、构建素质教育课堂教学目标体系、构建充满生命力的课堂教学运行体系等方面有所突破。而创新学习从培养学生创新精神和实践能力出发，在改革传统的课堂教学上做出了探索。通过课题的不断深化，观摩全国各实验学校上百节研究课，我们基本上贯彻了课题所倡导的教学思想，即"学为主体，教为主导，疑为主轴，动为主线"。从中总结出，一堂成功的课，要达到以下境界，才能增强师生互动，促进认知与情意的统一。

1. 评价多元，让学生有安全感

美国著名心理学家马斯洛（Abraham Harold Maslow）认为，人的一切行为都是由需要所引起，而需要中又分层次，最低层是生理需要，中间层是安全需要等。学生在校学习，尤其是现在，教师受"师道尊严"思想的影响，往往对学生有种种责难，导致学生在学校或课堂上总是害怕，束手束脚。对此，创新学习提出，给学生一个安全的空间，给学生一个安全的课堂。要做到这一点，有三方面的工作要做：一是确保学生"无错"原则，从多角度评价学生；二是民主的原则，多和学生商量；三是尊重学生人格的原则，不挖苦、诋毁学生，不伤害学生自尊。

学生"无错"，是说学生在回答问题时，教师要充分尊重，不要对学生的回答动辄就以"错""大错特错""这么简单的问题都回答错"等语言伤害学生，而要从多方面找到学生正确的地方，以鼓励为主，让学生有话敢于说，有思想就敢于表述，不求标准答案。一次，一位实验老师让学生说出两只苹果有什么不同的地方，一小朋友说："老师，你左手的一只苹果破损了。"老师马上纠正："这只苹果表面有痕迹，不能叫破损。"试想，这样的次数多了，学生心理存在着不安全感，还能积极表述自己的想法吗？一位实验老师在重庆的一次执教公开课中，由于是借班上课，回答问题时，找了一个同学回答。老师刚一说完，同学们就哄堂大笑，原来他是全班成绩最差的同学。老师领悟了意思，看到这位同学站了起来，老师给他鼓励，但学生始终没有回答，老师就说："刚才这位同学敢于站起来，说明他自信心很强，同时他皱了眉头，说明他思考了问题，只是语言还没有组织好。"这样评价，学生会不高兴吗？还会有害怕感吗？美国著名心理学家加德纳的多元智能理论，为我们每一位教师找寻学生的长处提供了理论基础。

2. 激发情感，让学生有体悟感

学习过程是以人的整体心理活动为基础的认知活动和情意活动相统一的过程。认知因素和情意因素在学习过程中是同时发生、交互作用的。传统的教学论研究忽视了教学中的情感问题，把生动、复杂的教学活动圈于固定、狭窄的认知主义框架之中。在新的课程理念背景下，教学中的情意因素和过程被提高到一个新的层面来理解。它强调情感、态度、价值必须有机地渗透到课程教学内容中去，并有意识地贯穿于教学过程之中，成为教学过程的灵魂。因此，创新学习的课堂教学要求教师在传授知识的同时，必须把情感教育渗透到教学活动的各个环节。要突破单纯地注重传授知识和发展智力的局限，把培养学生积极的学习情感放到至关重要的位置，使学生具有学习的热情，积极、主动地学习。因此，课题实验教师在整个教学过程中基本做到了随时调整自己的教学，激发学生的学习动机，凸显了以下五个观念。

① 由教师权威转变为互相尊重、相互信任。

② 由强调苦学转变为乐学，激发学生兴趣。

③ 由单纯的说教转变为多向情感交流。

④ 由一味批评学生转变为让学生品尝成功。

⑤ 由害怕学生在课堂上出错转变为允许学生出错，增强学生自信，鼓励学生大胆发表意见。

2002年5月，我在香港为香港福建中学的学生执教观摩课。在谈到《愚公移山》一文时，学生联想到启德机场，虽然该机场为香港发展做出了贡献，但同时由于填海也造成了一定的环境问题。很显然，学生不是以固定的思维理解课文，而是用另外一种方法去感悟、去理解。

3. 师生互动，让学生有主人感

教学是教师的教与学生的学的统一，现代教学论指出教学过程是师生交往、积极互动、共同发展的过程。首先，必须承认教师与学生都是教学过程的主体，都是具有独立人格价值的人，师生之间是一种平等、理解、双向的人与人的关系。其次，强调师生间、学生间动态的信息交流，通过信息交流实现师生互动，相互沟通，相互影响，相互补充，从而真正实现教学相长。师生互动的教学关系是现代教育改革的主要措施，教师与学生确立合作关系也是教学的关键所在。改革课堂教学必须改变教师唱"独角戏"的局面，建立师生密切合作的教学关系。没有师生的合作，教学只能流于形式，教学任务无法真正落实。师生合作既是教学的手段，也是教学的目的。合作能使学生养成与人相处、善待他人的良好性格和集体主义精神，但合作更主要的是为了充分发挥学生的主体性。因此，在创新学习课堂教学中，不能只有教师的活动，学生必须积极参与，要有学生充分动脑、动手、动口的时间和空间，使课堂气氛变得和谐。在西安市、鄂州市、南宁市、玉溪市分别举行的"全国创新学习课堂教学研讨会"中，20个省（市、自治区）100余位教师执教的公开课都体现了以下几个特色。

① 变"一言堂"为"群言堂"。以学生差异发展为起点，让学生充分参与，积极表现，在讨论、辩论中，使每个学生都尽情发展。

② 变单一的教师"问"为学生"质疑"。克服死记硬背的弊端，提倡导趣、导疑、导思、导创，鼓励学生大胆质疑，奇思异想。

③ 变单一的知识"传输"为情感、态度的"体验"。激励学生勤思、多问、多练习，通过亲自尝试、探索，建立新旧知识间的联系，感悟知识形成的过程。

④ 变教师"为自己的教学设计教学"为"根据学生反映调控教学"。教师由传统的知识传授者转向现代的学生发展的促进者，师生共同学习与进步。

广东省普宁市流沙五小是一个农村实验学校。师生相互讨论，在我原先提出创新学习五种方法的基础上，将其发展为十种，并且有良好的效果。

4. 开放多变，让学生有灵活感

开放相对于封闭，生成相对于预设，教学是预设与生成、封闭与开放的矛盾统一体。预设是教学的基本要求。教学是有目标、有计划的活动，教学的运行也需要一定的程序，并因此表现出相对的封闭性。传统教学过分强调预设和封闭，从而使课堂教学变得机械、沉闷和程式化，缺乏生气和乐趣，缺乏对智慧的挑战和对好奇心的刺激，使师生的生命力在课堂中得不到充分发挥。

首先，从内容上讲，要求教师把学生的个人知识、直接经验、生活世界看成重要的课程资源，回归儿童的生活。也就是要求教师在教学中鼓励学生对教科书进行大胆的自我理解、自我解读，对课本大胆质疑，勇于创新。教师尊重学生的个人感受和独特见解，使学习的内容开放。

其次，在教学的过程中，学生是一个个具有主观能动性的人。他们带着自己的知识、经验、思考、灵感、兴致参与课堂活动，使课堂教学呈现出丰富性、多变性和复杂性。因此，课堂教学不应当是一个封闭系统，也不应拘泥于预先设定的固定不变的程序。重庆求精中学与重庆50中打破校际封闭，学生常在一起共同上课，相互讨论、辩论。尽管学生成绩有一定差距，但在学习中，竞争的势头却很大。学生有很多即兴创造表现，超出了目标预定的要求。

创新学习的课堂要做到以下几个方面。

① 打破教学内容的封闭，开放性备课。

② 打破教学形式的封闭，开放性教学。

③ 打破教学手段的封闭，开放性评价。

5. 问题聚变，让学生有激动感

创新学习的关键是培养学生的问题意识。因为疑问能使学生心理上感到茫然，产生认知冲突，促使学生积极思考，在这个过程中才可能实现创新。教师在教学中如何引导学生提出问题并且从中找到问题让学生思考讨论，就成了创新学习课堂中一个重要的环节。总课题组要求实验教师每节课都有让学生质疑、提问的时间，并不得少于 10 分钟。最初学生不敢或不善于提问题，但经过一段时间的训练，学生的问题多了，提出的问题质量也高了。在学习"向量减法"时，厦门杏南中学的一位实验教师在指导学生学习后，一学生对老师说："'逆水行舟，不进则退'就是一个向量减法的实例。"老师抓住这一问题，让学生讨论这一谚语的数学内涵。一个小组发言："逆水行舟是船的行驶方向与水流方向相反，'不进'意即船的行驶速度为零，而水流速度不为零，两个速度叠加，故'则退'了。"另一学生马上反问："船的速度一定要为零，船才能退吗？"学生讨论异常激烈，出现了课堂中的高潮。我想，通过这样的问题讨论，学生对向量减法会理解得更深。

"学而不思则罔。"教师运用多种方法启迪思维，激励学生积极思考，教给学生分析问题和思考的方法，指导他们去发现问题、解决问题，培养学生的思维能力。在引导学生思考的过程中，要注意有多种模式，引发学生思维的碰撞，能出现课堂的高潮。其具体方法有讨论导思、递进导思、想象导思等。重庆一中学生的"三峡大坝五级船闸自动指挥系统"和重庆外国语学校的"巴文化对现代重庆的影响研究"，都是学生在层层问题中聚变的结果，使学生带着激情进行研究，并有着愉快的过程。

6. 动手实践，让学生有创新感

多给学生动手实践的机会，是新课程改革赋予广大教师的职责。我国古代、现代的思想家、教育家对学习中多动手有很多精辟的论断。荀子有言："闻之不若见之，见之不若知之，知之不若行之……行之，明也。"韩非子说："循名实以定是非，因参验而审言辞。"叶适说："无验于事者，其言不合；无考于器者，其道不化。"王夫之也说："行可有知之效。"他们都把实践作为获取知识、发展知识的重要源泉。

在实践活动中应用知识，也是学习知识和创新的必要途径。这是符合"实践—认识—再实践"认识规律的。知识越用则飞跃越快，上升也越高。在实践中学习知识，易于遇到新情况，产生新问题，这就是创新的过程。陶行知说："行动生困难；困难生疑问；疑问生假设；假设生试验；试验生断语；断语又生了行动，如此演进于无穷。"裴斯泰洛齐热情地宣传"学习和手工劳动相结合"的教育思想，要求"知和行的统一"。美国著名教育家杜威说过："最好的教育就是'从生活中学习''从经验中学习'。"他也提出了"从做中学"的教育原则。苏联著名教育家苏霍姆林斯基说："学习与劳动的结合，就在于干活时思考和思考时干活……通过思维和体力劳动结合，双手的精确动作在实现同样精确的设想，就使学习者变成聪明的思考者。他们是在研究和发现真理，而不是单纯地'消费'现成的知识。"创新学习课题组通过多次培训，使实验教师明确了"知""行"与"创新"的关系。乌鲁木齐市第十一中学开展创新学习以来，学校以学生小课题研究为途径，学生的创新意识、精神得到了提升。例如，学生为了了解民工的素质，发放了 2 800 份问卷（回收 2 329 份），并走访民工、民工工地及住所考察，跟踪民工一天的生活，又到监狱调查，访问新疆大学的专家，写出了《中国农民进驻城市生活的三次高峰之比较》《乌鲁木齐市民工素质状况分析》《民工进城之后的心理需求初探》《民工返回家乡之前在城市犯罪心理探索》《民工在城市的生存状态之调查》等报告，得到市政府关注，政府相应出台了相关文件，保障民工的权利。

　　课堂是基础教育改革的核心，创新学习研究也不例外。如何提高课堂教学的效益，提高学生学习的质量，并把教育创新落到实处，我们进行了多方面的改革。教学"六境界"是其中的一个重要层面，在教师教学观念更新、学生学习方式转变等方面也是行之有效的。

九、创新学习评价

　　中国共产党十八届三中全会的报告对我国的教育评价改革做了战略部署，提出从学生发展入手，通过对学生社会责任感、学习能力、实践能力、创新能力及学生的身心健康、兴趣度、艺体特长等多个维度评价学生。

《国家中长期教育改革和发展规划纲要（2010—2020 年）》把育人为本作为教育工作的根本要求，把提高质量作为教育改革发展的核心任务。过去，学校校长考虑得更多的是学校硬件建设，修校舍、买设备，用在软件建设方面的精力与时间还不是很多。社会发展到今天，很多地方最亮丽的建筑是学校。可以说教育已经进入注重内涵发展的新阶段。于是，我们就必须思考学校的教育质量。什么是学校教育质量？怎么认识教育质量？《国家中长期教育改革和发展规划纲要（2010—2020 年）》明确指出："把促进人的全面发展、适应社会需要作为衡量学校教育质量的根本标准。注重教育内涵发展，鼓励学校办出特色。"大家近期都在热议的国际教育质量评价的"世界杯"——PISA（国际学生评估项目），它所主张的教育质量是人的终身发展素养，既有解决问题的能力，也有生存生活、收集信息、身心健康的能力。教育部也颁发了《关于推进中小学教育质量综合评价改革的意见》《关于加强和改进普通高中学生综合素质评价的意见》。我认为：学校教育质量是过程性质量与结果性质量的总和，是学生的思想品德和公民素质、学业水平、身体和心理健康水平、审美与艺术素养、实践能力和创新意识五个方面的集合，尤其是如何凸显学生的创新素养，为创新学习评价找到了根据。

（一）创新学习评价的理论与方法

创新学习开展，离不开对评价的研究。尽管评价是最困难的研究，但课题组本着实用、容易操作、体现创新学习思想的原则，通过多次应用与修改，建立了学生创新学习评价表、教师创新学习指导评价表、学校创新学习特色评价表、创新学习课题研究评价表。在评价中，我们还特别重视对中小学课堂教学的评价，因为课堂教学是指导学生创新学习、培养学生创新能力的主渠道。具体的创新学习评价的指标体系有效地发挥了评价的导向、激励、调控作用。

在创新学习评价方面，课题组根据评价的基本理论、创新学习的理念和课堂教学评价的原则，提出了由评价的理论依据、评价目标、评价原则、评价内容及要点、评价的基本方法等构成的总体框架。

1. 创新学习评价的基本理论

（1）重学生发展。创新学习评价是以学生发展为出发点，以创新学习基本理论为依据，以现代化教育评价的新理念为导向的指导思想下建立起来的。发挥评价的导向功能，改变教师的教学观、人才观、效率观，力求把培养学生的创新精神、创新思维、实践能力放在重要的地位，形成民主、平等、合作、和谐、生动、活泼的课堂教学氛围。同时，由于学生个别差异的客观存在，评价中价值标准不能一刀切，不能用同一标准压抑学生学习的积极性。学生课外学习的价值取向强调每个学生都有充分学习的潜能，为他们进行不同层次的课外学习提供了可能性，也为个别化的评价方式创造了条件。

（2）重情感体验。创新学习评价，不论是学科课程还是结合社会实践活动，都注重学生学习中的体验。学生课外学习评价非常关注学生在问题解决或跨学科、综合式学习中，对科学研究一般过程、方法、原理等的体验。学生在实践中既发展了观察、思维、操作和表达等基本能力，更获得了大量的感性认识。因此，创新学习的评价十分强调学生在探究过程中的体验，包括使命感、责任感、自信心、进取心、意志、毅力等品质的发展。

（3）重课堂改革。长期以来，课堂教学评价存在着重教、轻学，重知、轻能，重结果、轻过程，重统一要求、轻独立见解，重管理、轻评价，重执教者自身评价、轻学生参与评价等倾向。这些评价观念已经不能适应现代化教育思想和时代发展的要求，阻碍了学生创新精神的发展。在课堂教学形式上，应确立学生主体地位，真正实现教师的角色转换，体现学生主动参与自主学习，改"一言堂"为"群言堂"；改学生"呆听、死记、蛮练"为"趣、疑、思、创"；改学生"听从、盲从、顺从"为"质疑、奇思、独创"；倡导学生参与、合作、竞争，使他们得到生动、活泼、主动的发展。

课堂教学评价是教学研究的重要组成部分，是充分发挥课堂教学评价的导向激励和改进功能。建立创新学习课堂教学模式，对于全面实施素质教育主渠道，培养21世纪的创新人才具有极重要的作用。

（4）重问题探究。"疑"是创新学习课堂教学的主轴，是思维训练的核心。学校工作、教师教学、学生学习都必须突出问题意识。为问题而学，为问题而思，解决问题，可能是创新的开始。

2. 创新学习的评价目标与原则

（1）创新学习的评价目标。

① 充分发挥创新学习评价的导向功能，切实转变教师的教育教学观念，规范课堂教学，从而建立符合创新学习的课堂教学模式。

② 通过课堂评价改革，实现教师的角色转变，真正确立学生在课堂教学中的主体地位，落实学生的创新意识、创新思维和实践能力的培养，为学生成为符合新时代社会发展要求的创新型人才奠定基础。

③ 通过评价，营造学校创新环境。

（2）创新学习的评价原则。

① 导向性原则。创新学习评价首先要在现代教育理论和先进的教育教学、现代管理理论的指导下进行，牢牢把握评价的方向。在创新学习课堂教学评价中体现"教为主导、学为主体、疑为主轴、动为主线"的教学原则。注重教给学生学习方法，把培养学生的创新精神和实践能力放在学校、教师的重要位置，为学生形成终身学习能力奠定良好的基础。

② 科学性原则。创新学习评价从评价内容、评价指标到评价方法都力求科学、合理，评价项目的分类具体，易于操作，力求准确、公正、客观。

③ 整体性原则。创新学习评价既从学校整体方面入手，同时也从创新学习课堂教学评价着力，评价课堂从"导""学"两大方面进行。变"教"为"导"，主要是强调教师应是课堂教学的组织者、指导者。既不忽视教师的主导作用，又突出学生的主体地位，有利于真正形成民主、平等、合作、和谐、生动、活泼的课堂教学氛围。

④ 体验性原则。创新学习实施的目的是培养学生的创新精神与实践能力，因此，必须重视学生的动手操作，体验学习。在课堂教学中强调学生全面主动地参与，积极投入学习和实践活动，活动时间不得少于一半教学时间。学生自主学习，读、思、疑、议、创有机结合，贯穿全过程。

⑤ 动态性原则。评价重过程、重应用、重体验、重全员参与。例如，开放式主题活动课程，价值取向可能多关注学生提出问题、解决问题的能力或体验等；跨学科综合式学习课程的评价，可能侧重关注学生对知识体系的横向综合性理解、掌握

和应用；分科课程中穿插综合性专题研究，可能比较关注学生对学科知识、技能应用能力、探求能力等进一步拓宽、拓深和拓展等。动态性还反映出教育目标在不同的学校可能会各有侧重。

⑥ 创新性原则。创新学习的开展会带来学习的变革，学校管理的变革。例如，评价创新学习课堂教学应紧紧抓住"疑""思"这两个关键。教师要围绕重点、难点和关键引疑、导疑、设疑、创设"疑"的环境空间。学生应勇于质疑问难，学会思考、分析，解决疑难，且见解独到，有新意。在质疑、释疑过程中，师生间、同学间相互合作，积极讨论，拓宽思路，让学生在"疑"中迸发"创新"的火花。

3. 创新学习的评价方法

创新学习评价的方式有多种，根据不同的评价目的和标准，选择相应的方法。一般地讲，评价的方法主要包括以下几种：问卷法、观察法、访谈法、资料法、测验法、比较分析法、测量统计法以及个案法和逸事记录法等。在评价过程中，人们不论采用哪种方法，都应遵循实事求是的原则，对任何被评价对象都不应做简单的肯定或否定，最重要的是将定性分析与定量分析密切结合起来，以便保证评价结果的客观性和科学性。

（1）过程与结果结合评价法。注重对学生学习结果的评价，更应注意对学生的学习过程的评价。但是，重视是学习结果，通常的形式表现为考试，尤其是升学考试的分数。学生课外学习评价也关心学生学习的结果，即对研究成果的报告、论文、作品、制作等也进行评审。但是，评价学生研究成果的价值取向重点是学生的参与研究过程，诸如学习方式，思维方式，知识整理与综合，信息资料的收集、处理和判断等。因此，注重学生课外学习的过程，重视的是学生学习的主动性、创造性和积极性等。

（2）定性与定量结合评价法。即评价结论既有定性的评价要点和等级，也有定量的分数，等级视分数而定。在大数据时代，用数据评价可能更会促进创新的发展。在全国的一次研讨会上，我提出"素质银行"，把学生的公民与品德、学习与创新、合作与交流、运动与健康、审美与表现五个方面的素养不断地记录在系统中，半学期、一学年、两学年，我们就可以对学生进行评价。当然，同学们也可互评与自评，以此促进学生的创新发展。同时，通过学生的短信、微信及游戏，也可多方收集学生的创新素材。根据研究课、合格课、竞赛课、选拔课、考核课等不同要求，还可适当调整分值权重。在操作过程中，首先要掌握各级指标的内容，再按三级指标、二级指标、一级指标的顺序，由具体到概括进行分析评价。这样，既能充分发掘课堂教学中的亮点或失误，又能从整体效果上进行综合评价，力求做到全面、客观、科学。

（3）理论与实践结合评价法。单科性、学术性课程对学生学习的评价，要注意学生基础知识、基本技能的应用。但是，这种应用的范围，更多的是在理解中的应用。学生课外学习评价强调的是学生把学到的基础知识、掌握的基本技能，应用到实际问题的提出和解决中去，关注诸如社会的环境保护问题、人与自然的关系问题、精神文明建设中的问题、科学技术发展问题等。在问题提出和解决中主动获取知识、应用知识，既促进学生对知识价值的反思，又加深其对知识内涵的理解和掌握，形成知识的网络和结构。因此，注重学生课外学习中知识和技能的应用，重视的是学生主动探求、创新勇气和综合能力等在更高层次的发展。

（4）群众与专家结合评价法。即评价人员由"教、学、管"三方面组成，最后的评价结果按配比的方式进行核算。教者本人评分占10%，学生代表评分占20%，管理者（评课者）评分占70%。也可根据学生年龄段情况等适当调整比例，还可为学生单独拟定科学、客观、简便的评价量表。学生代表和管理者选若干人，使评价结果更为客观、公正。这样做，师生也会按评价量表中规定的标准不断反思、调整，改善各自的教与学行为，最终达到创新学习的课堂教学要求。

（二）创新学习评价指标体系的构建

评价的核心问题是构建创新学习评价的指标体系。为发挥评价的导向、激励、调控和改进作用，总课题组首先抓住构建评价指标体系这一关键，从课题研究的实际出发，边实践、边研究、边总结，反复提炼、概括和升华，以期构建创新学习研究与实验成果的有效评价体系。历经多年理论研究和实践探索，到目前为止，我们已初步构建了学生创新学习评价表、教师创新学习指导评价表、学校创新学习特色评价表、创新学习课题研究评价表。

1. 创新学习评价指标体系

创新学习的评价指标体系可见表13至表16。

表 13　学生创新学习评价表

指标体系与权重分配		评 分 等 级				评分
一级指标	二级指标	优	良	中	差	
A1 创新意识 （0.3）	B11 创新动机	9～10	7～8	5～6	0～4	
	B12 创新欲望	9～10	7～8	5～6	0～4	
	B13 创新兴趣	9～10	7～8	5～6	0～4	
A2 创新精神 （0.15）	B21 敢于批判	5	4	3	0～2	
	B22 创新勇气	5	4	3	0～2	
	B23 创新意识	5	4	3	0～2	
A3 创新思维 （0.3）	B31 大胆质疑（猜想）	9～10	7～8	5～6	0～4	
	B32 发散思维	9～10	7～8	5～6	0～4	
	B33 聚合想象	9～10	7～8	5～6	0～4	
A4 创新方式 （0.15）	B41 乐于自主	5	4	3	0～2	
	B42 善于合作	5	4	3	0～2	
	B43 主动探究	5	4	3	0～2	
A5 创新效果 （0.1）	B51 学习水平	5	4	3	0～2	
	B52 创新作品	5	4	3	0～2	
定性结果	优 80～100　良 70～79　中 60～69　差 0～59				量化总分	

表 14　教师创新学习指导评价表

指标体系与权重分配		评 分 等 级				评分
一级指标	二级指标	优	良	中	差	
A1 指导理念 （0.15）	B11 学生主体	5	4	3	0～2	
	B12 促进发展	5	4	3	0～2	
	B13 开发潜能	5	4	3	0～2	

续表

指标体系与权重分配		评 分 等 级				评分
一级指标	二级指标	优	良	中	差	
A2 指导目标 (0.15)	B21 会学	5	4	3	0～2	
	B22 善思	5	4	3	0～2	
	B23 敢创	5	4	3	0～2	
A3 指导内容 (0.3)	B31 知识与技能	9～10	7～8	5～6	0～4	
	B32 过程与方法	9～10	7～8	5～6	0～4	
	B33 实践与创新	9～10	7～8	5～6	0～4	
A4 指导艺术 (0.2)	B41 方法组合	5	4	3	0～2	
	B42 媒体选择	5	4	3	0～2	
	B43 指导模式	5	4	3	0～2	
A5 指导效果 (0.2)	B51 创新素质	9～10	7～8	5～6	0～4	
	B52 创新成果	9～10	7～8	5～6	0～4	
定性结果	优 80～100　良 70～79　中 60～69　差 0～59				量化总分	

表 15　学校创新学习特色评价表

指标体系与权重分配		评 分 等 级				评分
一级指标	二级指标	优	良	中	差	
A1 教育理念 (0.15)	B11 精神成长的理念	5	4	3	0～2	
	B12 可持续发展的理念	5	4	3	0～2	
	B13 创新教与学的理念	5	4	3	0～2	
A2 教育目标	B21 发展全面	5	4	3	0～2	
	B22 发展个性	5	4	3	0～2	
	B23 发展创新的精神	5	4	3	0～2	
A3 教育措施 (0.3)	B31 信息的丰富性	9～10	7～8	5～6	0～4	
	B32 策略的开放性	9～10	7～8	5～6	0～4	
	B33 实践的多样性	9～10	7～8	5～6	0～4	

续表

指标体系与权重分配		评 分 等 级				评分
一级指标	二级指标	优	良	中	差	
A4 教育环境 （0.2）	B41 必要物质条件	5	4	3	0～2	
	B42 人际和谐条件	9～10	7～8	5～6	0～4	
	B43 管理创新机制	9～10	7～8	5～6	0～4	
A5 教育效果 （0.2）	B51 学生创新素质	9～10	7～8	5～6	0～4	
	B52 教师创新能力	9～10	7～8	5～6	0～4	
定性结果	优 80～100	良 70～79	中 60～69	差 0～59	量化总分	

表 16　创新学习课题研究评价表

指标体系与权重分配		评 分 等 级				评分
一级指标	二级指标	优	良	中	差	
A1 选题 （0.15）	B11 选题的现实性	5	4	3	0～2	
	B12 选题的可行性	5	4	3	0～2	
	B13 选题的独特性	5	4	3	0～2	
A2 实施 （0.3）	B21 设计的科学性、可行性	9～10	7～8	5～6	0～4	
	B22 控制的严密性、逻辑性	9～10	7～8	5～6	0～4	
	B23 过程的扎实性、操作性	9～10	7～8	5～6	0～4	
A3 结题 （0.3）	B31 资料的翔实性	9～10	7～8	5～6	0～4	
	B32 推断的逻辑性	9～10	7～8	5～6	0～4	
	B33 结论的科学性	9～10	7～8	5～6	0～4	
A4 价值 （0.15）	B41 实践的有效性	5	4	3	0～2	
	B42 推广的可能性	5	4	3	0～2	
	B43 成果的创新性	5	4	3	0～2	
定性结果	优 80～100	良 70～79	中 60～69	差 0～59	量化总分	

　　根据表 13、表 14，可设计创新学习课堂评价表，见表 17。

表17　创新学习课堂评价表

学校		班级		学科		教者		评课者			
课题								日期	年 月 日		

指标体系与权重分配		评 分 等 级				评分	评课摘要
一级指标	二级指标	优	良	中	差		
A1 教学思想与目标（0.15）	B11 体现"教为主导、学为主体、疑为主轴、动为主线"的教学原则	5	4	3	0～2		
	B12 目标具体、灵活，符合年级特点和学生实际	5	4	3	0～2		
	B13 内容开发，容量恰当，层次分明，针对性强	5	4	3	0～2		
A2 教学过程（0.35）	B21 结构、时控合理，讲授时间不超过1/2	9～10	7～8	5～6	0～4		
	B22 重点突出，难点突出，善于设疑、导疑	9～10	7～8	5～6	0～4		
	B23 富有节奏，善于组织教学高潮	9～10	7～8	5～6	0～4		
	B24 反馈及时，矫正迅速	9～10	7～8	5～6	0～4		
	B25 注重学法指导，情知交融，启迪思维	5	4	3	0～2		
	B26 设计训练针对性强，课堂灵活、生动	5	4	3	0～2		
	B27 合理使用辅助教学媒体，板书设计科学、新颖、美观	5	4	3	0～2		

续表

学校		班级		学科		教者		评课者		
课题								日期	年 月 日	
指标体系与权重分配			评分等级				评分	评课摘要		
一级指标	二级指标		优	良	中	差				
A3 学生学习反映（0.5）	B31 全体学生参与，积极性高，训练面广		5	4	3	0～2				
	B32 全体学生都有收获		5	4	3	0～2				
	B33 掌握学法，习惯良好		5	4	3	0～2				
	B34 训练效果好，思维灵活，掌握知识牢固		5	4	3	0～2				
	B35 气氛活跃，主动投入，入境生情		5	4	3	0～2				
	B36 自主学习，读、思、议、练、创贯穿全过程		5	4	3	0～2				
	B37 善于思考，勇于质疑，见解有新意		9～10	7～8	5～6	0～4				
	B38 举一反三，灵活运用方法解决问题		9～10	7～8	5～6	0～4				
其他			总分							

　　根据表 13，对学生社会实践专题研究（小课题）的评价可设计成表 18 所示的表格。

表 18　学生社会实践专题研究（小课题）评价表

评价指标与权重		评分等级				评分
一级指标	二级指标	优	良	中	差	
A1 提出研究主题，制订研究计划（0.35）	B11 研究主题的新颖性、创造性	8～7	6～5	4～3	2～0	
	B12 采用多种手段获取信息，确立主题	5	4	3	2～0	
	B13 充分协商，找到了合适的协作者	5	4	3	2～0	
	B14 确立主题前与协作者充分协商	7	6～5	4～3	2～0	
	B15 设计了初步研究计划	5	4	3	2～0	

续表

评价指标与权重		评 分 等 级				评分
一级指标	二级指标	优	良	中	差	
A2 实施研究主题（0.5）	B21 按照方案有计划地采用多种方法进行研究	10～9	8～7	6～5	4～0	
	B22 根据实情合理修订研究计划	5	4	3	2～0	
	B23 对主题反复论证	5	4	3	2～0	
	B24 根据研究内容收集多种信息资料	5	4	3	2～0	
	B25 完成了对主题成果的解释说明及交流活动	5	4	3	2～0	
	B26 与协作者合理分工，承担了主要任务	10～9	8～7	6～5	4～0	
	B27 研究过程的有关记录资料数据翔实	10～9	8～7	6～5	4～0	
A3 成果交流与表达（0.15）	B31 形成了研究成果或者新观点	5	4	3	2～0	
	B32 在多种媒体（黑板报、学校校报）中展示	5	4	3	2～0	
	B33 有继续研究的计划	5	4	3	2～0	
定性结果	优 80～100	良 70～79	中 60～69	差 0～59	量化总分	

上述四方面评价是从总体上对参与课题研究与实验的各方面人员，包括学生、教师、学校管理者和课题组的成员进行评价的指标体系。这些评价可以从各个侧面反映课题研究与实验的运作与成果，从而肯定成绩，找出差距，以利于进一步深化研究与实验。为保证评价的准确性、合理性和有效性，在评价过程中，应重点贯彻以下评价原则，即方向性原则、客观性原则、发展性原则、创新性原则、激励性原则。

2. 创新学习评价的实施

（1）评价的组织。评价的组织，一是指评价工作机构；二是指评价工作管理。

机构是为了实现一定的评价目的而建立的人的集合体，是评价工作人员进行评价工作的构架系统。评价组织机构只有做到目标明确、分工有序、通力合作，才能达到既定的工作目标。本课题的评价实践证明，由领导、教师和学生代表、专家和教育行政管理人员组成的"三结合"的组织形式最为合适。组织机构的建立，仅是开展评价工作的构架系统，评价的开展还需要一定的组织、管理工作，才能实现评价的目的，取得预期的效果。评价的组织、管理在限定目标、制定方案的前提下，要做好如下几项工作：①做好宣传教育，使被评价人员提高对评价的认识，了解评价的步骤，理解评价的标准，主动配合评价活动。②搞好协调和控制，以便及时发现问题，把握方向，采取相应方法，保证评价活动顺利开展。③及时检查、总结、探索评价工作的规律，鼓励先进，鞭策后进，使评价工作更富实效性。

（2）评价的程序。整个评价程序可分为评价的准备、实施和结果处理三个阶段。①准备阶段可分为组织准备和方案准备两个方面。组织准备的核心是解决"由谁来评"的问题；方案准备的核心是解决"为什么评""评什么""按什么标准评"的问题。②实施阶段。此阶段的主要任务是根据评价方案和指标，广泛地收集、整理评价信息进行评价，包括价值判断和原因分析两个重要环节，其中，价值判断是核心。③结果处理阶段。此阶段的主要任务是对评价结果进行综合分析，并做出全面、客观的科学结论，即对各种评价信息加以归类、分析、综合、做出结论，形成综合性的意见，写出评价报告，向有关部门和人员反馈信息。同时，把评价工作中收集到的有价值的各种资料分门别类地进行整理、归档，形成文书档案。

（3）评价的信息。学生课外学习，重要的是学生主动参与类似科学研究的过程，而不是研究的结果或成果。因此，过程信息包括结果或成果信息是否充分，是对学生研究性学习做出有效价值判断的基本依据。

与原有单科性、学术性课程及学生学习的评价相比，研究型课程及学生研究性学习的信息，主要不是由教师通过作业、测验、考试以及观察、提问等收集学生学习的信息，而是由学生主动收集和提供。例如，开展小课题研究或主题研究活动，包括课题的报告或方案，评审与立题，课题研究过程以及课题研究结题、报告、成果及评审中的答辩等。课题小组及每个成员在研究活动的全过程中产生了大量的信息，其中有文字的，有行为的，有静态的成果，有动态的实践，有外在的形象，有内在的体验，有物质形态的，有精神状态的。指导学生系统地收集这些信息，不仅是对学生课外学习进行价值判断的需要，是有效发挥评价的诊断、导向、激励等功能的需要，也是对学生实践能力培养的一个重要方面。

创新学习的评价研究是一项复杂的系统工程，特别是评价指标体系的建构更要经过评价实践的反复检验才能逐步完善。近期，我和评估院研究人员一起探究创造力的监测工具，既对学科本身，也对综合的实践领域，测试学生及群体的创造力。

与美国联邦教育部教育科学研究院 Duc de To 主席合影

课堂操作

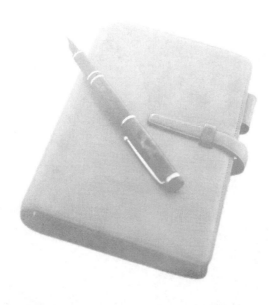

一、创新学习策划方案

（一）《小珊迪》（第二课时）

前提诊测

今天我们继续学习《小珊迪》。上节课，我们不仅学习了生字词，还带着 3 个问题初读了课文。（课件出示 3 个问题。）请同学们回忆一下课文内容，你可以选择你最想汇报的 1 个问题，也可以把 3 个问题用自己的话连起来说说。（学生回答 3 个问题。）

是啊，饱受饥寒的小珊迪卖了火柴，在换好零钱往回跑的时候，被马车轧断双腿，悲惨死去的故事。"直到今天——"（课件出示最后一段，学生读。）

初步感悟

孩子们，你被打动了吗？哪些地方使你受到了感动呢？（学生谈自己的感受。）

深入探究

1. 体会饱受饥寒的小珊迪迫切想卖出一盒火柴的心情

（1）过渡：今天，让我们走进小珊迪的世界，一起去感受小珊迪美好的心灵吧。（板书：心形。）（课件出示：小男孩乞求先生买火柴的画面。）这一天，天气很冷，我和一位同事站在旅馆门前谈话。一个小男孩走过来，他身上只穿着一件又薄又破的单衣，瘦瘦的小脸冻得发青，一双赤着的脚冻得通红。他对我们说："先生，请买盒火柴吧！"……

（2）读课文，感受小珊迪急切地想卖出一盒火柴的感受。

① 请大家默读课文，把小珊迪纠缠"我"买火柴时说的话用波浪线画出来。

② 小珊迪是怎样请求我们买他的火柴的呢？请同学们自读有关语句，你想怎么读就怎么读。为了表达的需要，你还可以加上动作。看谁能让"我"买他的火柴？（学生自由练读。）

③ 学生表演。同学们，刚才两位同学扮演的小珊迪好吗？哪里好？（学生答：

他们把小珊迪饥寒交迫的可怜样子表现出来了；他们把小珊迪求"我们"买火柴时那种急切的心情演出来了。）是呀，他们的表演太逼真了。

引导：

孩子们发现小珊迪说的话前后的语气一样吗？有什么变化？（根据学生回答板书：请求—乞求。）男孩子饿极了，却连一个便士都得不到，他只有苦苦哀求——引读第 4 句。

下面我们分角色朗读对话。××，请你当文中的这位先生，我就是你的同事。谁想读小珊迪的话？举手的请起立。此时，你们的手里就捧着一盒火柴。又冻又饿的小珊迪捧着火柴向我们走来了——（师生分角色读课文。）

2. 体会小珊迪的可怜、善良、诚实

（1）过渡：小男孩为了让"我"买一盒火柴，从请求到乞求，那诚恳的态度和急切的神情，终于让"我"动容了。小珊迪终于以最低廉的价格卖出了一盒火柴。可是，不幸的事情发生了。读读第 13 自然段，看看弟弟是怎样说的。（学生自读。）让我们听听小珊迪的弟弟的诉说吧！谁想读一读？（抽生读—师范读—抽生读。）

引导齐读：

① 在这种情况下，小珊迪还不忘记让弟弟送还零钱。你说，他是个怎样的孩子？（根据学生回答板书：诚实、守信。）

② 又冻又饿的小珊迪，需不需要钱？（学生回答）太需要了！可他却没有留下不属于自己的钱。受伤的小珊迪需不需要钱去医治？（学生回答）太需要了！可他却没忘记让弟弟去送还零钱。多么诚实的小珊迪呀！我们一起读读第 13 自然段。（齐读。）

（2）多诚实的小珊迪呀！多可怜的孩子！（课件出示：图、文。）你看，他躺在一张破床上——

① 请同学们看看插图，读一读小珊迪临死前说的话，你怎么理解的就怎么读。把你的感受读出来。（学生练读。）

② 抽生读。A. 你是这样理解的。想一想，此时，小珊迪就要死了。他会怎么说？谁再来读读？B. 你为什么这样读？很有道理，又冻又饿的小珊迪就要死了，可他还担心弟弟无人照顾，你说他是个怎样的孩子？（学生回答）这是个多么善良的孩子。（根据学生回答板书：善良。）

评价：声情并茂，饱含深情。

③ 齐读。

（3）小珊迪在生命垂危之际，忍受着疼痛和死亡的折磨，仍然想着怎么去还钱，想着自己的弟弟没人照顾。买火柴的先生被小珊迪美好的品质深深感动，握住小珊迪的手，对他说："我会永远照顾小利比的。"小珊迪听了，目不转睛地看着"我"，好像表示感激。突然，他眼睛里的光消失了，他死了。

3. 讨论交流，情感升华

（1）教师激情：为了找还那几个便士，他被轧断了双腿；为了找还那几个便士，小珊迪悲惨地死去。同学们，当小珊迪被马车轧断双腿后，可不可以不去还钱了？同学们讨论讨论吧！（课件出示：当小珊迪被马车轧断双腿后，可以不去还钱吗？）

（2）学生小组讨论。

（3）学生自由发表意见。（教师随机问：如果他不去还钱，人们会责备他吗？假如你就是买火柴的先生，当你知道小珊迪因为腿被轧断将要死了而没有归还你的钱，你会责备他吗？）教师引导学生得出结论并重复板书：诚实、守信。（评价：A. 他走进了小珊迪的心灵。B. 大胆地说出了与别人不同的想法。C. 太有独特的见解了。D. 说出了自己的真心话，我们就是要鼓励这种敢于说真话的精神……）

（4）小结：尽管有那么多理由可以不去还钱，可小珊迪还是要去还，自己不能去了，也要叫弟弟去。（课件出示最后一段）直到今天，谁读了这个故事不受感动呢？饱受饥寒的小珊迪的美好的品质，将永远打动人们的心。作者的心被打动了，人们的心被打动了，凡是读过这个故事的人，谁不受感动呢？（齐读最后一段。）

（5）此时，你想对小珊迪说些什么呢？（学生发表意见。）

4. 拓展总结

（1）过渡：多么可怜的小珊迪，多么善良的小珊迪，多么诚实的小珊迪，多么守信的小珊迪呀！我们现实社会真的太需要像小珊迪这样善良、诚实、守信的人了。然而，老师收集到这样一个故事，你们觉得这位留学生缺的是什么？（教师讲述留学生的故事。）

（2）同学们，请你们下课之后也去收集有关诚实、守信的故事。

（3）让我们像小珊迪一样，多一分诚实，多一点守信。因为，拥有诚信，我们的社会就会更加美丽；拥有诚信，我们的人生就会充满欢笑。

（重庆沙坪坝区森林实验小学　黄玲）

评析：具有探究品质，是创新型人才的本质特征之一。促进学生探究能力的发展，是教育创新不容忽视的价值取向。语文，作为了解中华民族文化的工具，其学习有着深厚的探究基础和广阔的实践空间。在课程改革如火如荼的今天，创新学习作为一种新的学习方式，越来越得到大家的认同。但是，谈到探究，似乎它总给人一种"非高深莫测的问题不问"之感。其实，"探究"并非要学生去研究深奥的科学知识，而是要求在学习的过程中多产生一些探究的欲望，主动探索获取知识的过程，这对于一个人的终身学习是大有裨益的。在语文教学中，一句话该怎么读，一个词语是什么意思等，都在探究之内。现在，我以黄玲老师执教《小珊迪》一课为例，谈谈在小学语文教学中进行创新学习的尝试。

创新学习的本质是师生之间形成这样一种特定关系：教师提出一系列问题，并由此诱导学生做出探究的反应，发展有益于探究活动进行的情感氛围，为学生提供契机。学生通过探究性思考，回答教师提出的一系列诱导倾向的问题，达到发现问题、获取知识的目的。

体现创新学习的标志是：师生之间形成了一种极其密切的认知关系，教师提出的每一个问题都能激发学生获得新的发现，促使教师提出下一个诱导性问题。进行这种诱导时，要求教师特别注意不能将问题的答案告诉学生，要丢弃"解惑"职能，而应当保持一种"引而不发，跃如也"的态势，保持一种认可与耐心的氛围，等待学生去自主地探究发现。

1. 抓住探究点，落实探究过程

《小珊迪》一课主要讲了小珊迪因为饥寒交迫而乞求"我"买他的火柴，在换好零钱往回跑的时候，被马车轧断双腿，悲惨死去的事。本课讲述的故事年代久远，并且远离学生的现实生活。由于本课离学生的现实生活太遥远了，选择这一课大概并不是想通过它来揭示资本主义社会的罪恶，黄老师从读中大胆设计，把本课的情感感染放在小珊迪"诚实、守信"的美好品质上。这也正是现实社会所需要的。于是，黄老师抓住课文的最后一段，即"直到今天，谁读了这个故事不受感动呢？饱受饥寒的小珊迪的美好品质，将永远打动人们的心"为探究点，分成三个步骤引导学生对"小珊迪的美好品质"进行探究。探究的过程紧紧抓住课文，让学生在读中探究，在探究中读。第一步，引导学生通过读小珊迪乞求"我"买他的火柴的几次对话，体会饱受饥寒的小珊迪迫切想卖出一盒火柴的心情。第二步，引导学生通过读小珊迪临死时对"我"说的那段话，体会小珊迪的善良、诚实、守信。第三步，将孕育着矛盾的辩题"当小珊迪被马车轧断双腿后，可以不去还钱吗"引入课堂，进一步让学生感悟小珊迪诚实、善良的品质。

2.丰富语感，培养人文素养

《语文课程标准》指出：工具性与人文性的统一，是语文课程的基本特点。的确，语文的工具性，只有与人文性统一，它才能焕发出强大的生命力；语文的人文性，只有以工具性为基础，它才能成为有源之水，有本之木，才能真正发挥语文育人的个性特色。探究性学习毕竟是一种学习方式。然而，语文课毕竟姓"语"，因此，语文老师应把培养学生丰富的语感、发展学生的人文素养作为己任。

情感是人的精神的内核。情感是文章的灵魂。刘勰在《文心雕龙》中说："夫缀文者情动而辞发，观文者披文以入情。"体验作者的情感，鉴赏、运用作者表情达意的语言，是提高学生语言水平的需要，也是陶冶学生情操、提升学生精神的需要。黄老师在《小珊迪》一课的教学中，紧紧抓住情感这条主线，通过音乐的渲染、画面的刺激、动情的朗读，让学生置身于所创设的情境中，使学生通过对语言文字的感知，把言语对象转换成鲜活的表象，并根据言语对象在文本中的动态发展，组织表象的活动，进行再造想象，并从中引发主体的言语生成、情感体验、审美体味。由于学生"入境始与亲"，他们融入课文情境，介入深切的体验过程之中，察其境、通其心、感其情，引起认知的共识、情感的共鸣、心灵的共振。这一课，通过扎扎实实地读书，深深切切地感受，善良、诚实、守信的小珊迪的形象深入学生心中。学生主体充盈着的丰富情感在个性化的言语实践中尽情地抒发出来。这种在内化课文语言的基础上从心灵发出来的言语，使人文性和工具性相辅相成，相映生辉。

（龚春燕）

（二）《可能性大小》的教学设计及教学过程

学习目标

（1）感觉事件发生的不确定性，增强学生量化的数学意识。

（2）培养学生初步预测不确定事件发生的可能性大小的能力。

（3）认识数学与生活的关系，使学生明确生活中任何幸运和偶然的背后都是有科学规律支配的。

学习重点

在学习活动中，感觉事件发生的不确定性。

学习难点

在认识事件发生的不确定现象中感受概率统计的数学思想。

学习方法

猜测、实验、思考、验证。

学习过程

具体可见表1。

表1　《可能性大小》的学习过程

教 师 活 动	学 生 活 动	导 学 要 点
1. 创设情境 同学们，你们看没看过摸奖活动？你们想不想知道摸奖的人中奖的可能性有多大？那好，今天老师就和你们探讨事件发生的可能性的大小。	依次回答教师的两问。	从生活事件引入课题。
我们先来做一个游戏，这里有黄色、白色、蓝色共3个乒乓球，你们喜欢什么颜色？	说一说。	把猜测引入课堂，既可以激发学生的学习兴趣，又渗透了本课的教学思想。
找一名同学摸1个球。 大家猜一猜，他摸到的球会是什么颜色？会不会一定是他喜欢的颜色？	学生摸球并进行猜测。	
想一想，我们能事先确定摸到哪个球吗？这3个球被摸到的可能性是否一样？为什么？	学生回答并说明理由。	
如果想使被摸到的球肯定是黄球，怎么办？	学生思考肯定摸到黄球的办法。	激励学生想办法增加事件的可能性。
这样，摸到黄球的现象肯定会发生了，是吗？		

续表

教 师 活 动	学 生 活 动	导 学 要 点
如果希望摸不到黄球,该怎么办? 这样,摸到黄球的现象肯定不会发生了,是吗?	学生思考摸不到黄球的办法。	
2. 提出问题 现在,再放入 4 个黄球、1 个白球,盒子里黄球、白球、蓝球各几个?(随学生回答板书。) 每次还是摸 1 个球,那么这三种颜色的球被摸到的可能性一样吗?为什么?	学生回答每种球的个数。 学生分析原因。	扩大样本,引导学生继续猜测。
那么,摸到哪种颜色的可能性最大?摸到哪种颜色的可能性最小?为什么? 在这里,摸到这几种球的可能性大小,能用具体的数来表示吗?	学生经过讨论,可能提出用分数、小数、百分数的方法来表示。	把可能性量化,加深学生对概率的理解。
3. 探究与交流 随学生回答依次板书: 蓝球的可能性:1/8=12.5% 白球的可能性:2/8=25% 黄球的可能性:5/8=62.5% 这个预测是否可信?我们来实际验证一下。 教师说明实验要求:4 个人一组,每人摸一次,再次摸出的球都要放回并摇匀。用画正字的方法统计摸到各种颜色的球的次数,并做好记录,最后用计算器算好可能性的大小。 组织学生进行汇报。 现在,大家将实验的结果与预测的结果比较一下,有什么发现?	分组实验并填写报告单。 (20 次记录表) | 颜色	次数	占总次数的 百分比
蓝色		
白色		
黄色		| 分组汇报实验结果。 学生观察、比较、分析。	从猜测转入验证。

续表

教　师　活　动	学　生　活　动	导　学　要　点
如果次数增多，会怎么样？	学生双组合一，将摸到每种颜色的总数加起来，再算出百分比，并对比、分析。	随着实验次数的增多，学生的认识逐步深化。
如果把全班的实验结果汇总起来，会怎么样？ 教师按照学生提出的实验次数，依次用电脑演示。 引导学生进一步总结概括。	学生汇总全班实验结果并初步得出结论。 学生随电脑演示认真观察，深入思考，进一步验证得出结论。 学生进一步肯定实验结论。	预期得出的结论。 总结概括出"不确定事件出现的可能性大小是可以预测的"。
4. 实践与应用 　在生活中，什么时候需要预测可能性的大小？ 下面，请大家看这个实例。 　电脑显示艾伦汉堡的促销活动说明。 　凡购买艾伦汉堡 20 元以上者就有机会赢取下列大奖： 　一等奖：2 000 元，5 名； 　二等奖：200 元，500 名； 　三等奖：2 元，4 000 名； 　本次活动满 50 000 份即开奖。	学生思考并列举生活中需要预测的各种事例，与教师共同分析。 学生阅读促销说明。	转入应用，用所学知识解决生活中的具体问题。
你们认为中各类奖项的可能性有多大？各小组计算一下。 　如果我们买下 100 张奖券，请大家先预测一下我们班的中奖情况。	学生分组计算并汇报计算方法： 一等奖：$5/50\ 000 \times 100\% = 0.01\%$ 二等奖：$500/50\ 000 \times 100\% = 1\%$ 三等奖：$4\ 000/50\ 000 \times 100\% = 8\%$ 学生进行预测。	引导学生用本课所学方法预测生活中不确定事件发生的可能性大小。

续表

教 师 活 动	学 生 活 动	导学要点
看一看我们班的实际中奖情况。怎么只有 4 人获奖，这是怎么回事？	学生回答各奖次的中奖人数。学生讨论、分析预测中奖与实际中奖存在差异的原因。	使学生认识生活中任何幸运和偶然的背后都是有科学规律支配的。
教师启发学生正确对待生活中的所谓"幸运"或"运气"。	学生经过认真深入地思考，回答教师的启发性问题。	
板书设计	可能性大小： 蓝球：1/8＝12.5％ 白球：2/8＝25％ 黄球：5/8＝62.5％	

（北京市中关村第一小学　刘峰）

评析：刘峰老师设计并教学的《可能性大小》，是学生生活中常见的事件。本次授课的特点有：第一，让学生成为学习的主人。从生活中找到学习的内容，使用"可能性大小"的生活常识，让学生动手感悟。刘老师设计了较多的环节，让学生动手实践，情境展现具有启发性。创设的教学情境要同学生原来的生活经验相联系，要在学生的最近发展区内，培养学生的动手能力和创新意识。第二，教方法比教知识更重要。教数学，不仅教知识，更重要的是让学生感知数学学习的方法。刘老师把猜测、实验、思考、验证的方法贯穿于整堂课中，并从生活中让学生潜意识地学习，使学生学到真正的知识。第三，目标建构具体。本节课目标从三个维度考虑，并充分考虑学生的生活实际。第四，过程中体现合作，让学生在团队中学习。课堂中较好地体现了师生间、学生间的相互协作。第五，问题设计富有创新性，有利于学生发现、提出、解决问题。同时，思维训练灵活，结合教学内容对学生进行思维变通性、敏捷性、批判性、独创性的训练。

（龚春燕）

二、课堂实录

（一）《合理安排》教学实录

教学内容

人教版义务教育课程标准实验教材《数学》四年级上册第112～113页内容。

教学目标

（1）学生通过简单的实例，能认识到解决问题策略的多样性，形成寻找解决问题最优方案的意识，初步体会运筹思想在解决实际问题中的应用。

（2）经历"提出问题—寻找规律—应用模型解决问题"的过程，提升解决问题的能力。

（3）学生在自主探索、合作交流中积累从事数学活动的经验，逐渐养成合理安排时间的良好习惯。

（4）初步感受数学在日常生活中的广泛应用，尝试用数学的方法解决生活中的简单问题。

教学准备

（1）教师准备：多媒体课件，磁性圆片6个。

（2）学生准备：每小组6个圆片，研究记录表。

教学过程

课前谈话：家里来了客人，你会做些什么？（学生回答。）中国自古以来就是礼仪之邦，从你们身上，我看到了中华民族这一传统美德的延续。聊到这里，我从很多同学的眼中看出了这样的疑问：不是上数学课吗？怎么说起接待朋友的事情了？其实，接待朋友和同学们每天的穿衣、吃饭一样普通，这些事情会和我们的数学学习有着什么样的联系呢？同学们想了解吗？好，带着这样的问题，我们一起走进第八单元"数学广角"的学习。

1. 创设情境，体会优化

教师：星期天上午，小明家的门铃响了，原来是李阿姨来小明家做客。

（多媒体出示教材例题 2 中的图 1。）

图 1　李阿姨来小明家做客

教师：从图上你了解到了什么？

学生：妈妈让小明帮忙去烧壶水给李阿姨沏茶喝，小明在想怎样才能尽快让客人喝上茶。

教师：你生活中沏过茶吗？知道怎样沏茶吗？

学生：我没有沏过茶，不过我知道怎样沏。

教师：要沏出一杯好茶，学问可大了，纸上谈兵可不行。不过，今天咱们还是先来说说平时沏茶时需要做哪些事情？

学生 1：烧水、洗茶杯、拿茶叶。

学生 2：烧水前还要准备水壶接水，不然怎么烧水。

学生 3：还有最后一步，沏茶。

教师：虽然很多同学没有亲自动手沏过茶，不过需要做的事情却一个不少，不错！和大家一样，小明也想到了这样几件事情，并且根据自己的经验估计了每件事情大约需要的时间。

（多媒体出示例题 2 中的图 2。）

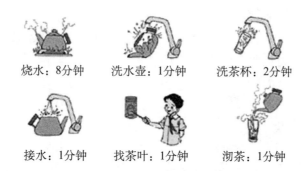

烧水：8分钟　　洗水壶：1分钟　　洗茶杯：2分钟

接水：1分钟　　找茶叶：1分钟　　沏茶：1分钟

图2　沏茶要做的事情及时间

教师： 如果你是小明，你会按照什么样的顺序来做这些事情？按照你的安排又需要多长时间才能让李阿姨喝到茶？先自己想一想，然后可以和同桌交流一下。

学生1：（到黑板上摆放卡片）我们是按照"洗水壶—接水—烧水—找茶叶—洗茶杯—沏茶"（方案一）的顺序来安排，一共用了14分钟。

学生2：（调整卡片）我们是按照"洗水壶—接水—烧水，在烧水的同时去找茶叶和洗茶杯，最后沏茶"（方案二），这样只需要11分钟。

　　教师根据学生的汇报在卡片之间画上箭头，得到流程图，见图3和图4。

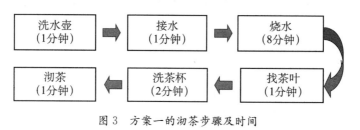

图3　方案一的沏茶步骤及时间

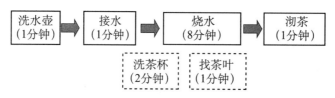

图4　方案二的沏茶步骤及时间

教师：（课件呈现两种方案）比较这两种方案，你认为哪种安排更合理？为什么？

学生：方案二更合理，因为根据方案二安排沏茶可以节约时间，能让李阿姨尽快喝到茶。

教师：看来同学们已经学会在解决问题中通过比较分析，然后选择出最合理的方案了。方案二能节约时间的秘密在哪里？

学生：因为在烧水的同时洗茶杯、找茶叶，同时做了几件事情，节约了时间。

教师："同时做"这个说法好。

　　（板书：同时做。）

教师：生活中还有哪些事情是可以同时做的？

学生1：早晨起床后一边煮鸡蛋，一边刷牙、洗脸。

教师：自己准备早餐，值得很多同学学习。

学生2：妈妈做饭时总是先用电饭煲把饭做好，再做菜，这样菜做好了，饭也好了。

学生3：妈妈在等洗衣机洗衣服时拖地。

教师：看来妈妈们都是节约时间的高手。一个小朋友说"我写作业的时候看电视，这样也能节约时间"。

学生：（高声反对）不行！

教师：为什么？刚才不说了同时做可以节约时间吗？

学生1：一边写作业一边看电视，这样会分心，会写不好作业。

学生2：一心不能二用嘛，这样什么事情都做不好的。

学生3：就是，这样对视力也不好。

教师：感谢大家的提醒，看来并不是所有的事情都可以同时做，而是根据实际情况把能够同时做的事情同时做才行，这样才能真正地称为合理安排。

　　（板书课题：合理安排。）

2. 合作探究，感悟优化

（1）提出问题。

教师：请李阿姨喝完茶，小明的妈妈准备用自己最拿手的烙饼招待她。

　　（多媒体出示例题2中的图5。）

教师：你从画面上得到哪些数学信息？

图 5　妈妈用平底锅烙饼

学生： 妈妈的平底锅一次可以烙 2 张饼，每张饼要烙两面，烙好每面需要 3 分钟。

教师： 你明白这句话的意思吗？

学生： 明白。

教师： 我要考考大家，烙熟一张饼需要几分钟？为什么？

学生： 需要 6 分钟，因为烙一面需要 3 分钟，烙好 1 个饼要烙两面，就是 2 个 3，也就是 6 分钟。

　　（教师板书：1 张，1×6＝6 分钟。）

教师： 烙熟 2 张饼呢？

学生： 还是 6 分钟。

教师： 不对吧？烙 1 张饼要 6 分钟，按理说烙 2 张就应该是 12 分钟？

学生： 因为妈妈的平底锅一次能烙 2 张饼，所以 3 分钟就能烙熟 2 张饼的一个面，另两个面再用 3 分钟就好啦。

教师： 为了便于大家理解，我们用这个圆代表妈妈的平底锅，这样的圆片代表 1 个饼，并且为了区分，在饼的两面写上了正、反的标记。现在谁能一边操作一边讲解？

　　（再抽学生借助学具讲解，另一名学生模仿教师的板书写出算式。）

　　（板书：2 张，2×3＝6 分钟。）

教师： 看来大家都能理解这些信息的意思了，妈妈究竟要烙几张饼呢？

　　（呈现问题：阿姨、妈妈和我每人 1 张，怎样烙才能尽快吃上饼？）

（2）探究问题，发现规律。

① 烙 3 张饼的最佳方案。

教师：看来很多同学已经有了自己的想法，接下来就请大家在小组内借助学具交流一下烙 3 张饼的方案。

（学生汇报时借助教具进行演示。）

学生 1：我们是一张一张烙的，这样就需要 3×6＝18 分钟。

学生 2：因为平底锅一次可以烙 2 张饼，我们先在 6 分钟里烙熟 2 张饼，剩下 1 张饼还需要 6 分钟，这样一共只需要 12 分钟。

学生 3：因为平底锅一次可以烙 2 张饼，我们在第一个 3 分钟里烙熟 1 号和 2 号饼的正面，然后把 1 号饼取出，在第二个 3 分钟里烙熟 2 号饼的反面和 3 号饼的正面，最后一个 3 分钟里烙熟 1 号饼的反面和 3 号饼的反面。这样仅仅花 9 分钟就能烙熟 3 张饼。

教师：你们认为哪种方案更合理呢？为什么？

学生：方案三，因为这样最节约时间。

教师：方案三节约时间的秘密又在哪里？

教师：按照第三种方案烙饼，保证每次锅里都有 2 张饼，把能够同时烙的饼同时烙了，没有浪费空间和时间。

教师：我也赞同大家的意见，按照第三种方案烙饼不但节约了资源还节约了时间。像这种烙 3 张饼的方法，我们称为快速烙饼法。

② 烙 4 张、5 张、6 张饼的最佳方案。

教师：我们已经找到了烙 1～3 张饼的合理方案，如果要烙 4 张、5 张、6 张饼，怎么烙最节省时间，请大家分组讨论一下，并把你们的思考记录在记录单上。

（学生小组合作解决问题，并根据记录单上的问题导引发现其中存在的规律。）

③ 总结规律。

教师：观察这个表格，你们想说什么？

学生 1：我们发现每增加 1 张饼，时间就增加 3 分钟，除了烙 1 张饼的情况外。

学生 2：烙饼所需的最短时间就是饼数乘 3。

学生 3：只要饼数是双数，我们就用 2 张饼的烙法；而饼数是单数时，我们就用快速烙饼法来烙饼。

学生 4：饼数是单数时，也可以最后 3 张饼用快速烙饼法，前面的双数饼仍然用 2

张饼的烙法。

教师： 你们不但发现了饼数与烙饼所需时间上的关系，还发现了烙饼方法上的规律。除了这些规律，大家有没有问题？

学生： 没有。

教师： 刚才我们知道烙熟 1 张饼需要 6 分钟，可我们发现的规律是增加 1 张饼，时间却只增加 3 分钟，这是为什么？

学生：（讨论后发现）因为平底锅每次可以烙 2 张饼，就是 3 分钟可以烙熟 2 个面，也就相当于一个饼，所以，在这个题目中增加 1 张饼，时间只需要增加 3 分钟。

（3）应用规律，解决问题。

教师： 不再借助学具或者画图，你能快速说出烙熟 7、8、9、10 张饼最短需要多少时间吗？

学生： 21、24、27、30 分钟。

教师： 很好，如果要烙熟 28 张饼、100 张饼呢？

学生： 84 分钟、300 分钟。

教师： 同学们真了不起，不但帮助小明解决了烙饼的问题，还能从中发现规律，并运用规律准确解答更复杂的问题。

3. 练习巩固，运用提升

教师： 从解决沏茶、烙饼的问题中，可以看出大家已经能在多种解决方案中选择最合理的安排来为小明和妈妈节约时间，提高效率。那么，大家在解决后面的问题中也能做到合理安排吗？

（1）小红吃药（练习第 2 题，见图 6）。

我感冒了，吃完药后要赶紧休息。

找杯子倒开水	1分钟
等开水变温	6分钟
找感冒药	1分钟
量体温	5分钟

小红应如何合理安排以上事情？

图 6 小红吃药

（学生独立思考，口答。）

（2）美味餐厅（练习第1题，见图7）。

他们每人点了两个菜。

假设两个厨师做每个菜的时间都相等，应该按怎样的顺序炒菜？
说说你的理由。

图 7　厨师炒菜

教师： 从图中你能得到哪些信息？想一想如何安排炒菜的顺序更合理呢？独立思考
后，同桌互相交流。

学生： 第一次炒好的两个菜，一个给爷爷，另一个给阿姨。因为尊老爱幼，所以要
先给老人。叔叔和阿姨则要按照女士优先的原则来安排，所以先给了阿姨。
第二轮炒好的菜，一个给叔叔，因为大家都是客人，不能让哪一位等得太久
了；另一个菜给爷爷。第三轮炒好的两个菜，就分别给阿姨和叔叔了。

教师： 你不但运用今天学习的知识对上菜的顺序进行了合理安排，让每位客人都能
尽快吃上菜，还想到了尊老爱幼的传统美德，表现出了女士优先的绅士风度。

4. 课堂总结，拓展深化

（1）课堂总结。

教师： 通过今天的学习你有什么收获？还有什么问题？

（学生自由总结。）

（2）文化拓展。

教师： 把能够同时做的事情同时做，节约时间，提高效率，看似很简单的道理却涉及数学中一个重要的分支——运筹学。我国著名的数学家华罗庚爷爷对运筹学在中国的推广和应用做出了很大的贡献，他不但写下了著名的《统筹方法平话》《优选法平话》等书，还把"双法"广泛应用于化工、电子、邮电、冶金、煤炭、石油、电力、轻工、机械制造、交通运输、粮油加工、建工建材、医药卫生、环境保护、农业等行业，并取得了显著的经济效果。课后，请你留心观察一下自己身边合理安排事情的例子。老师希望每个同学都能用今天学到的知识合理安排自己的学习和生活，提高自己的学习和生活效率。

（重庆市大学城人民小学　卞小娟）

评析：《合理安排》是人教版小学《数学》四年级上册第七单元"数学广角"的第一课时，是通过日常生活中的一些简单事例，让学生尝试从优化的角度在解决问题的多种方案中寻找最优方案，初步体会运筹思想在实际生活中的应用。《小学数学课程标准》要求：当学生"面对实际问题时，能主动尝试着从数学的角度运用所学知识和方法寻找解决问题策略"。在日常生活中，学生很容易找到解决问题的方法，而且会找到解决问题的不同策略，因此，"让学生理解优化的思想"成为本节课教学的关键，目的是帮助学生形成从多种方案中寻找最优方案的意识，提高学生解决问题的能力，培养学生的创新学习素养。

因为教学内容与生活联系的紧密性以及活动组织的多样性，这一内容也是很多教师上公开课时的首选对象，我也看到过很多类似的课。虽然执教这一内容的教师很多，但我们可以大致分为这样两类：一是把这节课上成纯活动课，一节课中学生们在各种操作活动中玩得十分开心，课堂氛围也相当热烈，学生操作技能得到了充分的发展，但最后问学生知道些什么，学生什么也想不起来了，顶多就是摆卡片很开心，教学目标没有落实；二是思维训练课，过度关注学生逻辑思维能力、推理能力等思维能力的培养，但这样，部分思维能力较好的学生得到了发展，更多的学生却因为教师没有搭建台阶而徘徊在学习场之外。一节只能让部分学生思维得到发展的课与当前"关注每一个学生的发展""全人发展"的观念是相悖的。

卞小娟老师从教以来一直致力于"让学生的智商、情商、逆商和创商在课堂上得到发展为基本价值取向，营造生动、活泼、民主、和谐的课堂氛围，使学生整体素质得到提升，培养具有持续发展能力的人"的课堂教学研究，现在她已经逐渐形成了自然、和谐、朴实、高效的教学风格。在《合理安排》这节课上，教师没有绚丽的多媒体，没有浮华的教学设计，而是充分挖掘教材中提供的沏茶、烙饼、为客人上菜等一些简单的优化问题，向学生渗透优化思想，引导学生在运用数学方法解决生活问题的过程中，不但培养学生动手实践、逻辑思维、归纳概括等各方面的能力，而且让学生感受到数学学习的快乐和价值。课堂上，我们看到了学习活动中动与静的相得益彰，看到了生生对话中智慧火花的闪耀，看到了师生之间几乎没有瑕疵的配合，这一切让每一位听课者很难相信这是卞老师第一次给这些孩子上课。我想，这就是课堂的力量、教师的力量。感动之余，写下几点感受共享。

1. 有效运用生活经验，发展学生智商

学生已经知道了什么是智力发展的关键，而有效的数学学习也是建立在学生合适的数学现实基础之上的。本节课教学中沏茶、烙饼、上菜等问题，四年级的学生在生活中普遍有亲身的体验，很多学生也拥有了怎样安排来节约时间的生活经验。但是这一丰富的现实基础却很容易导致本课的教学仅仅是学生生活经验的重复呈现，教师在教学中如何有效运用学生已有经验推动新知识的学习，让学生学有所得，是广大数学教师值得关注的话题。

卞老师在教学中把学生的生活经验作为认知起点组织教学。首先，她结合学生的生活实际调整了例题教学的顺序，让学生在为客人沏茶、用烙饼招待客人的熟悉情境中，主动地进入学习状态，为后续的学习奠定了良好的基础。其次，卞老师在教学中通过"为什么可以节约时间""节约时间的秘密在哪里"的追问，引导学生主动思考现象背后的道理是什么，并引导学生通过操作、探讨、反思，得出了"能够同时做的事情同时做"的安排方法，有效地帮助学生把"生活经验"转化为"数学经验"，从而实现把常识经验转化为知识经验这一重要目标。这样的引导不仅避免了生活经验与学习内容的简单重复，也突出了本课的教学重点。

2. 关注情绪体验，培养学生情商

情商是指我们每个人对情绪方面的认知和管理能力。儿童的情绪可以分为正面和负面两类，正面情绪包括快乐和爱。在实际教学中关注学生自我情绪的触觉、人际沟通技巧、处世的灵活性、积极心态和对社会的责任感是很重要的。《小学数学课程标准》提出

"三维目标","情感态度价值观"是其中一个重要维度。无论从人的发展还是新课程的要求来看,数学学习中让学生产生积极情绪体验、培养数学学习情感是很重要的。

卞老师在教学中运用具有亲和力的语言、丰富的肢体语言为学生营造了一个尊重学生、呵护学生的课堂氛围,并结合学习内容精心设计了自主探索、合作交流的师生、生生互动的学习形式。"家里来了客人你会做什么?"朋友间的谈话迅速拉近了师生的距离;"同学的发言有时带给我们更深刻的思考",让学生在合作中提升知识掌握水平;"这么难的问题也能解决了",鼓励的评价让每位学生获得成功体验,培养了积极的心态;"还想到了尊老爱幼的传统美德,表现出了女士优先的绅士风度",渗透了礼仪和爱的教育。

3. 合理设置挫折考验,锻炼学生逆商

我们常常看到很多公开课为了体现研究的深度会设计一些较有难度或深度的问题,这种设计理念为在教学中锻炼学生逆商提供了很好的平台,让学生接受挫折的磨炼,经历挫折考验。在本课教学中,在解决烙饼问题的过程中,教师通过"节约时间的秘密在哪里""为什么增加1张饼却只增加3分钟的时间"这些有难度的追问,让学生挑战困难、积极思考,并在操作思考中解决困难。我们在现场看到,当学生把这两个问题都解决后,现场的老师也给予掌声鼓励,而在掌声响起的同时,学生们脸上自信的笑容让人难忘。

4. 精心创设问题情境,提升学生"创商"

培养学生的创新意识与能力一直是我们教育追求的目标之一。有人说创新源于问题,让学生懂得质疑、善于质疑是我们培养创新意识的第一步。在卞老师的课堂上常常会听到"有没有问题想问问我们"的话,鼓励学生质疑。有了问题,还要有敢于冒险的精神,敢于解决的勇气。在实际的数学教学中,卞老师精心设计有价值的问题,引导学生去探索、去发现,从而提升"创商"。例如,课堂的结束部分,卞老师介绍了华罗庚和运筹学,让学生在寥寥数语中感受这种数学方法的神奇,再抛出"寻找生活中合理安排事例"的问题,有效地激发了学生的好奇心和挑战精神。引导学生把课堂上习得的知识经验应用到生活中,去解决更多的问题,而在解决这些问题的过程中,学生将积累更多的生活经验,这些生活经验又将为学生后续的学习提供重要的经验支持,这种学习的良性循环才是学生持续发展的最佳动力。

(龚春燕)

(二)《纸船》教学片段

师：同学们读得真好。冰心奶奶是一位世纪老人，她活到 99 岁。1999 年，也就是她生命的最后一年，她得知《纸船》将要被选入初中语文新教材，她非常高兴，于是就给全国小朋友写了一封信，叫《又寄小读者》，同学们想不想知道这封信的内容？

生：想！（兴高采烈，兴致盎然。学生还推荐一位朗诵好的同学读多媒体课件上的信。）

师：冰心奶奶是世界上有声誉的大作家，我们却是无名小辈，修改她的作品，同学们怕不怕？

生：不怕！

师：同学们是好样的！送大家一句王老师的名言。

（多媒体课件展示：我就是我，我的观察和见解与众不同。）

师：好，现在我们就以四人为一小组字斟句酌，争取把《纸船》修改得更漂亮。（学生讨论得热火朝天，教师巡回参与讨论，时间不少于 5 分钟。）

师：好，请大家暂停，现在请班长主持讨论。（老师坐到学生中间参与讨论。）

主持人：请同学们各抒己见，畅所欲言，亮出自我风采。

生：我觉得第一节最后一句中"抛"字用得不够好，有一种随意的感觉，不能表现出作者对母亲的深情。

主持人：那你建议冰心奶奶换成什么字呢？

生：我觉得用"放"字比较好。"放"字显得比较庄重，动作也很轻柔，情感韵味儿很浓。

主持人：同学们怎么看这个问题？

生：我觉得"抛"字不能改，这个词比"放"字力度上强得多，能够表现出作者的急切心情。

生："放"字给人的感觉是有的放矢，目标明确，而在茫茫大海上，作者的心境和目标一样迷茫，用"放"字不符合实际。

生："抛"字可以在空中划出一道弧线，有一种动态美。

生：还可以设想，冰心是一下子抛出去很多纸船，因为第一节的前几句都在强调纸船的多。"抛"字多好啊，有一种天女散花般的美感，而"放"字没有。

生："抛"这个动作和海风、海浪相呼应，表现了一种发泄的情绪。作者哪里是在抛纸船，分明是在抛出一腔孤独、寂寞，一腔思念之情啊！（掌声。）

生：我认为"放"字也能体现出冰心的一往情深，如果是在一条风平浪静的小河上的话。但大家不要忘了，这是在茫茫的太平洋上，而且从第二节看来，"海风很大，海浪很急"，作者不是在一叶扁舟上，而是在又高又大的远洋海轮上，怎么可能"放"呢？只能"抛"，而且是用力"抛"。大家想想，站在船头，海风浩荡，冰心满脸泪痕，衣裙飘飘，她双手捧着小船，用力一抛，船在随风飘舞。冰心就以这样的姿势定格船头，这是一幅多么动人的"大洋思亲图"啊！"放"能有这样的效果吗？（掌声。）

生：这个同学的发言提醒了我，既然是在远洋轮上，第一节和第二节的"舟"就应该换成"轮船"才比较准确。

生：我不同意，古代的舟就是船，用"轮船"二字多别扭啊，在语音上就没有美感。

生：关键不在这里。远洋轮肯定大，像"泰坦尼克"号（众人笑）。但在茫茫的太平洋上，再大的船也是渺小的。而"舟"这个字在中国文学上有独特的内涵，它给人的感觉有点风雨飘摇的味道，和冰心当时的孤独、寂寞正相称；"轮船"就没有这样的审美感觉。（鼓掌。）

生：是啊，这里的"舟"更有一种象征意义，茫茫的大洋上一叶扁舟，正是作者孤寂的心。

生：从"舟"还可以看出作者内心的沉寂、悲哀，而巨轮显得太喧闹、嘈杂，与诗意不协调。

老师：大家说得真好！那我们以前学过的哪些诗句中表现了"舟""帆"一类词语所承载的文化内涵呢？

生：孤舟蓑笠翁，独钓寒江雪。

生：孤帆远影碧空尽，唯见长江天际流。

生：我想问一问，冰心奶奶为什么最后一句不直接用"我的爱和悲哀"，而要用"她的爱和悲哀"呢？

生：为的是和倒数第二句中"这是你至爱的女儿含着泪叠的"相呼应。

生：我认为这是从母亲的角度来写的，第一句作者直呼母亲，当然后文就以女儿相应，这样才能前呼后应嘛！

师：变换人称有必要吗？

生：不变好，全文一脉贯通，诗情才能凸显。

生：变了好，能够表现出作者与母亲的亲密关系。

生：变了好。老师不是说行文富有变化总是美的吗？

生：该变的时候就必须变。诗中这样一变，我们似乎听到了作者动情的呼喊和诚挚的心灵剖白，就好像看到作者正伏在母亲的胸前痛哭。人称一变，情感的距离就缩短了。

师：我们读一读，感受一下。

（生动情朗读。）

生：我觉得"你"应该换成"您"，这样更能体现冰心对妈妈的尊重。

生：我认为不好，用"您"显得太生分了。如果你和你的妈妈亲密无间的话，用得着这样的礼貌吗？

师：同学们还提出了许多有价值的问题，就让我们带着问题进课堂，再带着问题出课堂吧！王老师也有一个重要的问题想请教同学们，老师插个队怎样？

生：行！（教室里有轻松、宽容的笑声。）

师：我最喜欢诗歌的最后一句。你们看：纸船是有形的东西，而爱和悲哀是无形的东西。有形的纸船怎么能承载无形的情感呢？这本来就说明了诗歌语言的创造性。但我觉得还不够美，还不够形象。有同学对我说，老师啊，我想妈妈想得要命的时候，我就忍不住要流泪。于是我们为什么不可以这样改呢？"载着……归去。"（老师故意延长语调等待。）

生：（恍然大悟）载着泪水归去。

师：一滴泪水？（生笑。）

师：两滴？（笑声更大，终于有学生忍不住站起来。）

生：一船泪水！

师：妙！同学们，这就叫作诗了。来，我们来欣赏王老师以前的学生的创造。

（多媒体课件展示，学生动情朗诵。）

万水千山，求它载着一船泪水归去。

　　万水千山，求它载着无数个思念的梦归去。

　　万水千山，求它载着一腔愁绪归去。

　　（此起彼伏的"万水千山"的诵读声，让课堂由热烈渐趋平和、柔美。）

师：同学们，因为大家有一颗热爱母亲的心，所以你们读懂了冰心奶奶对母亲的爱。那么，除了爱着母亲，你们还爱着一些什么？

师：冰心奶奶把诗歌折成了一只纸船，那么，同学们，你们又可以把你们的爱折成什么呢？生活中有那么多美好的事物，让它们来表达你们心中的爱吧！（优美的二胡曲《长相思》响起，依照课件上的仿写要求，学生埋头创作。）

师：心中有爱就要表达。同学们，用你们最真的情朗诵你们的爱吧！（学生争先恐后。）

生（杨洋）：姐姐，倘若你梦见了弟弟的信鸽，

　　　　　　请不要惊讶，

　　　　　　那可写满了弟弟的无限思念与爱呀！

　　　　　　但山长水阔，

　　　　　　何寄彩笺兼尺素？

生（周路）：母亲，倘若你梦中看见一支流泪的红烛，

　　　　　　不要因它无端入梦而惊讶，

　　　　　　这是海外游子的思乡泪，

　　　　　　万水千山，它也要点燃心中爱的火花。

生（谢秦川）：未名湖，倘若你腹中跃起一条金色的鱼儿，

　　　　　　　不要菲薄它浮躁不安，

　　　　　　　这是你水底年轻诗人的灵魂，

　　　　　　　弹指十年，他在寻找他如诗的青春。

　　（师生情不自禁地共同朗诵其中的精彩篇目，深情的"万水千山"又一次响彻课堂。）

　　（师生掌声不断，听众席上不少老师的眼里已有晶莹的泪花。）

师：同学们，你们的真情深深打动了我，我忍不住想要告诉你们冰心奶奶的信实际上来自于天堂。信是杜撰的，但老师的感动是真的。

　　老师感动于同学们有一颗感受爱、感受诗歌的真诚、热烈的童心，更感动于同

学们挑战名家、挑战自我的勇气与信心。

　　亲爱的同学们，倘若你在梦中看见一只很小的彩色小船儿，

　　请不要惊讶它无端入梦。

　　这是你们亲爱的王老师用爱用诗用心叠的，

　　万水千山，求它美丽你们别样的青春。

　　（全场响起热烈的掌声，下课。）

（清华大学附中　王君）

　　评析：这一堂课我听过两次，深为王君老师的教学艺术所折服。最深的莫过于敢让学生说"不"，首先，培养学生的批判精神。《纸船》是著名诗人冰心的作品，是非常美的，但两次上课都有学生不满意，改这改那，比如，第一节最后一句中的"抛"字，第二节中的"流"，第三节中的"爱的悲哀"等。其次，让学生广泛讨论，体现主体性。王老师以一封信掀起课堂波澜，以"诗歌评改会"作为载体，引导学生炼字炼句，体会诗情。教师真正地把课堂让给了学生，教师成为课堂讨论的首席，这是教学的中心环节，也是教与学的精彩对接。最后，让学生充分联想与想象，培养学生的创造性。你梦中看见小船儿，给它什么……学生在短时间内也写出了诗。从赏诗到写诗，经历了由一个诗歌教学的难点向另一个更难点的跨越。成功不是偶然，阶梯的巧妙搭建、情感的推波助澜点燃了学生创造的激情。其实，每首诗都写得很稚嫩甚至不通顺，但是又有什么关系呢？起码学生走进了诗，感受了美！

（龚春燕）

（三）《杨修之死》教学片段

1. 故事引入

师：先请大家看屏幕。这是一幅三国时期的地图（手指地图），这里是汉中，同学们知道汉中吗？

生：不知道。

师：汉中处于关中平原和成都平原之间，是中国西部的战略要地。南凭大巴山屏障，北据秦岭险要，历来是兵家必争之地。赤壁大战后两年，吃了大亏的曹操经过休整后又恢复了元气。此时刘备占领汉中地区，令曹操寝食难安，打算发兵争夺。曹操亲自修战书一封，发往成都。看过战书，刘备甚是忧虑，诸葛亮却哈哈一笑，在战书上面题下四句诗："黄花逐水漂，二人过木桥。好景无心爱，须防歹徒刀。"

曹操看了这四句诗，不解其意，问左右谁人能解，大家面面相觑，不知所云。但有一人却在旁边冷笑，曹操便询问其意，他说："这四句诗是一个隐语。"这四句诗隐藏着什么意思？同学们知道吗？

生：不知道！

师：（点击电子屏幕，呈现四字"汝来受死"）这四句诗隐有"汝来受死"之意。

师：（手中电子笔指点四句诗解说）黄花者，女人也，女人水上漂，"汝"也。这是一个"木"字，桥下两人走过，繁体字"來"也。这是繁体的"愛"字，"愛"去掉中间的"心"字，为"受"也。"歹"字再加一把弯刀，就是"死"字。

师：这个人聪明吧！但这个人最后也命丧于聪明，《三国演义》中有诗为证。来，请同学们齐读一遍这首诗。

生（齐读）：聪明杨德祖，世代继簪缨。笔下龙蛇走，胸中锦绣成。开谈惊四座，捷对冠群英。身死因才误，非关欲退兵。

师：这个人是汉代的名门世家之子，才华出众，出口成章，文采斐然，一开口就常常语出惊人，对答速度也在众人之上。诗句最后说，他"身死因才误，非关欲退兵"。他是谁？

生（齐答）：杨修。

师：对！他就是杨修。杨修死于何事？缘于何因？请大家跟随罗贯中的《三国演义》的第72回"诸葛亮智取汉中，曹阿瞒兵退斜谷"去寻找答案。今天，我们就学习第18课《杨修之死》。

2. 对话题目

师：课文怎么读，老师有两句话告诉大家。《语文课程标准》有这样几句话："阅读是运用语言文字获取信息、认识世界、发展思维、获得审美体验的重要途径。"抓关键句"阅读是运用语言文字"，一定要咀嚼语言文字。同时，"阅读教学是学生、教师、教科书编者、文本之间对话的过程"，注意"对话"，所以，大家学习课文首先要注意和课文进行对话交流。

师：今天，李老师就扮演一个记者的角色，和大家来一番对话。我们最开始可以从对标题的提问开始，因为标题是文章的眼睛。引发深入对话的最好策略是问题。大家已经学习过第 17 课《智取生辰纲》了，我们可以根据标题提问：谁智取生辰纲？是怎样智取的？智取之前做了哪些准备？智取中有哪些聪明做法？最后结果怎样？带着这样的问题阅读课文，我们很快就可以从文中获得许多信息。

师：再比如《杨修之死》，你会提哪些问题？

生 1：杨修为什么死了？杨修是怎样死的？

生 2：杨修之死背后有没有深层次原因？有没有八卦新闻？

师：很好，如果阅读课文前我们能够根据标题进行一番这样的追问，我们就可以较快地和文本展开对话，把握文本内容。

师：下面，老师这个记者就出场了，直接采访同学们一个问题："杨修死于何事？"请同学们不翻书，我看大家经历了"杨修之死"这一现场后，是不是有了真正的了解。

生 3：他在军中假传军令，惹得曹操大怒，被曹操砍掉了。

师：慢一点，你根据你的回答提取几个关键词。

生 3：假传军令，曹操大怒，被杀。

师：是"假传军令"吗？

生 4：是误导军令。

生 5：是自取行为。

师：对了，杨修不是假传军令，他是自作聪明，暗自揣度军令意图，收拾东西准备收兵；下属仿效，夏侯惇也这样收拾东西准备收兵了。刚才同学把基本的事实说清楚了，很好。还有同学愿意说吗？

生 6：因为杨修在曹操身边太过于自负了，凭借自己的才能对自己的行为不加管束，惹怒曹操。曹操借他扰乱军心的理由，将他杀掉了。

师：大家听清楚了吗？来，大家翻到课本，我们看是怎样一件事。如果我是一个记者，我一定要了解事情的来龙去脉。首先，事情的起因、背景是什么呢？

生 7：曹操军队进不能进，退怕人耻笑。

生 8：看到庖官端鸡汤进来，想到夏侯惇请教的口令，就想到了鸡肋。

师：退不能退，战不能战，由此想到鸡肋。接着呢？

生9：杨修凭着聪明，暗自揣度鸡肋之意，收拾东西准备收兵，旁人也效仿。

师：事情还有怎样的发展？

生10：夏侯惇询问并效仿。

生11：曹操绕寨私行，发现不对劲，招夏侯惇、杨修询问端倪。

师："询问端倪"用得好。结局呢？

生12：曹操以扰乱军心为名，将杨修咔嚓了。（学生笑。）

师：看来要说清楚一件事情，还是很训练语文能力的。（课件板书用工整的词语概括事件的情节。）大家看，用这样的方式言说，就是语文。来，大家齐读一遍："进退维谷鸡肋为令，主簿揣度不日退兵。"

生（齐读）：进退维谷鸡肋为令，主簿揣度不日退兵。收拾行装准备归程，魏王巡视见此大惊。招惇杨修问个究竟，造言丧命误于聪明。

师：怎么样？语文就可以这样学习。记者就可以根据这些语句把整个"鸡肋"事件报道出来。

师：如果再拟一个标题，可以怎样拟？

生13：杨修之死。

师：聪明，你看编者都已经拟好了，大家"英雄所见略同"。其实，整个事件的关键词是"鸡肋"，你看，可以这样拟两个标题：揣度"鸡肋"口令，造言惑乱军心；造言"鸡肋"乱军心。用这样的标题，配上以上情节，记者就可以将整个事件报道出来。你们看，李老师就通过标题提了一个问题"杨修死于何事"，让大家和课文来了一次交流。

3. 深度追踪

师：李老师还想让大家再来一次深度追踪，请大家小组讨论：杨修死因揭秘。要求依据课文，分析言之有据，阐释合情合理。

师：杨修究竟死在哪里？原因何在？请同学们先独立思考1分钟，自己在课文空白处批注一下。

师（边巡视边提示）：从文章找依据归纳，也可以从不同角度去归纳。

师：下面给大家2分钟讨论时间，请小组边讨论边做好交流记录。

（小组讨论 2 分钟后交流。）

师：讨论结果出来了吗？

生14：杨修恃才放旷。

师："恃才放旷"是什么意思？

生14：他很自以为是。

师："恃才"是什么意思？恃才就是依仗自己的才能。"放旷"呢？就是不加约束，想说就说，想笑就笑，想哭就哭。

师：除了杨修恃才放旷的原因，还有其他原因吗？

生14：数犯曹操之忌。

师：能具体说说犯了曹操的哪些忌？

生14：比如，那个门里写了一个"活"字，其他人都不知道意思，杨修建议修窄一点，曹操表面赞美，心甚忌之。

师：他为什么"心甚忌之"？

生14：他（曹操）嫉妒（杨修）他。

师：哦，嫉妒，"你把我看穿了，我希望不被人看穿的，你自作聪明把我看透了"。

师：其他组还有补充吗？来，你们组来说说。

生15：杨修不应该参与政治；他不该暗中帮助曹植，让曹操对他产生了灭杀之心。

师：他不应该去参与曹植与曹丕的内部权力的争斗，所以曹操要杀他。请坐！还有吗？

生16：我认为还有一个主要原因，就是曹操嫉才。他对才学比他高的人，有一种嫉妒的心理，这也是他心胸狭窄，所以曹操对杨修越发嫉恨。

师：你从文中哪段文字看出曹操心胸狭窄？

生16：比如曹操在门上写一个"活"字那一段，曹操本来想显示一下文采，结果被杨修识破，曹操对此很是嫉妒。再比如第四段最后写道"操虽称美，心甚忌之"。

师："心甚忌之"就是说表面上称赞他，心里面却忌恨他，"你把我看破了"，所以这里看出他心胸狭窄。请坐，还有补充的吗？

生17：第四至第七段，每一段的最后一句都表现了曹操对杨修的看法，例如，"心甚忌之"。前面说他恃才放旷，"木秀于林，风必摧之"，所以我说他太放肆，必死无疑。

师：“木秀于林，风必摧之。”你长得太高了，我就把你哗啦哗啦吹掉。太聪明了，刚才这个同学读得很细，他说到了一些细节，第四段至第七段，每段最后都有曹操的心理描写，请大家在书上画出来。第四段是"操虽称美，心甚忌之"；第五段是"操虽喜笑，而心恶之"；第六段是"操闻而愈恶之"；第七段是"操因疑修谮害曹丕，愈恶之"；第八段是"操大怒，因此亦不喜植"。

生：此时已有杀修之心。

师："此时已有杀修之心"，说明曹操杀杨修是蓄谋已久，忍无可忍。为什么忍无可忍？

生：杨修恃才放旷，数犯曹操之忌。

师：同学们说犯了大忌。文中有这样一句话请大家画线，"原来杨修恃才放旷，数犯曹操之忌"，这句话应该是全文最关键的句子。刚才我们理解了曹操之"忌"，这里的"忌"一方面是希望别人不要把他看穿，还忌讳什么？

生18：忌讳旁人参与到他们内部的权力分配的斗争中来。

师：对！这位同学说得很好，不要参与内部的权力斗争。曹操本来想选一个好种子，选一个未来的好接班人。结果杨修呢，老是去插手。在宫廷争斗中，肆意去参与这种权力斗争的经常会死于非命。中国有句古话，叫"伴君如伴虎"，特别是这种斗争触及核心利益，就很容易出问题。

师：刚才我们通过这种方式来读，深度追踪杨修死因的话，简不简单？不简单。杨修之死有几个原因呢？我们总结一下。第一个原因，"性格决定命运"，他老先生太恃才放旷了，爱耍小聪明。中国有句话："聪明反被聪明误。"我们以前在培训时，刘良华教授还说："一个人太聪明了，别人就不和你玩了，你就很痛苦。"第二，他是政治牺牲品，惹祸宫争。参与宫争，这是统治者最难容忍的。第三，他还不懂官场哲学，他是个官场苦命人，遭遇了曹操。

师：刚才李老师教了大家一种读书方法，就是大家要以交流的心态，去和文章对话。对话的时候最好能借助问题。你们看，我们设计了两个问题：第一，杨修死于何事？第二，杨修死于何因？借助这两个问题，我们对课文有了一个逐渐深入的理解。

4. 直击关键

师： 我觉得对话更重要的、更有效的手段，是直击关键。我们如果能够把课文中关键之处抓住，就像拎起串珍珠的那根绳，很容易就能够将课文内容和写法整合成一个整体，实现言、文统一。课文的关键可以是内容层面的，也可以是手法层面的。一旦抓住课文关键，理解课文就会势如破竹，迎刃而解。

师： 我们举一个关键的事例。大家还记得《老王》吗？谁写的？杨绛，钱钟书夫人。这是一篇散文。我们知道，散文是一种抒发作者主观情志的文章，散文的本质是情感。李老师反复读《老王》，觉得"不幸而善良"就是这篇散文的关键。这篇文章最后有一句话："这是一个幸运的人对不幸者的愧怍。"谁不幸？谁幸运？我们来看，散文明写老王，用三件事写老王的不幸：单干孤寂；"瞎眼"可怜；破落户住"破屋"。再用三件事写老王的善良：送冰，冰价相同，个大一倍，车费减半；送钱钟书看病不收钱；给车欣然装上半寸高的边缘。

师： 我们再看暗写杨绛。杨绛也是不幸的，在"文化大革命"中遭难，这是暗含在文字之外的生活事实，大家看不到。杨绛的善良体现在她的悲悯情怀。所以，抓住"不幸而善良"，散文的内容和写法都搞定了，人物理解了，明暗交织的线索也明了了。你看那篇散文不动声色的语言，明写老王，其实在写自己内心的一些情绪、情感，还有看似平淡却具有无限深意的蕴藉风格。

师： 抓关键，下面我举两篇小说。《最后一课》的关键就是一个"变"。小弗朗士变了没有？韩麦尔先生变了没有？环境变了没有？全变了。《陈太丘与友期行》，这篇文章最关键的东西就是"对话"，陈元方和友人的对话。"君与家君期日中。日中不至，则是无信；对子骂父，则是无礼。"作者的写作意图——"讲诚信讲礼节"都包含在对话中了，人物形象也通过对话生动地展现了出来。

师： 你认为杨修之死的关键是什么？可以从内容、写法考虑，讨论30秒钟，找出课文的关键。

生 19： 恃才放旷。

师： 这是从内容上来说的，说的是杨修的性格。从写法上来说呢？大家回想一下我们原来学过的小说《最后一课》《社戏》是怎样写事的？它们都是围绕一件事展开故事的开端、发展、高潮、结局。而《杨修之死》这篇小说写了几件事？

生19：六件，不，七件。

师：来，我们回忆一下写了哪七件事？

生19：鸡肋惑乱军心，改造阔门，分食一盒酥，梦中杀人，藏吴质，试才干，教作答教。

师：在叙事写人上，这篇小说和其他小说有什么不同？

生20：用了插叙。

生21：用了典型事例刻画人物。

生22：通过人物的语言和行动的细节描写刻画人物。

师：所以从写法角度看，本文的关键就是"以事写人"。

5. 品读关键

师：下面我们聚焦"恃才放旷"这个关键，看课文是怎样写杨修的"恃才放旷"的？来，你来说，作者怎样写杨修的"恃才放旷"？

生23：第五段，写他分食一盒酥，他拿起来就开始吃。

师：这是写他的行为。第五段写了他的行为，还写了他的语言。请大家齐读语言部分。

生（齐读）：盒上明书一人一口酥，岂敢违丞相之命乎？

师：大家仔细揣摩，写行为时紧扣"放旷"，无拘无束，肆无忌惮；写语言紧扣"恃才"，耍小聪明。一样的，写"改造阔门"，也写他的恃才语言"门内添活字，乃阔字也。丞相嫌园门阔耳"。

师：再看"梦中杀人"，那更是不知天高地厚。"惟修知其意，临葬时指而叹曰：'丞相非在梦中，君乃在梦中耳！'"大家比画一下"指而叹曰"这一动作。用重庆话来说，就是这样："你娃啊，傻戳戳的，硬是懂不起哦。"自作聪明地"指"和"叹"，并戳穿谜底："丞相非在梦中，君乃在梦中耳！"这样的谜底可以随随便便戳穿吗？那不是自寻死路吗？大家看，就应该这样写人，紧扣人物特点，写他的恃才语言、放旷行为。

师：下面我们进行归纳。作者从两个大的方面通过七件小事写杨修的"恃才放旷"。一是日常小事，恃才不遮掩；二是参与宫争，恃才惹祸端。请同学们齐读一遍下面的内容。

生（齐读）：日常小事，恃才不遮掩——造门解"活"改窄门，与众分食"一盒酥"，"梦中杀人"葬指叹。

师：杨修招来杀身之祸的不是这些小事，而是他参与宫斗。

生（齐读）：参与宫争恃才惹祸端——谮丕大篾"藏吴质"，授计斩吏"试才干"，"教作答教"下杀心。

师："谮丕大篾"，注意是"谮（zèn）丕（pī）大篾（lù）"，授计斩吏（lì），大家再齐读一遍前两句。

生（齐读）：谮丕大篾"藏吴质"，授计斩吏"试才干"。

师：杨修是"恃才放旷"，那曹操呢？

生：心胸狭窄，嫉贤妒能。

师：前面的三件小事也许有"嫉贤妒能"的成分，但是在宫争的几件事情上，曹操还是"嫉贤妒能"吗？大家讨论一下。有同学发表意见吗？来，你说。

生24：我可以看出曹操的凶残狡诈。当杨修掺和到宫廷内斗中来之后，曹操已经将杨修当成一个政治上的对手。从文学作品和历史中可知道曹操的为人，对待他的对手，他从来是毫不留情的，很凶残。

师：曹操凶残狡诈。当有人触及核心利益时，绝不手软，小事上耍点小聪明还可以容忍，但大是大非上，曹操绝对不允许你杨修乱来。所以，有人解读《三国演义》是官场政治学，有"少不读《水浒》，老不读《三国》"的说法，三国谋策太甚。

师：这里我们可以看到曹操的奸诈。特别是文章最后的部分，很有味道。诚如杨修预测，曹操不撤兵打了一仗，最后是落荒而逃，损失惨重。他最后厚葬杨修，表面上在暗示自己杀错了，其实谁也揣度不透他杀杨修的真实原因，这才是曹操的奸诈，也可以说是老谋深算，甚至是深谋远虑。因为他知道，杨修这人不除，今后迟早会成为曹丕的后患。

师：所以，曹操是"恃才不放旷"。大家看，我们抓住"恃才放旷"，不仅搞定了杨修，也搞定了曹操。作者抓住曹操的言行，特别是心理描写，写出了他的老奸巨猾、凶残狡诈、老谋深算。用一句话总结，曹操是"恃才不张扬，看透也糊涂"。装糊涂，他心里明亮得很呢！用重庆话来说，曹操就是"看起像猪相，心中特嘹亮"。

生（齐笑）：哈哈！

师：下面我们总结一下。你看，抓住文章的关键，就可以将文章的写法也聚焦起来。"恃才放旷"凝聚人物性格，形成鲜明对比。杨修恃才放旷，说不得的要说，不该说的也说；曹操却是恃才韬光，不该说的不说，说不得的打死也不说。杨修、曹操都聪明，但一个放旷；一个隐忍。一个要小聪明，为所欲为；一个有大智慧，"一剑封喉"。

师：其实，老师读这篇文章最大的发现是"恃才放旷"，反复描述了这一特征，即"三式"记人。写杨修"恃才放旷"日常小事三件：造门解"活"改窄门；与众分食"一盒酥"；"梦中杀人"葬指叹。写杨修参与宫斗三件事：潜丕大篾"藏吴质"；授计斩吏"试才干"；"教作答教"下杀心。最后是高潮，造言"鸡肋"乱军心，一下就将杨修咔嚓掉了。语文，有时就像数学和物理那样充满规则的美感。

师：写曹操还是三件。写他"面带微笑心嘹亮"也是三件小事：操虽称美，心甚忌之；操虽喜笑，而心恶之；操闻而愈恶之。写他"厌恶升级起杀心"还是三件事：疑害愈恶之；大怒不喜植；已有杀修心。最后高潮"借惑乱军心杀之；收尸厚葬令班师"。

师：回过头来看《老王》，也是"三式"结构。写不幸三件事：单干、孤寂；"瞎眼"可怜；破落户住"破屋"。善良三件事：送冰，冰价相同，个大一倍，车费减半；送钱钟书看病不收钱；欣然装上半寸高的边缘。最后高潮"未懂送鸡蛋送香油的愧怍"。

师：最后简单总结一下今天所学。李老师教给大家学习课文的方法就是"对话"（板书）。对话的方式是"问题"，对话，一是对话题目，二是对话关键。关键可以从内容上抓"恃才放旷"，也可以从手法上抓"以事写人"，最后达到"言、文统一"。

6. 品味名著

师：本文是一篇小说的节选，我要告诉大家的是，文学不等于历史。《三国演义》的曹操被塑造成了奸雄，历史上的曹操却是一个英雄。所以，鲁迅先生说："曹操是一个很有本事的人，至少是一个英雄。"还有，此杨修之死不等于彼杨修之死。历史上的杨修并未死于"鸡肋",也不是死于曹操的妒贤嫉能。他是在曹丕即位两年后被曹丕杀的,之后不久,曹丕也死了。

师:罗贯中为什么要这样写?

师:罗贯中才华出众,却郁郁不得志,转而编著《三国演义》,以古鉴今,抨击时政。他广泛收集了有关评话、戏剧和传说,参考陈寿《三国志》和裴松之的注,根据自己的生活经验,对三国故事进行了再创造;以史实为基础,融合大胆而合理的想象和虚构,创作了"七实三虚"的历史小说巨著——《三国演义》。罗贯中在这部巨著里,借叙述魏、蜀、吴三国征战的历史故事,对暴政做了愤怒的抨击,提出了自己的鲜明政治理想——仁政。这个观点形成全书鲜明的拥刘反曹倾向,使曹操和刘备两个艺术形象鲜明对比,互相衬托,以强烈谴责暴政,热烈颂扬仁政。

师:如果大家有兴趣,课后还可以做这样一个拓展训练:用"三式"叙事方法写一个自己熟悉的人,写出人物的鲜明个性。

师:好,老师今天就和大家交流这些。谢谢大家!下课。

(重庆市巴川中学 李永红)

在香港教师中心主办的"教师创新教学培训班"上讲课

他人评说

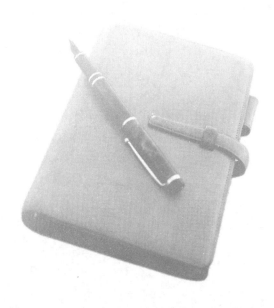

一、创新学习：21世纪教育的最强音

——《龚春燕与创新学习》读后感

周之良

从20世纪末到21世纪初，"创新学习"已成为教育领域使用频率相当高、教育工作者耳熟能详的学术概念。而每当谈到创新学习，就自然和重庆市教育科学研究院特级教师龚春燕研究员联系在一起。这也难怪，因为正是龚春燕在国内率先把创新学习作为一个重大课题开展研究并推广到国际的第一人。数年的课题研究，他取得了令国内外教育界瞩目的丰硕成果和实践效益。

全书从成长历程、教育理念、经典案例、社会反响、成果集荟五个方面，充分展示了这位刚逾不惑之年的教育家的成长、成熟和成功的历程，给人以多方面的启迪。

第一，在价值取向上，该书站在时代的高度，从立足现代化建设、面对终身教育、促进新课程改革的多个视角，选择了这一创新学习课题，充分展示了作者的远见卓识。就时代而言，从20世纪末江泽民总书记反复强调"创新"到21世纪初胡锦涛总书记提出建设"自主创新型国家"，创新已成为时代的主旋律。在第三次全国教育工作会议上，江总书记更明确指出："教育是知识创新、传播和应用的主要阵地，也是培养创新精神和创新人才的摇篮。"国家创新能力的基础在人才，人才的数量、质量、结构和整体作用的发挥是国家能否在知识经济时代的竞争中取胜的根本条件。教育如何适应时代的要求而培养出创新的人才呢？这就必须改革传统的教育模式。传统教育的弊端很多，但最根本的是"重教轻学""重接受轻创新"，针对这些严重弊端，龚春燕在"教"与"学"两方面，把"学"放在主要地位；在"接受"与"创新"两方面，把"创新"放在主要地位，这就形成了"创新学习"的命题。这既有助于学习方式转变，适应可持续发展的终身教育；也有助于培养创新意识，适应自主创新型国家的要求。因此，创新学习这一课题研究，越来越受到多方面的支持、鼓励、肯定、赞赏。境内，龚春燕的创新学习报告覆盖了31个省、市、自治区，培训教师 100 万人次；境外，在美国等地做学术报告达 20 场次。一个教育科研工作者可研究的科研课题很多，有宏观和微观的，有重大和一般的，有开拓的和延续的。只有那些把握时代和社会需求的宏观的、重大的、具有开拓性的研究课题，才有旺盛的生命力，龚春燕的"创新学习"就是这样的课题。联合国教科文组织研究项目"创新学习研究与实验"的结题会召开，来自美国、英国、澳大利亚、新西兰和中国港、澳、台地区及内地共 11 名知名专家，给予创新学习研究高度评价，并在鉴定意见中写道："该项研究起步早，规模大，成果显著，已在境内外产生了广泛的积极影响。"

第二，在体系构建上，该书从"创新学习"这一核心概念界定入手，给出了一个操作性定义。尽管也曾有人提出这一概念的界定似乎没有逻辑高度，即不是一个严格意义上的逻辑定义，但至今也没有人提出一个比这更为广大实践者接受的定义。因为这个定义便于操作。它揭示了创新学习的实质——从无到有，从有到优；揭示了创新学习的基础——知识和实践；揭示了创新学习的过程——智力因素和非智力因素的相互作用；揭示了创新学习的成果——观念和物化；揭示了创新学习成果的两种不同水平——社会重大意义的和个人自我实现的。因此，几经学术论争，作者所提出的"创新学习"的界定，就几乎成为经典性的定义，为不同层面的人所引用。围绕这一核心概念，作者深入发掘诸多相关因素，展开系统研究，而且不是纯思辨的演绎式研究，而是在大量生动的实践基础上的总结、提炼、概括和升华。作者前后共出版了有关创新学习的四本书：1999 年，红旗出版社出版的《创新学习论》；2002 年，科学技术文献出版社出版的《创新学习：学习方式的革命》；2005 年，人民教育出版社出版的《创新学习论纲》；2006 年，北京师范大学出版社出版的《龚春燕与创新学习》。四本书从观点到结构，都体现出作者随着实践的深入展开，在理性认识上的不断发展和深化，构成了比较严谨的理论和操作体系。读过之后不仅可以窥见作者的理论探索过程，还可以看出其研究的实际行踪。

第三，在研究方法上，该书鲜明地体现了四个结合。一是历史和逻辑结合。所谓历史的，就是按客观对象在发展的过程中所经历的不同的具体阶段、具体形态和具体过程制定理论体系；所谓逻辑的，就是根据概念、范畴、判断和推理之间的逻辑联系制定理论体系，以反映研究对象的本质和规律。该书正是通过运用概念、范畴、判断和推理之间的逻辑联系来制定与对象发展的历史过程相适应的理论体系，从而反映创新学习的本质和规律。8 年研究历程，4 次撰写书稿，论从史出、史论融合。二是理论与实践结合，理论是实践的概括，实践是理论的基础。该书既有理论观点，又有可操作的实践模式，搜集了数十个典型案例，点评分析，给人提供了一种可适应的范式，变"应然"为"可然"。这是超越一般理论著述的独到之处。三是科研与课改结合。刚进行创新学习研究之时，新课程改革还未开始。但课题的研究设计与新课程的理论是一致的，所以，其研究成果及时应用于课改实践，提高了课堂效益，推进了新课程改革，这为广大创新学习的实验县或学校所证实。四是文字和技术结合。教育科研是教育改革与发展的第一生产力，但教育科研的最大障碍却是成果推广。龚春燕通过多年的思索，和众多研究者一起，开发了创新教学智能系统（I³S），并在国家科技部立项，实现了创新学习理论成果的转化，为成果推广提供了有利的条件，将教育科研转化成了生产力，实现了创新教学的最优化。五是凝练的学术语言与富有文采的表述结合。该书不仅有一股智慧之泉流淌，而且有一股情感之流在奔腾。读完之后让人欣然接受作者的引领，走向一个令人神往的学术空间，饱吸思想的营养。

读《龚春燕与创新学习》一书，我不仅为他所取得的丰硕成果而欣喜，而且为他那种孜孜以求的敬业精神、锲而不舍的创新精神、强烈的民族使命感和事业的责任心而感动。创新之路任重道远，我们希望龚春燕有更新成果奉献给我们。

（作者系北京师范大学原党委书记、教授、博士生导师）

二、创新智能教学，
为每一个学生发展提供了最大可能*

顾明远

《创新智能教学论》是全国教育科学"十一五"教育部规划课题，课题经过多年的努力，形成现在的成果。

---

* 顾明远教授为《创新智能教学论》写的序，题目为作者所加。

　　创新学习的提出和研究是在"科教兴国，教育先行"的大背景下展开的。创新是教育发展的不竭动力，只有更新落后于时代的教育观念和改进教育教学方法，才能为民族复兴培养大批适应时代发展的创新人才！

　　创新学习必须首先解决两个问题：一是教师教学观念的转变，重点是创新原理中的"创新教学"如何从理论走向教学实践。二是课堂教学方式的变革，教师通过创新学习原理的自觉运用，在"教""学"的双主体互动关系中，创造出生动、活泼的课堂呈现方式。

　　如何实现创新的"教"？课题组针对广大教师教学中存在的"重教法轻学法""重知识传承轻能力培养""重课前计划轻课后反思"等弊端，在开展大量调查和研究的基础上，提出了"创新智能教学"的理念，设计了"创新教学智能系统（Innovative & Instruction Intelligent System)"，简称"I³S"。通过信息技术与教学的有机融合、师生互动，建立了教学资源互享互用的资源支持系统。

　　美国心理学家和教育学家加德纳的多元智能理论认为每个人与生俱来都在某种程度上拥有 8 种以上的智能，而每一种智能在人类认识世界和改造世界的过程中都发挥着重要的作用，但每个人的智能结构各不相同。环境和教育对于能否使这些智力潜能得到开发和发展有着重要的作用。这一理论正好是创新智能教学的基本理论之一。

　　所以，课题组把创新智能教学定义为：在新课程背景下，以学生发展为本，应用多元的教学目标，多方位、多角度地培养学生的创新能力，实现从课堂到课外、从知识到能力、从现在到未来的立体化教学。它从教学设计理念、教学目标、教学内容、教学方法、参考资源、教学反思及课堂管理等方面，为广大教师提供所需的各类丰富的教学策略与措施，实现资源共享，有效地提高课堂教学的质量与效率，推动课程改革实验大步向前。

　　创新智能教学为每一个学生的发展提供了最大的可能，为教师个人的成长、提高拓展了广阔的天地。注重创新，教师的眼里不会只有知识传授和分数结果，而是更加关注学生作为人的发展。它促使教师必须花更多的时间和精力关注书本之外的人类文明成果。

　　创新智能教学有助于课程改革的全面推进。创新智能教学倡导以生为本，建构多元化的目标体系，这本身就是课改核心理念的直接体现。创新智能教学通过实践证明，它对推进课程改革的不断深入、对学校可持续发展都具有不可低估的作用。

该书的编写，一是对"创新智能教学理论与实践研究"课题研究做一个总结；二是让一线教育工作者能够对创新智能教学有更深入、全面的了解，帮助广大教师提升教育教学的境界。

任何一种新的思想、方法或理论，在它产生之初都有其稚嫩的一面，创新智能教学亦是如此。我们有理由相信《创新智能教学论》的出版，会把创新教学推向一个更高的境界，给教育改革的园地增添一朵教育理论的奇葩。

（作者系北京师范大学博士生导师、教授，中国教育学会名誉会长）

三、创新学习：从重庆走向世界

刘益东

由中国学者在本土创建的一种新型的学习方法和教学体系——"创新学习"，经过十多年的发展和实践，已建构起一个包括"创新学习心理论""创新学习方法论""创新学习运筹论""创新学习指导论""创新学习教师论"等内容的较为完备的创新学习的理论与实践体系，取得了一系列引人注目的成就。2000年，《人民教育》编辑部在重庆召开"全国创新学习理论与实践研讨会"，全国5 000多名教师云集重庆，时任教育部基础教育司司长李连宁在会上指出："创新学习研究意义重大，是推进素质教育的切入点。"2002年，"创新学习研究与实验"获准为联合国教科文组织研究项目。2004年，根据创新学习理论研制的"创新智能教学"软件研发被列为科技部创新基金项目和信息产业部推广项目。2005年，联合国教科文组织在重庆召开"全球创新学习大会"，13个国家和地区的350名专家会聚重庆，观摩了重庆的创新学习研究成果，由境内外13位著名专家组成的鉴定组对创新学习成果进行了评审，他们一致认为："重庆创新学习研究起步早，规模大，成果丰，已在海内外产生了广泛的影响。"2008年，美国召开"教育发展国际大会"，"创新学习"列为其主题，并开设分论坛,创新学习项目组龚春燕等 7 位成员应邀做专题报告。十多年来,课题组先后在全国各省市召开了全国创新学习研讨会 21 次,各省市邀请进行创新学习培训活动数百场次,培训教师近 100 万人次,实验学校或参加研究的单位有北京、上海、广东、新疆等 13 个省(自治区、直辖市)的 436 所学校,境外研究单位或学校 16 家,成效显著。总课题组研究成果获重庆市教委一等奖 3 次,重庆市人民政府一等奖 1 次、二等奖 2 次等多种奖励,在人民教育出版社、北京师范大学出版社等出版社出版几十部创新学习的论著,在《中国教育学刊》《人民教育》等刊物发表创新学习论文逾百篇。

创新学习的首倡者和团队带头人是龚春燕,他现任重庆市教育评估院院长、重庆市创新学习中心主任、全国学习科学研究会常务副会长、联合国教科文组织"创新学习研究与实践"研究项目主持人。他的成果入选教育部《中国特级教师文库》(收录《创新学习论纲》);《龚春燕与创新学习》一书列入教育部《教育家成长丛书》(全国入选 20 人)。

(一) 当初被认为是空泛的概念,因坚持而成为事业之源

人们常说,一项伟大的事业可能就起源于一个念头,创新学习的情况正是如此。1997 年,由重庆市教育科学研究院青年学者龚春燕领衔的全国教育科学"九五"课题"学生学习矫正与指导"结题,下一步该如何走正困扰着龚春燕:学习科学的研究已经从培养学生"学会"发展到了"会学",能否往"创新学"的方向发展?创新学习这样一个尝试性的想法出现在龚春燕的脑海里,随即,龚春燕将创新学习的构想整理成文,向重庆市教委申请课题。在开题会上,课题受到专家们的质疑:已有"创造教育",何必提"创新学习"?据此构想出来的体系是否有理论依据和现实依据?如此"空泛"而"不着边际",如何落实到具体的实验步骤?

龚春燕没料到大家的质疑如此严厉,但是他凭借自己多年研究的基础,深信有科学学习为先导,创新学习之苗一定能破土而出。"对这样一个全新的概念,大家责难是应该的,也是自然的。"回想起当初的情景,龚春燕如是说。

质疑声没有阻止探索的步伐,反而更激发了开拓者的进取心。为了使概念更清

晰、理论体系更合理、研究成果更具有应用性，龚春燕和课题组同人谭小林、何云山、林理恕、胡方等人长期往来于实验学校，听课，与教师学生座谈，开展创造性现状的调查，加强与国际的交流与合作，广泛收集素材。团队成员常常相互讨论，互相切磋砥砺。无数次的头脑风暴，大量来自教育教学第一线的案例分析、数据分析，众多实验学校研究信息的反馈与诊断，他们不断地对研究举措进行反思与调整，创新学习的概念、理论与实践体系终于逐步明晰建构起来。

所谓创新学习，指的是学习者在学习过程中，不拘泥书本，不迷信权威，不依循常规，以已有知识为基础，结合当前的实践，独立思考，大胆探索，标新立异，别出心裁，积极提出自己的新思想、新观点、新思路、新设计、新意图、新途径、新方法的学习活动。

所谓创新学习体系，是从心理机制、生理机制、价值功能、内容构成、表现形态、课堂形式、人格特征、评价检查等多个角度切入，建构起一个包括"创新学习心理论""创新学习方法论""创新学习运筹论""创新学习指导论""创新学习教师论"等内容的创新学习研究构架。1999 年，龚春燕、何云山主编的《创新学习论》正式出版，标志着创新学习的研究体系正式确立。2005 年，龚春燕撰写出版的《创新学习论纲》一书对创新学习的理论与实践体系又有了新的发展与完善，例如，创新学习的"TADI"学习模式、创新学习评价四边形模式等。随着实践和国内外交流活动的展开，创新学习的价值逐渐被世人所认识。

（二）理论创新贵在实践

理论创新固然重要，但是如果没有充分的实践检验和应用，理论的正确性就得不到证实，理论的应用价值也得不到体现，因此，理论创新贵在实践。作为一项教育科研的理论成果，创新学习的发展和完善过程较好地说明了这个道理。重视实地调查、重视应用和反馈、重视理论与实践相结合是创新学习的突出特点。龚春燕在总结创新学习成功的根本原因时说："是因为课题组在创新学习的实验研究工作中始终坚持科学务实的原则。"

"创新学习"课题组具有明确的目标：指导学生"树立创新志向，开展创新性活动"；建立和完善创新学习理论体系；总结、提炼创新学习教学思想，建构创新学习课堂教学模式，设计创新学习的教与学的策略；建构创新学习文化。创新学习的研究内容涉及学生、教师，国内、国际，理论和实践多个层面，是一个系统工程。以创新学习课堂教学模式为例，课题组提出其模式的核心是：学为主体、教为主导、疑为主轴、练为主线。将教学过程作为一个辩证的统一体，教学活动就是在教师的引导下，充分发挥学生主体性，让学生主动学习、创新学习；课堂的主导活动是学生的活动，教师的活动作为辅助线，融于学生的各项活动之中；教的目的是为了让学生最后离开教师可以自己进行学习。有模式但不模式化，各实验学校根据创新学习的思想，结合本校、本班、本学科特点，创造性地发展提出了系列子模式。研究团队对五个方面的对象进行研究，即幼儿园、小学、中学（职中）、大学、成人阶段，其中尤以中小学为重点。

创新学习的实践体现在一系列行之有效的措施上，主要包括以下五大措施。

1. 加强培训，更新观念

创新学习研究与实践的主力军是教师，研究团队对所有实验教师每年都开展2次以上培训，使他们对创新学习理论、教学模式、教学原则、教学思想、教学方法有所认识和熟悉。从1998年立项以来，研究团队在重庆一共举办了17次大型培训会，培训教师20 000人次；研究团队在国内其他地区召开了全国创新学习研讨会21次，应邀在各省市进行创新学习培训数百场次，培训教师近100万人次；在境外，先后7次在中国香港召开创新学习国际学术研讨会，中国澳门、台湾地区以及美国、英国、新加坡也举行多次创新学习国际大会，国外和中国港、澳、台及内地代表3 000多人参会，较好地向境外的教师传播了创新学习的实践与方法。

2. 搞好调查，把握实情

1998年，研究团队对随机选取的实验班与非实验班进行测评，通过57个问题的调查，了解学生的学习习惯、学习方法等。从2001年10月至2003年1月，重庆市创新学习研究中心对重庆、新疆、广东、香港四地实验学校进行了典型样本调查。参加创新学习课题实验的45所学校学生全部参与，共收到学生有效问卷24 611份。

3. 传带帮扶，重心突出

结合重庆地区的情况，研究团队将重心放在了农村学校与城市的薄弱学校。通过送"教"下乡、与教师座谈等方式，让当地教师认识到他们在教学上的缺陷，同时也领会国际、国内教学改革的趋势，激发他们的教改热情。即使缺少现代化设备，乡村教师仍能扬长避短，设计出很多优秀的课件。

4. 携手世界，国际交流

近年来，研究团队与美国查尔斯顿大学教育学院、北美华人教育研究会、英国纽卡斯尔大学、新加坡国立教育学院合作，就中美、中英、中新教育，尤其是创新教学与学习领域进行广泛研究。2005 年、2006 年连续两年，美国查尔斯顿大学教育学院派出以院长威尔奇博士带队的 35 名专家、教师到重庆，对重庆市 400 名教师进行为期 20 天的交流培训，取得了系列研究成果。

5. 教学软件，转化成果

开发"创新教学智能系统"，简称"I^3S"，目的是在新课程背景下把创新学习多年的研究成果转化为生产力，为广大教师教学服务，让更多的学生受益。2006 年 3 月完成软件开发工作并通过验收，共有 70 000 多条代码和 13 G 的资源。"I^3S"被国家信息产业部确认为"全国电子推广项目"，被科技部、财政部批准为"科技创新基金项目"。

创新学习案例显示了理论创新与应用推广相辅相成的重要性，理论在应用和实践中得到改进和发展，并给实践以持续的支持，实践则创造了可观的社会效益，又给理论更大的发展空间。当初熊彼特提出"创新"概念时强调企业家的本质是创新，通过对创新学习案例的展示，我们也认识到，成功的学术研究，成功的学者，也高度依靠创新。如果提出概念和理论对应于"发明"，那么推广理论，使理论付诸应用、接受检验从而得到改进和发展则对应于"创新"，因此，成功的学者也需要创新，或者说，学者的本质也包括创新。

（作者系中国科学院自然科学研究所研究员、博士生导师）

四、聚焦"创新学习",拥抱世纪曙光

傅国亮

当人类历史上第三个千年钟声敲响的时候,《人民教育》编辑部全体同人和广大教育工作者一样,在庆贺新千年到来的时候,也在思考:我们将奉献什么样的教育给 21 世纪。

新千年上班的第一天,我们派出了副总编辑翟福英、总编室副主任张新洲到重庆,实地采访创新学习的实验教师与学生,并召开课题有关方面的座谈会。我们了解到,创新学习是重庆市创新学习研究中心龚春燕老师 1998 年 1 月提出研究,并为全国广大教育工作者认可的、具有现实意义的一种教育新理念,是全面推进素质教育的一个新的切入点,在实验学校取得了良好的效果。《人民教育》2000 年第 3 期发表了龚春燕同志的文章《创新学习:21 世纪的学习观》,并加了编者按。同时,《中国教育报》、中国教育电视台及多种新闻媒体也做了宣传和报道,引起了广大教育研究工作者、中小学教师的关注。《人民教育》2000 年第 8 期又用了近 7 万字的篇幅做了深度报道,并在 2001 年和 2002 年《人民教育》中开辟了"创新学习"专栏,每期均刊有创新学习研究方面的文章,得到全国广大教育工作者的积极响应。到目前,已收到论文近 5 000 篇,反映了全国广大教师研究"创新学习"的热情。

在这期间,不少专家也聚焦"创新学习"。北京师范大学原党委书记、博士生导师周之良教授,中国首届"十大杰出青年"盘锦市教育局魏书生局长,上海市教育科学研究院副院长、博士生导师顾泠沅教授,华东师范大学教科院副院长、博士生导师熊川武教授,原西南师范大学校长、博士生导师宋乃庆教授等做了评价。他们认为:"这是一项富有开拓性的研究成果。""丰富了学习科学研究的内涵。"2001 年5 月,创新学习研究圆满完成阶段任务,通过了由北京师范大学、华东师范大学、原西南师范大学、全国教育科学规划办公室、中国高等教育学会、中国学习科学学会、重庆师范学院、重庆市教育科学研究院等单位 9 位知名专家组成的鉴定组的现场鉴定。他们在评价意见中说："重庆创新学习研究，起步早，规模大，成果丰，已在全国产生广泛的影响。""对创新学习主研人员探索的勇气给予充分肯定。"

由于创新学习的研究成果颇丰，全国各地不少教育同行也把目光投向了重庆的创新学习。据我了解，重庆市创新学习研究中心已经接待了北京、新疆等 22 个省（市、自治区）的 100 余个考察学习团。通过实地考察，他们深有感触地说："创新学习研究意义重大。""创新学习是推进素质教育的重要举措。""创新学习研究具有很强的操作性。""创新学习已经成为全国目前教育改革领域的一面旗帜。"……

与此同时，龚春燕同志及课题组同志还应全国各地教育部门的邀请，前往北京、上海、浙江等地做创新学习学术报告 200 余场，17 个省市做现场观摩课 100 多节，受到与会者欢迎，并接受了多家电视台、日报等媒体采访，在当地产生了积极的影响。龚春燕同志还应香港教育学院、香港教育工作者联合邀请，前往香港讲学。龚春燕同志的论文《终身学习的关键：学会提问》被确定为大会专题报告。2002 年 5 月，由香港教育署地区教师交流计划、香港教育工作者联会、香港教师中心资助，举行"创新学习研究与实践国际学术研讨会"，美国、新加坡等近 100 位专家学者聚会香港，探讨这一学术论题。

在新千年，有这么多团体、组织和个人聚焦"创新学习"研究，足见其意义重大。龚春燕同志是一个很有思想也很勤奋的年轻人，能坚持数年致力于这项研究，且不说成果之显著，单就其学人精神也是值得称道的。今天，继他的《创新学习论》之后的又一力作《创新学习：学习方式的革命》一书出版了，的确可喜可贺。尽管还有一些不成熟之处，但全书观点新颖，理论体系较为完整，操作体系具体，不失为一本好书。落笔致此，一缕曙光从窗户缝隙中射进来，把它那柔和金黄的光芒投射在稿纸上，我不觉心中一颤，忙推开窗户，迎接新的一天的来临，也在心中祝愿：龚春燕和其他千千万万的创新学习研究者能百尺竿头，更进一步，为托起中华民族明天的太阳而不断创新。

（作者系教育部关工委常务副主任，《人民教育》原总编辑，编审）

五、创新学习研究之花香飘全国*

宋乃庆

龚春燕同志进行创新学习研究已多年，继 1999 年出版《创新学习论》，2002年，出版《创新学习：学习方式的革命》两部论著后，现又出版了《创新学习论纲》一书。通读全书，我认为该书有如下特点。

第一，以课改为本。作者关注着当前基础教育改革的中心工作——课程改革，阐述了新课程背景下的学习观、教学观和评价观。众所周知，陈腐的教育使不少青少年学生失去了一些宝贵的东西：梦想和激情，天真、活泼、开朗、乐观向上的个性品质，积极的人生态度，创新学习的能力和良好的学习方法等。这会带来比较严重的后果：我们的孩子在本该纯真开朗的年龄变得麻木、呆板，在本该快乐无忧的时期变得胆小、怕事，在本该活力迸发的阶段变得少年老成。可见，基础教育改革势在必行，课程改革正是我们当前基础教育改革的首任。龚春燕同志这部书，以人为本，以课改为本，阐述创新学习的理论与方法，解读新课程下的学习观，非常及时而富有现实意义。

第二，以创新为魂。该书内容丰富，学术观点鲜明，把创新学习视为新课程下的学习观。本书以创新为魂，从创新学习的界定、创新学习的基础、创新学习的方法、创新学习的思维、创新学习的策略、创新学习与问题、创新学习的条件、创新学习的障碍、创新学习的评价九个方面做了较为详尽的阐述，有理论，有方法，有实例。论证旁征博引，方法具体实在，例子生动典型。

第三，以实践为体。客观地看待这些年在基础教育改革领域进行的实验研究工作，应该承认取得的成果是丰硕的，但不少成果由于缺乏具体的操作性而不易于推广。从事一线教育工作的部分老师，在教育教学中大胆尝试改革，积累了丰富的经

---

* 宋乃庆教授为《创新学习论纲》写的序，题目为作者所加。

验，但很多未能上升到理论高度，也无法推广。而创新学习的研究正在丰富理论与实践。据我所知，1998年，我国明确提出"创新学习"理念以来，创新学习的研究在学习科学研究的基础上不断深化发展，境内外实验学校迅速发展到1 000余所。由于在大量实践中吸收了充足的养分，创新学习研究之花已香飘全国，并引起了国外关注，2002年成为联合国教科文组织资助的研究项目。

龚春燕是个年轻人，刚40岁，特级教师，头衔颇多。报纸、杂志、电视台、电台采访的也不少，算是成功的人物。有这样一首小诗："春天来了/杜鹃立在我家的阳台上/因聆听自己呼唤的回声/而忘记了开花。"我认为，一个人过早地成名并非好事，因为荣誉很可能成为包袱，使人再也无法迈开奋进的步伐。但龚春燕这个年轻人给我留下的始终是谦逊、朴实的印象，但愿他能永远保持。

我期待着龚春燕同志和他的合作者们在人生的舞台上把创新学习这幕剧演得更精彩！

略陈数语，是为序。

（作者系西南大学原常务副校长、博士生导师、教授）

六、创新与发展

张笛梅

近现代以来，人们对人才成长规律的研究，逐渐由侧重研究教育转向了研究学习。于是，"学习学"研究应运而生，形成了一门新的科学：学习科学。20年来，我国学习科学的研究由少数人到越来越多的人，由分散研究到联合起来研究，由理论研究到实践研究，由小到大，迅速发展，取得了丰硕成果。

时代在发展，社会在进步。在科学技术突飞猛进，知识经济已见端倪，国力竞争日趋激烈的当今世界，历史向人类提出了新的挑战，也向教育科学和学习科学提出了新的使命。正如江泽民同志所说的："要迎接科学技术突飞猛进和知识经济迅速兴起的挑战，最重要的是坚持创新。创新是一个民族的灵魂，是一个国家兴旺发达的不竭动力。创新的关键在人才，人才的成长靠教育。"于是，怎样通过教育和学习，使创新人才成批地涌现出来，已成为教育科学和学习科学的重大任务。

那么，创新人才如何培养呢？创新人才怎样才能大批成长起来呢？许多人也许寄希望于专门的创造教育，甚至寄希望于"创新学"课程的教学。实际上，稍做思考就会发现，创新人才的培养和成长，必须贯穿在整个教育和学习过程中，正如掌握知识和发展智力是密不可分的一样。于是，似乎是完全不同的两个概念：学习——继承前人积累的已有知识，创新——发展前人的知识，创新知识，就结合到一起，形成了"创新学习"的新概念。

创新学习概念的提出，只有很短时间。我们还不能要求对它做出非常科学、严格的定义，更不能要求它具有非常全面、完善的体系。然而，即使常识也告诉我们：死记硬背的学习、机械教条的学习、单纯传授型学习，是很难有创新精神和创造能力的。"知识库"型的人才，"象牙塔"里的人才，"操作工匠"式的人才，也很难成为创新人才。科学史和教育史的大量史料也告诉我们：有杰出成就的科学家、发明家，他们在学习成长过程中，就有很强的探索精神和创新意识。具有先进教育思想的教育家、思想家，也无不对传统教育抑制以至扼杀创新精神的弊病给予强烈的批判。这都说明，创新学习的概念和命题，是完全能够成立的。

值得庆幸的是，我国具有敏锐眼光和创新精神的一大批同志，不失时机地抓住了创新学习这一新观点的萌芽，以只争朝夕的姿态，在很短时间内做了大量的研究。龚春燕等同志撰写的这本《创新学习论》，就是这一领域最新研究的成果。尽管作者一再申明，这本新书会有许多不完善甚至谬误之处，但在我看来，能够把握科学技术突飞猛进的时代发展形势，能够创新立论并抓住不放，能够奋力拼搏为之付出巨大劳动，这种精神就足以值得我们钦佩、学习和赞扬。

《创新学习论》是创新学习研究的一本系统专著，它为我们继续研究铺下了一块宝贵的奠基石。

首先，全书以一种新的思想观念来研究学习，为学习科学的研究开辟了新的方向和视野，必然也要引起教育思想和观念的更新。创新学习的思想既符合培养创新人才的时代要求，又是教育科学和学习科学合乎逻辑的发展。从书中引证的历史上先进教育思想家的研究成果可以看出，创新学习的思想有着深厚的历史渊源，而不是凭空臆想的空中楼阁。它遵循了继承和创新的科学发展根本规律，因而具有坚实

的理论基础。

其次，为撰写本书，作者收集了极为丰富的资料和信息，进行了大量分析、归纳和提炼工作，而不是单纯逻辑思辨的产物。对于严肃认真的科学研究来说，肯在基础的资料工作上下功夫，是极其可贵的科学态度。单就书中所提供的丰富资料来说，也为继续研究者提供了宝贵的方便条件。

再次，作者是一个研究集体，即"创新学习研究课题组"，并且联系了 28 个区、县（市）的 400 余所学校，进行了大量的实践研究并取得了一些初步成果。因此，本书并非脱离实际的空谈，而是有着一定的实践基础。也可以说，本书是在实践经验基础上的初步成果总结和理论升华。尽管针对性的研究时间较短，却有着长期学习指导以及教育实验的有关经验和支撑，实践基础也是比较扎实的。

最后，本书初步构建了创新学习的理论体系和操作体系。从创新学习的基本概念、创新学习的心理、创新学习方法等理论内容，到创新学习运筹、创新学习指导、创新学习教师等操作体系，涵盖了较广泛的内容，形成了系统结构，为今后进一步完善提供了一个框架。

（作者系《中国高等教育》原总编辑，
中国高等教育学会学术委员会原秘书长）

七、创新学习：教改科研的新选择

魏书生

春节刚过，收到重庆市教育科学研究所龚老师给我的书，书名很新颖，同时看到《人民教育》2000 年第 3 期上刊登《创新学习：21 世纪学习观》一文，我很高兴！1998 年元旦，我在重庆讲课，当时，龚老师和我谈论了很多有关创新学习的话题。我当时觉得这一研究很有新意，也谈了自己的一些观点。过了两年，看到这一著作，真是可喜可贺。

江泽民同志在第三次全国教育工作会议上说："教育是知识创新、传播和应用的主要基地，也是培育创新精神和创新人才的重要摇篮。无论在培养高素质的劳动者和专业人才方面，还是在提高创新能力和提供知识、技术创新成果以及增强民族凝聚力方面，教育都具有独特的重要意义。"江总书记这一指示，指明了教育改革的方向，同时也对教育提出了严峻的挑战。1986年，我刚担任盘锦实验中学的校长，就确立了"真诚、善良、创新"的校风，并给老师、学生反复讲一句话："一件事有一百种做法，不是自古华山一条路。"因此，在教学中，我提出了"定向、自学、讨论、答疑、自测、自结"六步课堂教学模式，并引导学生"画语文知识树"，让学生常进行"一题多做"的练习，训练学生的发散思维。不仅如此，我还在每天下午安排一节选修课或活动课，请学生或者讨论时事，或者接触社会，或者尽情地画、尽情地玩，或者介绍国内外科技动态，或者举行报告文学欣赏……把学生引向广阔的创新天地。同时也给自己确立了一个教育目标：把每一个学生都培养成为"以自己的创造为人民服务而感到幸福的人"。

十多年前，我曾说，单纯追求升学率的倾向极大地妨碍了创造教育的实施和创造性人才的培养。今天再看到《创新学习论》，它不仅有较为完整的理论体系，也有较为实用的操作体系，对广大教师树立全新学习的教育观、人才观、质量观会起到良好的作用。书中的创新学习方法，创新学习指导、创新学习课堂教学模式……对培养学生的创新精神和实践能力是大有裨益的。

（作者系辽宁省盘锦市教育局原局长，中国首届"十大杰出青年"）

八、创新是一种享受 *

顾泠沅

学习是一种快乐，创新是一种享受。创新已成为当今世界关注的焦点。

江泽民同志指出："创新是一个民族进步的灵魂，是国家兴旺发达的不竭动

---

* 顾泠沅教授为《创新学习论》写的序，题目为作者所加。

力。"在 21 世纪刚刚到来的时候，面对着迎面而至的知识经济时代，面对着创新能力在社会竞争中的决定性作用，越来越多的人在回顾 20 世纪的教育，深入地思考我们这个时代的特征，并以此为出发点，思考着 21 世纪的教育任务……正因为如此，年轻的学者龚春燕先生经过几年的研究，本着首创的精神，著述了这部《创新学习论》。

"创新教育"，是大家熟知的字眼，全国也有一些地方在进行实验，而"创新学习"这一词，了解的人可能不多。什么是创新学习？创新学习的特征、创新学习的心理又是怎样？它与创造教育、创新教育在内涵、外延上有什么关系？与学会学习（学习指导）是什么联系？该书作者进行了详细论述，并初步构建了"创新学习"的理论体系。

龚春燕同志不仅在理论上进行研究，而且还组织了重庆 26 个区县（市）近十万学生参加课题实验，通过点面研究法，先将形成的理论或创新学习模式在实验点校试用，并深入基层学校听课，和老师、学生座谈，逐渐完善，然后在更大范围内推广。这是一种求真务实的科学研究。从实践中来，再到实践中去，多次反复，螺旋上升。龚春燕同志曾应邀到哈尔滨、西安、天津、昆明等十几个省市做创新学习论的学术报告，都很受欢迎。这些地方都自觉自愿地加以推广。

改革开放后的全国第三次教育工作会议把培养中小学生的创新精神和实践能力作为重点，它指明了广大教师教学改革的方向。该书充分阐述了教师在培养学生创新精神与实践能力中所起的楷模作用、园丁作用。只有当教师具有创新性，并呵护着学生的好奇心、好问、求异……才可能培养出具有创新能力的新人。

研究的目的在于推广，因此，作者在创新学习的方法、创新学习的运筹、创新学习的实践三部分中浓着笔墨，既有理论也有实践操作方法，给创新学习研究的推广提供了良好的条件。

1994 年同龚春燕同志相识，他给我的印象是为人诚实，学习刻苦，聪明能干，总有自己新的想法与观点。短短五六年中，他已结出了累累硕果。在国人刚刚谈论知识经济时，他构思了"创新学习"。尽管还有诸多不完善的地方，但能较早提出并构建其体系，已属难能可贵，祝愿他在今后的研究中取得更可喜的成绩。

（作者系原上海市教科院副院长，华东师范大学博士生导师、教授）

九、敢为人先的开拓者

董国华

"没有花香，没有树高，我是一棵朴实无华的小草。"

当历史的年轮流转到 2004 年，年届不惑的重庆市教育科学研究院特级教师龚春燕先生，在教育科学研究的领域已耕耘了 20 载，取得了不凡的成果。当他谈到自己的成长和成就的时候，始终用这样一句歌词来描绘自己："没有花香，没有树高，我是一棵朴实无华的小草。"事实上，这株朴实无华的小草，已不再是"没有树高"，而是变为钻向蓝天的白杨；也不再是"没有花香"，而是香飘四海，硕果累累了。当今的中国教育领域一个使用频率较高的概念就是"创新学习"，而一提起创新学习，自然就会和龚春燕先生联系在一起了。龚春燕先生是国内教育界最早倡导创新学习并付诸实践的开拓者，让我们沿着龚春燕先生的人生轨迹追寻一下他成长和成功的历程。

破土而出的小草

回首当年，龚春燕先生还真是一棵朴实无华的小草：论身材，较瘦小；论相貌，很一般；论穿着，透着土气。可他的眼神里却闪动着一种睿智的光芒，似乎能把一切看穿、看透、看真。龚先生在教科院最初主要从事信息情报工作。通过国内外大量信息，他感到我国基础教育存在的最大问题是学得苦、学得累、学得厌烦。由此他便萌生了一个想法：能否找到一条途径，让学生学得快乐、学得轻松、学得兴趣盎然呢？于是他便一方面开始做调查，一方面进行深入研究，想探索一条快乐学习的途径，以期既减轻学生学习负担，又提高教学质量。他想："书山有路勤为径，学海无涯苦作舟。"主要的是"勤""苦"二字。"勤"与"法"相比，"法"更重要，"苦"与"乐"相比，"乐"更重要，这句古训能否改成"书山有路法为径，学海无涯乐作舟"，这不更符合实际吗？也就在这期间，全国教育科学规划"八五"重点课题下达了。由北京师范大学党委书记、博士生导师、中国学习科学学会会长周之良教授主持申报的一项课题"学生学习现状调查与学习指导研究"也获批准。龚春燕先生立即申报了重庆地区的中小学生学情调查提纲，并提出开展学习指导的实际方案，在全地区合理布局，开展学情调查与学习指导。1993 年 3 月，"全国中学学习科学研究会第三届学术年会"在广东省汕头市举行。汕头会议是一次准备充分、规模盛大的学术会议，汕头市政府高度重视，大力支持。来自全国 25 个省、市、自治区的代表，在这里开展了广泛的交流。龚春燕像一个饥饿的孩子，会前、会后拜师访友，虚心求教。会议结束，他的一个厚厚的笔记本已记满了各地开展学情调查与学习指导的宝贵经验，并与全国中学学习科学研究会理事长魏书生、常务副理事长董国华两位专家约定去重庆讲学。1994 年暑期，由重庆教育教科所主办、龚春燕同志策划的"重庆市教学改革与学习指导报告会"如期举行，与会者达一千多人。这在重庆是首次，而且反映十分强烈。与会者一致反映"这是重庆地区教育改革的一场及时雨"，由此，重庆地区掀起了以学法指导、促教法改革的高潮。龚春燕先生穿梭于各实验区和学校，长期深入，悉心指导，开展研究，与教师们共同设计学案，改革教案、听课、评课、座谈、讨论，潜入实践的探索，把一线教师的鲜活经验作为基础，总结升华，深化提高，概括有普遍价值的规律。1995 年 8 月，"学习现状调查与学习指导研究"总课题在北京师范大学英东学术会堂召开"八五"课题结题大会，重庆市的子课题成果荣获一等科研成果奖。会上除龚春燕先生代表重庆地区子课题做了研究报告外，实验校如南川实验小学、重庆 42 中、重庆 53 中的代表也在分组会上做了交流。会后，十多个省市的三十多个研究所或研究室组团到重庆参观、学习、听课。由此，龚先生这棵教育科研园地小草就破土而出了。这一时期，龚先生的代表作有《快乐学习》《快乐教学》。

钻向蓝天的白杨

沿着既定的研究方向，龚先生这棵破土而出的小草，以其顽强的"破"的精神，像一棵钻向蓝天的白杨，不断攀升更高的学术境界。继"八五"国家重点科研课题"学生学习现状调查与学习指导研究"取得重大突破之后，又在"九五"期间主持了重庆地区"义务教育阶段学生学会学习研究"的子课题——"创新学习研究与实验"。如果说"八五"课题研究的目的是使学生在学习过程中"乐而有法"，解决学生轻松"学会"的问题，那么"九五"课题的研究，要解决的问题就是使学生在学会的基础上"会学",显然,这是更深一层的研究目标。但是龚先生认为"学会"也好,"会学"也好,两者要解决的问题都是如何更有效地接受和继承人类已有的知识成果。

毛泽东同志曾精辟地指出:"人类总是不断发展的,自然界也是如此,永远不会停止在一个水平上。因此,人类总得不断地总结经验,有所发现,有所发明,有所创造,有所前进。"人类的发展就是在人类不断地创造中实现的。人类社会进步史和科学技术发展史表明,任何进步和发展都离不开发现和创造。无论是人类的学习还是学生的学习,最重要的是发现和创造。只有能够发现和创造,才能推动社会进步和科技发展。基于这样的认识,龚春燕开始调整研究的思路。在翻阅大量中外资料的过程中,他读到了国际著名的学术团体罗马俱乐部成员撰写的一份报告《学无止境》。该报告认为:传统的学习是维持性学习,学习者从中获取的只是固定不变的见解、观点、方法和规则,目的是应付已知的、重复发生的情况,增长学习者解决既定问题的能力,从而达到维持现在社会制度和现在生活方式的目的;而创新性学习是一种能带来变化、更新、重组和重新提出问题的学习形式,能使个人和社会在创新变革中具有应付能力和对突变提前做好准备,是解决个人和社会问题的重要手段。《学无止境》的报告给了他重要启示,使他逐渐明晰了"创新学习"的研究方向,并设计了实验方案,组织实验研究。同时,进一步对这一课题加以论证,以回答某些同行提出的质疑和问难。这些质疑和问难,既有理论上的,又有实践上的。例如,接受性学习尚未很好解决,还想什么"创新"学习?什么是创新学习?怎样在实践中操作?创新和创造又是什么关系?中小学生能够创新吗?这些质疑和问难并没有使龚先生却步或停下来。他把这看作给他提供的研究课题,推动他进一步深入探索。

正在他困惑和求索的 1998 年,江泽民同志发表了一系列关于"创新"的论述。江泽民同志在中国科学院第九次院士大会和中国工程院第四次院士大会讲话时指出:"迎接未来科学技术的挑战,最重要的是坚持创新,勇于创新。我说过创新是一个民族进步的灵魂,是一个国家兴旺发达的不竭动力。今天我还要说,科技创新已越来越成为当今社会生产力解放的重要基础和标志。"江泽民同志关于创新的深刻论述不仅增强了他研究创新学习的信心,也鼓舞了他的勇气。从此,他一发不可收拾地沉浸在创新学习的研究之中。龚春燕先生是国内第一个倡导创新学习的青年学者。有些电台、电视台、报纸的记者采访他时,几乎都提出过一个共同的问题:"你怎么想到提出'创新学习'这一教育理念的?"他也采用同样的话来回答:"这既有必然性,也有偶然性。其必然，我一直在学习科学这一领域研究，十几年来，从'八五'到'九五'都承担全国的学习科学研究课题。其间做过大量的调查，阅读了上千万字的著作，分析过数万个学习个案，统计处理了无数的数据，得到一个结论：要提高学习的效果与效率，必须从理论和实践上研究学习的动力，而创新是学习重要的动力源泉。而在今天，要创建学习化社会，实现快乐学习的目标，创新学习显得尤为重要。说其偶然，是创新学习的提出恰好与时代发展相吻合。"江泽民同志1998年5月以后多次提出创新，由此，社会上各行业都把创新作为部门工作的指导思想。也由此，创新学习受到国家教育部、中共重庆市委、重庆市人大、重庆市政府、重庆市政协及各省市媒体的关注。"创新学习揭开了教育改革的新篇章，它冲破了传统的重教轻学的樊笼，把学习的主动权回归给学生，而且鼓励学生在学习中不拘泥书本，不迷信权威，不依循常规，要大胆探索，独立思考，敢于质疑、问难，推陈出新。这一符合现代教育改革要求、符合学习规律的主张受到关注是必然的。"

《人民教育》编辑部副总编辑翟福英一行三人到重庆经过为期一周的考察之后，在2000年3期《人民教育》上以醒目的标题《创新学习：21世纪的学习观》，刊发了重庆开展创新学习研究与实验的长文和龚春燕同志的研究情况。同期刊发了一则"启事"，支持重庆为宣传与推广创新学习而举办大型学术报告与研讨活动。5月，"全国创新学习学术报告暨研讨会"如期召开，来自全国28个省、市、自治区的代表达5 000余人。原教育部部长助理、基础教育司李连宁司长和《人民教育》傅国亮总编辑莅临大会并做报告。李连宁司长在报告中指出："创新学习研究意义重大，是推进素质教育的切入点。"傅国亮总编强调："创新学习是全国教育领域内改革的一面旗帜。在理论上解决了教育创新的途径，在实践上回答了如何培养学生的创新精神和实践能力。"他也对倡导创新学习的龚春燕先生给予了极高评价："春燕同志是有思想也很勤奋的年轻人，在治学上，他能熔传统与现代、感性与理性、科学与艺术于一炉。创新学习是对人的本质潜能充分开发的研究成果。"为了推进创新学习的研究与实验，2000年第8期的《人民教育》集中篇幅刊登了重庆市创新学习实验的理论探索与实践经验的配套文章，共7万余字。《人民教育》从2001年第1期到2002年第12期用两年时间开辟专栏，发表全国各地创新学习研究成果。2001年5月，创新学习研究的阶段成果通过了以北京师范大学原党委书记、博士生导师周之良教授为组长，原西南师范大学校长、博士生导师宋乃庆教授为副组长，全国教育科学规划办公室常务副主任金宝成研究员，华东师范大学教科院副院长、博士生导师熊川武教授，原西南师范大学教科所所长、博士生导师张大均教授，中国高等教育学会学术委员会秘书长张笛梅教授，中国学习科学学会副会长董国华教授，重庆师范大学副校长黄翔教授，重庆市教科院院长万明春教授，共9位知名专家为成员的专家鉴定组的鉴定。评价意见中说："重庆市创新学习研究，起步早，规模大，成果丰，已在全国产生了广泛影响。""对创新学习主研人员探索的勇气给予充分肯定。""十五"期间，这一课题不仅立项为全国教育科学的"十五"课题，而且成为联合国教科文组织的研究项目。目前，全国从幼儿园到大学，已有近千所学校参与该课题研究，形成了我国教育科研史上前所未有的庞大的子课题群。从此，龚春燕先生主持的创新学习研究与实验这一课题，就像钻向蓝天的白杨，挺立在教育科研领域，令众人瞩目。

结满枝头的硕果

从学习指导这棵破土而出的小草，到创新学习这棵钻向蓝天的白杨，龚先生以其勤奋、执着、勇于探索的精神取得了一项又一项研究成果，可谓繁花满树果满枝。龚春燕先生的全部著述，累计达500万余字。浩瀚的著述中贯穿着一条鲜明的主线，那就是所有的著述基本上都围绕着学习科学这一领域而展开。无论是专著还是论文，无论是理论研究还是实践探索，无论是面向教师还是面向学生，都是讨论"有效学习"这一主题。而这一主题也正是课题研究的内容。

作为主研究人员，十多年来，他先后承担国家教育"八五"规划重点课题"学生学习现状调查与学习指导研究"，"九五"规划重点课题"义务教育阶段学生学会学习研究"，"九五"规划青年课题"学生学习负担量调查和软件设计"，四川省教改科研重点课题"学生学习现状研究"，重庆市科委课题"学生学习质量监测系统研究"，重庆市教委重点课题"学生学习矫正及分类指导研究"，重庆市教委重点课题"创新学习理论与实践研究"，重庆市哲学社会科学重点课题"深化创新学习，打造创新重庆战略研究"，全国教育科学"十五"规划及联合国教科文组织研究项目"创新学习研究与实验"。上述课题总体上包括学习的现状研究、指导研究、创新研究三大层面的研究，从中明显地体现出研究内容的深化、研究水平的提升和研究方向的前沿化。总计著作28种，由红旗出版社、科学技术出版社、国际文化出版公司等十余家出版社出版。论文 50 余篇，由 26 家杂志社发表。作为龚先生学习科学研究的主干，除《创新学习论》这一奠基性专著外，并由此生发出《创新学习：21 世纪的学习观》《创新教学：21 世纪的教学观》《创新学习：学习方式的革命》《创新学习：新课程下的学习观》等系列专著。

除了专著外，龚先生就创新学习研究的若干具体问题撰写了系列论文：《创新学习的关键：学会提问》《开展创新学习的有效途径：学生"小课题"实验》《创新学习的研究模式》《创新学习的方法》《创新学习与校外环境》《终身学习的关键：学会创新》《创新学习评价研究》等，并在境内外学术刊物上正式发表。围绕着创新学习的研究，龚先生还对在改革中创新的国内著名教学流派的代表人物做了深入研究，出版了《魏书生与六步教学法》《魏书生教书育人艺术》《顾泠沅与青浦实验》等。

在对学生的学习指导方面，先后出版了《小学生学习 ABC》《初中生学习指导》《高中生学习指导》《小学生创新学习指导》《初中生创新学习指导》《学生学习 600 法》以及近三年实验学校广泛使用的《创新学习》系列教材（3～8 年级，共 24 册）等。此外，对"目标教学理论""掌握学习理论"等与学习科学相关的理论也进行了重点研究，吸取其理论的精髓。

在进行学习与创新的理论与实践研究的同时，为指导参与实践的中小学教师有效地开导研究，龚先生还主编了《中小学教育科研方法》，以提高中小学教师的研究能力，提高其研究的科学性，更有尝试地总结和概括其实验成果。龚先生的此项实验研究课题兼顾了管、教、学三个层面，给予扎实有效的指导，既有理论上的，又有操作上的。为了推动创新学习的研究，龚先生创办了《创新学习》杂志双月刊。在重庆市政府和教委的支持下，还建立了创新学习网站。聘请美国、英国、新加坡以及中国港台地区和内地知名创新专家，组建了创新学习专家指导委员会，选编、介绍并出版创新学习最新研究成果，为创新学习研究与实践的专业工作者和一线教师搭建展示创造性平台。已出版的境内文集有：《创新学习理论与实践》《小学课堂教学模式研究》《中学课堂教学模式研究》《基于新时代的现代化学习》《学习与创新》《创新学习求索》《创新学习实践探索》。境外著述有台湾陈龙安教授的《启发学生创造力策略》《学生脑力开发策略》《创造思考教学策略》，美国帕仑斯（Parnes）的《创造训练手册》等。龚先生在不太长的工作时间内之所以能取得如此令人惊叹的成果，主要在于龚先生的勤、思、创的治学风格。

首先是勤于学习。与一般中青年相比，龚先生唯一的爱好是读书。勤于读书，学习古今中外的名家名著，取其精华，为我所用。如果翻开龚先生的《创新学习论》一书，其书后所列主要参考文献达80种之多，可见其广搜博采之功。没有这样深厚的文化与专业底蕴是很难开展研究的。

其次是善于思索。龚先生的著述都是针对当今教育改革与发展的重大问题有感而发的。从中国教育改革与发展的实际出发，他以其透彻的洞察力和深邃的思考为基点，总揽全局，抓住改革与发展的制约性问题加以研究。这些年，他思考最多的两大问题就是教与学、接受学习与创新学习的问题。而这正是教育的两大根本规律性问题。无论是立足于教学的内部关系，还是牵涉到教学与时代的外部关系，就前者说，以学生为主、以学为本，都是矛盾的主要方面；就后者而言，以发展为主、以创新为本，也是矛盾的主要方面。教学的改革与发展，只有抓住主要矛盾和矛盾的主要方面，才能顺利切入和有重大突破，龚先生正是这样思考并付诸实践的。

最后是勇于创新。学习引发思考，思考引发创新，这是治学规律。仅有思考所得的结论，而没有付诸行动的大胆创新，那种思考再深也只是停留在认识层面上。龚先生的特点是想到哪里就做到哪里，无论是接受性的学习指导，还是创新学习指导，龚先生都是以课题为依托，从现状调查入手，组织大规模的实验研究，在实验研究的基础上，总结实践经验，概括其规律，升华为理论，再以其所得理论进行推广性实验研究。调查—实验—推广，这是龚先生致力于创新的基本模式。他把创新建立在坚实的实践基础上，而不是建立在单纯的理论推演上，因而就容易在教学实践中生根，并使理论之源永不枯竭。可见，治学目标决定着研究的成果。

流香溢彩天地间

是花，就要飘香。创新学习就像教育科研园地的一朵绽放的蓓蕾，正流香溢于天地之间。

由于创新学习研究取得了丰硕成果，加之国内以《人民教育》为先导的众多媒体多次连续报道，此项研究与实验得到了全国广大教育工作者的响应，树起了创新学习的品牌，促使重庆教育走向全国，在全国产生了积极的影响。龚春燕先生和实验学校先后接待了来自北京、天津、江苏、四川、黑龙江、辽宁、吉林、内蒙古、湖北、河北、陕西、山东、新疆等22个省、市、自治区的100余个考察学习团。他们在实地考察后，深有感触地说："创新学习研究意义重大，创新学习是推进素质教育的重要举措，创新学习具有可操作性，创新学习已成为当前全国教育改革的一面旗帜。"广西贵港市政府一位领导说："重庆创新学习研究进入了全国教育科研的先进行列，为我们西部教育的崛起树立了典型。"北京东城区教科研中心分两次组织全中心教研人员47人来重庆考察创新学习。教育专家、东城区教科研中心孟主任说："重庆创新学习名不虚传，我们回去以后，认真学习，有计划地推广创新学习研究成果。"他们还亲自到四所实验学校听课，与教师座谈。孟主任意味深长地说："重庆的创新学习实验是真抓实干，你们的成绩是干出来的。"在工作和接待考察的间隙，龚先生还应邀到各地做学术报告。他先后应31个省、市、自治区邀请，为当地做创新学习学术报告300余场，直接培训教师超过30万人次，受到与会者的普遍欢迎，对推动教育改革产生积极影响。

由于创新学习的研究成果受中国香港、台湾地区以及新加坡、美国等众多刊物的广泛介绍，中国教育科研网、中国教育信息网积极宣传，龚先生应香港学院、香港教育工作者联会、香港创新教学研究会，台湾师范大学、台湾逢甲大学、台北市教育局、台北市教研中心、美国联邦教育科学研究院和美国教育研究会的邀请，多次前往境外讲学，并有多篇论文在当地学术刊物上发表，产生了深远的影响。"创新学习研究与实验"课题通过联合国教科文组织的审定，成为联合国教科文组织的研究项目。这在基础教育领域是非常罕见的。2002年12月，国家教育部、国务院港澳事务办公室、国务院台湾事务办公室在人民大会堂召开"华夏园丁大联欢——创新论坛"，龚先生作为内地唯一的专家，向大会做专题报告。2003年4月、7月，2004年2月，他分别应美国联邦教育科学研究院、澳大利亚皇家墨尔本理工大学教育文化学院、英国伦敦大学教育学院、美国教育研究会的邀请，参加"2003国际教育发展大会""2004国际教育发展大会""全球第九届学习大会""全球第十届学习大会"，向大会做"创新学习策略与方法""创新学习：学生创新思维培养新途径""创新学习研究与发展""创新学习评价四边形理论"等专题报告，得到几十个国家与会代表的好评。由此，使创新学习走向了国际。美国印第安纳州玻尔大学心理学教授、博士生导师、国际著名创造学家郭有迁博士说："在香港，我听了创新学习报告，有点怀疑，但到了重庆，了解了学校的创新学习情况和听了老师的几节课后，才发现了创新学习的魅力所在。这样大规模的创新学习研究真了不起，在美国是不能想象的。"美国 NASA 科学家，查尔斯顿大学副校长、教授、博士生导师 Hakkila 博士在研究了龚先生的《创新学习论》一书后写道："龚春燕先生已经对西方教育中影响创造力和想象力培养的有利因素进行了深入研究，并思考了如何将之创造性地融入中国的教育体系中去，寻求新的、有利于中国教育体系和下一代教育的教育方法。龚先生具有极大的勇气和创造性的视角，并有了自己的理论，他以扎实的实验向世界宣布了创新学习。"

由于在创新学习研究领域的突出贡献，重庆市人民政府和全国一些研究机构、大专院校及境内外研究团体给予了龚春燕先生多项荣誉：特级教师、政协重庆市委员会委员、重庆市政协教科文卫体委员会委员、中国社会科学研究院研究生授课专家、全国学习科学研究会副会长兼秘书长、香港创新研究会名誉会长、北美华人教育发展研究协会理事等。多项成果荣获重庆市人民政府、重庆市教委、中央教育科学研究所、全国学术团体的一、二、三等奖，先后荣获"重庆市为'三个文明'做出突出贡献的先进个人""全国学习科学研究先进个人"称号。

"年华未老，青春仍在；回首过去，心潮澎湃；展望未来，豪情满怀。"这是龚春燕先生的自我表白。的确，未来的他，有许多路要走；现在的他，有许多事要干。志存高远而又默默耕耘，老老实实而又清心寡欲；扎根于教育科研园地，而不奢求追名逐利，这是他的自我价值观。在科研工作中，不断创造新成果，这是他追求的人生目标。他曾以"小草"自喻，祝愿他永远快乐地吟唱《小草》，谦虚而又实在地走好未来的人生道路。

（作者系全国学习科学研究会原副会长、教授）

十、创新学习：学习科学研究的新领域

李如密

随着科学技术的突飞猛进和知识经济的迅速兴起，创新人才的培养显得越来越迫切，创新学习已成为教育科学和学习科学研究的重要课题。新近由红旗出版社出版发行的龚春燕等同志主编的《创新学习论》就是着力探讨这一课题而取得的重要成果。

通读全书，发现它具有以下几个突出特点。

观点新颖。作者大胆立论，勇于创新，表现出可贵的学术勇气。对于学术界提出不久、尚无定论的创新学习，该书就给予了尝试性界定："所谓创新学习，指的是学习者在学习知识的过程中，不拘泥于书本，不迷信权威，不依循常规，而以已有的知识为基础结合当前的实践，独立思考，大胆探索，积极提出自己的新思想、新观点、新思路、新设计、新意图、新途径，标新立异，别出心裁。"并且进一步强调指出，这里的"新"不仅指新发现，也指新发展。因为不可能每个人都能揭示新的原理，发现新的方法，只要把人们已揭示的原理和发现的方法应用于不同的问题上，就是一种创新学习。该书中的许多观点新颖而稳妥，对大家从理论上更好地认识创新学习提供了有益的帮助。

可操作性强。该书在实践经验的基础上为人们进行创新学习提供了许多既有科学依据又具体可行的方法模式。例如，书中主要根据近年来认知心理学、学习科学、脑科学、生物节律学等实验研究成果，经过归纳总结，给读者推荐介绍了像自我调控创新学习方法、自我暗示创新学习方法、知识分类创新学习方法、问题解决创新学习方法、全脑协同创新学习方法、适应节律创新学习方法等几种收效显著的创新学习的一般方法。

可读性强。该书每章的开头都设计了一段精彩优美、蕴含激情、发人深思的导读文字，有效地增强了这本学术著作的可读性。该书第三章"创新学习方法论"的导言是这样写的："学习是一种快乐，创新是一种享受。"创新，已成为当今世界关注的焦点。创新，不是一蹴而就的，需要学习者有创新的方法，例如，头脑风暴法、逆向构思法……也需要创新的技巧，做生活中的有心人——时刻准备迎接新发现，充分联想——走进神话，旧成分新组合——巧思出智慧……在每章导读之后，还精心设计了一页引导读者深入思考的问题，亦让人耳目一新。这似乎也可以看作学术著作写作形式的一种创新。

（作者系南京师范大学教育科学学院教授、博士生导师）

十一、创新学习：新时期学习方式的变革

谢国生

21 世纪是一个学习化的信息时代。学习成为人可持续发展、终身发展的最基本、最重要、最根本的途径。人和动物的学习有本质上的区别：动物的学习是物种本能的自然反应；而人的学习具有主体性、社会性和创造性。正是由于人的学习具有上述特质，整个自然、社会和人类才可以像今天那样持续地不断发展和前进。

"创新"（Innovation），意思是"更新、制造新的东西或改变"。"创新"作为一种理论被研究和运用是 20 世纪初的事，是奥地利经济学家熊彼特在 1912 年出版的《经济发展理论》一书中从技术发展与应用这一角度提出来的。在该书中，熊彼特提出了"创新理论"。他认为，"创新"是指建立一种新的生产函数或供应函数，是在生产体系中引进一种生产要素和生产条件的新组合；经济发展是来自内部自身创造性的一种变动。熊彼特进一步指出：所谓创新，是指新的或重新组合的或再次发现的知识被引进经济领域的过程。熊彼特的这种观点和理论对今天我们实施创新教育与创新学习仍然具有现实意义。

21 世纪，创新人才辈出。重庆市创新学习研究中心主任、年轻的学者龚春燕同志于 1998 年提出了为全国广大教育工作者认可的、具有创新意义的"创新学习"的新理念。他以全新的视角，站在时代的高度，以全面推进素质教育为切入点，开展了理论的探索、实践的创新，取得了令人瞩目的成绩。

龚春燕同志主持的联合国教科文组织研究项目、全国教育科学"十五"规划课题"创新学习研究与实验"及撰写的多篇论文、多部论著具有如下鲜明特点。

（一）观点新

"创新学习"是一个新的教育理念，是新时期学习方式的变革，也与当前新一轮

基础教育改革所提倡的自主学习、合作学习、探究性学习方式相吻合。特别是书中提出的"创新学习内涵的界定""创新学习的五大方法：自主学习法、问题学习法、开放学习法、案例学习法、课题学习法""创新学习的策略""创新学习的课堂""教为主导、学为主体、疑为主轴、动为主线的'四主'教学原则"等，具有新颖性、时代性、前瞻性及创造性。

（二）体系新

龚春燕同志所著的《创新学习：学习方式的革命》一书分 12 个专题。它系统全面地阐述了创新学习的内涵、特征、理论基础、原则、方法、策略以及创新学习的课堂、环境等诸多方面。理论翔实，方法科学，体系严谨，环环相扣，构建了丰富、完整的创新学习理论与操作体系，值得赞许和推广。

（三）影响大

龚春燕同志连续发表了《创新学习：21 世纪学习观》(《人民教育》2000 年第 3 期) 等多篇论文，出版了专著《创新学习论》(1999 年)、《创新学习：学习方式的革命》(2002 年)，并组建了"创新学习"课题组，在重庆乃至全国 20 多个省（市、自治区）开展了教学改革的试验。《人民教育》《中国教育报》、中国教育电视台及其他多家新闻媒体也做了宣传和报道，引起了广大中小学教师的广泛关注和好评。龚春燕同志本人还身体力行，不辞劳苦地到全国各省（市、自治区）做创新学习的学术报告，组织创新学习的现场课、观摩课，所到之处受到热烈的欢迎。他几次来到广州讲学，并到学校听课，和教师座谈，与会代表和学校教师非常欢迎。有如此多个团体、组织和个人，有如此多教育实践工作者热衷于"创新学习"的研究，可见此课题研究意义之重大及龚春燕同志学术研究功底之深厚。

总之，我认为龚春燕同志及其课题组提出的一系列"创新学习的理论与实践"意义重大，理论新颖，体系严谨，实践证明它具有广泛的应用价值，为当前全面推进素质教育和基础教育的改革起了卓有成效的推动作用，做出了新的贡献。

（作者系广州市教委现代教育科学研究中心原主任，

广州市特级教师协会理事长）

十二、山还是山，水还是水

——龚春燕主任在新疆

蔡泽才

据说，佛家悟禅有三个境界：山是山，水是水；山不是山，水不是水；山还是山，水还是水。做人大抵也是一样。

山还是山，水还是水。这就是龚春燕主任留给新疆广大教育工作者的印象。

龚春燕主任担任全国学习科学研究会副会长兼秘书长、中国社会科学院研究生院特聘教授、香港教育工作者联会名誉会长、北美华人国际教育发展研究协会理事、全国创新学习研究中心主任……单凭龚老师这些头衔，就不能不令人顿生敬意。

然而，了解龚主任的人都说他没有一点名人的架子，而不了解龚主任的人都说他一点也不像个名人。他真诚、质朴，不装腔、不作势，即使在最普通的人面前也不会表现出一丝丝"大人物"的矜持。谦虚、热忱、平易、厚道，这些东方人最美好的品质，在他身上既集中体现又自然流露。

他几次来到新疆，每次都给我们广大教师留下了深刻的印象。

2003 年，是新疆乌鲁木齐市基础教育历史上极不平凡的一年，乌鲁木齐市教育局将这一年定为"教育科研年"。有心人都能理解教育局领导的良苦用意。2002 年年末，龚春燕主任的新疆之行，给乌鲁木齐的"教育科研年"增添了一笔浓重的色彩。

2003 年 12 月 1 日，龚主任应乌鲁木齐第八中学之邀，来新疆讲学。

他带来了联合国教科文组织给乌鲁木齐八中、十一中、四中颁发的"创新学习研究与实验"项目课题牌匾以及有关研究项目的大量资料。由于龚主任学术工作日程安排紧密，他只能在乌鲁木齐停留 3 天。

新疆地处祖国西部边陲，这里特产丰富，是世界著名的石油之乡、煤炭之乡、玉石之乡、瓜果之乡……吐鲁番的葡萄、哈密的瓜、库尔勒的香梨、阿图什的石榴闻名遐迩。新疆是著名的旅游胜地。到帕米尔高原攀登冰山，去天池领略雪域美景，去赛里木湖、喀纳斯湖寻幽探秘，深入沙漠探险考古，去吐鲁番体验火焰山的炽烈，在千里胡杨林感受生命的不朽……这些令多少中外游客流连忘返。新疆人的好客、热情是出了名的，更何况龚主任是乌鲁木齐教育界请来的贵宾。乌鲁木齐的教育同人忘不了的是龚主任帮助新疆教育科研第一次步入学习科学领域，又是在龚主任的热情鼓励和帮助下，乌鲁木齐基础教育科研正式纳入联合国教科文组织的研究项目。难怪有的学校领导把车开到了龚主任的住所，想请他到各旅游点看看；也难怪有许多老师想把一袋袋土特产送到龚主任的手上……然而，龚主任离开新疆时，依旧是手提电脑一个、手提袋一只。龚主任说得好："教育形象不仅要体现在教育行政领导的公正为民、办老百姓满意的教育上，要体现在广大教师的敬业爱岗、献身教育上，还要体现在教育交流、教育科研的务本求实上……"

2003年12月1日下午4点，龚主任从太原抵达乌鲁木齐。下午6点30分，参加第八中学"教育科研开放月"开幕式，发表讲话。晚上，在下榻寓所与新疆学习科学学会、第八中学领导以及"创新学习研究与实验"子课题组负责教师交流，并布置下一年的研究工作目标和任务。

12月2日上午，到乌鲁木齐第十一中学检查、指导课题研究工作，听课并评课。下午，到第四中学检查课题研究运作情况。晚上，与乌鲁木齐地区青年教师座谈，指导创新学习课堂教学。

12月3日上午，为乌鲁木齐市"教育科研活动月"做专题学术报告，主题是"创新学习与案例研究"。下午，离开乌鲁木齐。

龚主任的学术讲座融创新的理念、严谨的品质、典型生动的案例于一体。老师们听了以后都有如饮甘露的畅快，能理解、能感悟、能应用、能升华，使我们的课题探究思路豁然开朗。乌鲁木齐第八中学闫立晋校长说："听龚主任的学术报告真是舒畅。他将创新学习的理论与方法寓于一个个生动、翔实的案例，时而高屋建瓴，引人深思，时而朴素晓畅，与听课者交流互动。他的学术讲座就是值得我们好好琢磨的创新学习课堂案例。"乌鲁木齐第十一中学李志贵校长说："龚主任的新疆之行，给我们留下的不仅仅是精彩的学术报告，更重要的是他务实、严谨的科研工作作风。他下学校调研，首先是走进课堂，走近教师……"乌鲁木齐第四中学校长娄大华说："这次龚主任来我校检查、指导课题研究工作，为我们提供了新的思路、新的方法，尤其是在结合区域特点开发校本课程方面，真的非常感谢龚主任对我们的指导和帮助。"

（作者系乌鲁木齐市第十一中学教师）

十三、创新学习：香港教改新领域

杨耀忠

"创新学习理论与实践国际学术研讨会"是创新教学工作者的一次盛会。来自美国、新加坡以及中国香港、澳门、台湾地区和大陆的学者、教师共 200 多人欢聚一堂，共同探讨创新学习的理论与实践，分享各地在创新学习方面所取得的成果和经验。中国学习科学学会十分重视此次研讨交流活动，组织了 30 人的代表团来港研讨交流，令研讨会生色不少。与会者提交的论文涉及创新学习的方方面面，既有理论研究，亦有具体学科如何进行创新教学的方法和技巧；既有大会宣读论文，亦有小组论文交流；既有教学工作坊，亦有教学示范课，内容丰富多彩，学术性与操作性并重，是近年来最具规模的创新学习研讨活动之一。我们还打算将这次研讨会论文结集出版，供更多的同人分享。

香港虽然培养出了崔琦、徐立之等世界级的科学家，但香港的基础教育和高等教育发展仍有相当多不尽如人意的地方。尤其是我们的教育长期以来受应试教育的束缚，过重地影响了学生创造能力的开发和培养。传媒宣传的焦点往往放在会考十个、九个状元上面，青少年创新活动未成气候，十分薄弱。例如，在 1997 年的一次国际数学及科学测验中，新加坡、韩国、日本及中国香港儿童的数学成绩分别高居世界第 1、2、3、4 位，英国在第 25 位，美国在第 28 位。然而，在较需要创意思维的科学测验中，新加坡学生在科学测验的成绩仍高居世界排行榜的榜首，而中国香港学生的成绩却远远落后于新加坡，仅占第 24 位。据一项调查研究表明，香港青少年对自身创造人格和创造力的评价均不如内地青少年；与内地学生比较，香港学生对有助于创造力培养的课外活动的参与程度明显偏低，获奖比例更远不及内地。教联会于 2001 年 11 月和内地同时进行的一项中小学生创造性调查问卷结果亦显示，小学生比中学生有较多创造性或创意。这说明我们的教育体制、升学考试制度束缚了学生创意的发挥。学生学习的经验越多，创意反而越来越少。这是值得我们深思并加以改革的。因此，创新学习是香港推进教育创新的重要举措。

香港要在 21 世纪发展成为一个类似于纽约、伦敦的国际大都会，一定要确保香港的人力资源是高素质和高创意的，香港的产品和服务是高增值和高竞争力的。否则，在激烈的竞争中，香港就要落后于人。因此，强化创新意识，开发创新能力，培养创新人才，应当成为 21 世纪香港教育改革的一曲主旋律。

虽然香港近年来开展了"校本创意思维培训计划""创意教学推广计划"，一些学校在教育基金的资助下亦做了一些有益的探索和尝试，但相比先进发达国家、邻近国家和地区以及中国内地，香港在推动创新学习的广度、深度和力度方面仍有很大的不足，落后于形势的要求，必须急起直追，花大气力抓好创新学习。

这是一次难得的学习机会。各地的创新学习有不少都走在香港前面，其宝贵经验值得香港教育界学习和借鉴。相信这次研讨会将对香港的教育改革产生良性的推动作用。我希望在教育界和社会各界人士的共同努力下，创新学习可以在香港不断生根、开花，并结出丰硕的果实。

（作者系香港教育工作者联会会长，香港议会教育委员会主席）

十四、创新学习研究意义重大

潘忠诚

踏入 21 世纪，世界瞬息万变，新科技、新概念不断涌现。知识型的社会已成为世界发展的主流，知识的创造、更新及应用成为个人成功和社会发展的关键因素。单靠传统智慧已不足够，我们必须与时俱进，时刻保持警觉，留意身边发生的事情，并经常怀着好奇的睿智，不断探求新的知识。终身学习已是世界教育发展的一大趋势，而创新学习就是我们处于知识日新月异的社会的必备条件。

创新学习的目的在培养学习者创新的意识和思维，并协助学习者掌握创新的方法及能力。所谓"新"，可以是个人对事物的理解的提升，亦可以是与别人不一样的见解。创新学习着重让学习者在已有的知识基础上，经过新经验的提取、内化、组合和探索，从而建构新的知识和能力，提高自己的素质。这对学生处于知识型社会尤为重要，因为知识的半衰期越来越短。今日学生在学校所学得的知识，未必足以应付将来工作上的需要，所以，他必须透过其他学习局面吸取经验，加强自己的共通能力，才能掌握新的知识和技巧。

传统的教育制度深受"考试主导"的影响，强调对学生进行知识的传授。在整个学习过程中，学生被动地接受知识，故未能引发内在的学习动机。教师注重知识传授，轻视学生创新能力的培养。学生不是真正的学习主体，培养出来的人才只习惯按常规办事，只善于模仿和继承。这样的教育实在不利于培养具有独立思考能力、富有创意而又能灵活变通的21世纪优秀人才。

创新学习则在注重知识传授的同时，强调教师把学生的学习作为主体。"学习者为本"（Learner-centred）着重学习的过程，以培养学生终身学习的能力和兴趣为目标。教师不只是知识的传播者，而且是教学的组织者、指导者、引导者。创新学习着重在教学过程中学生的反思，并培养他们的自学能力。创新学习的关键是培养学生创新学习理念，即创新动机：主动、不断探索、敢于创新、勇于探求学问。

教师如何才能使学生主动学习呢？

首先，要提起学生的学习兴趣，激发他们的求知欲，要设法令他们从学习中得到乐趣，使他们在过程中感受到成功的喜悦。科学研究证明，人是具有多元智能的，每个学生都是独特的，教育必须顾及学生的能力差异。课程要多元化，学习内容和活动范围要广阔，学习进度要有弹性，教学方法要灵活，避免令学生有挫败感。我们要让学生尝到成功的滋味，从而提升他们的学习兴趣和加强他们学习的原动力。因此，为鼓励学生主动学习，教师在教学过程中需要充分尊重学生，积极创造适合学生创新学习的环境，令每一个同学都得到适当的鼓励和指导，树立他们的信心，从而协助每个学生发展他们独特的潜能。

其次，除了动机外，学生还需要有创新的能力，尤其是自省能力及研习能力，并进行高层次的思考。通过自我反思，建构新知识，从新的角度看事物。

香港特别行政区政府自成立以来，一直以提升教育的素质为施政重点。为确保香港不会在全球化的知识型经济中失去优势，特区政府已将教育列为首要工作，全力改善教育的素质，以保持竞争力，实现香港作为知识型国际大都会的理想。目前，香港的教育改革正进行得如火如荼。教育的目标不再是传统地灌输知识，更重要的是培养学生自学的兴趣和能力，让他们"学会学习"。而教育改革的最终目的，正是要培养学生重分析、会思考、能自学、肯承担、敢创新，即"乐于学习，善于沟通，勇于承担，敢于创新"。

学习的方向和理论确立后，实践才是真正的考验。我们推行的课程改革，就是以"学会学习"为中心，强调学生应掌握九种共通能力，即协作能力、沟通能力、创造力、批判性思考能力、应用资讯科技能力、运算能力、解决问题能力、自我管理能力和研习能力。我们推行四个关键项目，即德育及公民教育、从阅读中学习、专题研习及资讯科技的应用，务必使学生掌握这九种共通能力，以提升其学习能力。

我们更致力推动"全方位学习"，营造开放型的学习环境，开拓更广阔的学习空间，引入多元化的学习模式、课程内容及评估方法。因此，学习并不局限于课堂。我们鼓励学校为学生提供建构知识的环境，更多"跑出课堂"的学习机会以支持全方位学习，将社会资源引进学校，透过各类型的活动，例如，探访及社区服务，以扩展学生的学习经历，使学生视学习为一种乐趣及享受。学生通过亲身体验，发展认识能力，能更有效地吸收、处理及创造知识。

要达到创新学习的目标，教育功能需要重新定位，即由"学知识"的教育向"学会学习"的教育的转变。因此，创新学习不仅是教育制度上的改变，教学方法上的改革，或教学内容上的增减，更是教学价值观的改变。创新学习能否成功实践，关键就在于教育工作者能否抱着开放的态度，是否愿意打破人固有的思想框框，改变过于偏重知识传授的教学模式，转为着重培养学生的创新思维。

创新学习意义重大。我很高兴这个研讨会有来自不同地方的学者和教育工作者在"创新学习"这个主题上和我们分享研究与实践的经验和成果。我深切希望各位珍惜这个研讨会宝贵的机会，吸取其他地方在创新学习上的研究结果及实践经验，集思广益。让我们协助学生发挥潜能，鼓励他们敢于创新，实践终身学习和全人教育的目标！

（作者系香港教育统筹局原首席助理秘书长）

十五、创新学习影响巨大

陈龙安

社会的变迁日新月异。我们不能用过去所学的，教现在的孩子去适应未来的生活。这也就是为什么"创新学习"成为当今世界各国教育改革的趋势的最大理由。

二十几年来，我一直致力于创造力的研究与教学。我写的一本书《创造思考教学的理论与实际》的自序提道："一个人的生命有限，知识是浩瀚无涯！如果能穷毕生之力量，专注于某一个领域，资料收集得比别人多，看的、想的比别人多，研究也比别人深入，而又有自己一套的人，就会成为这方面的专家。"2000 年 5 月，内地青年学者、中国学习科学学会副秘书长、重庆市创新学习研究中心主任龚春燕老师读到了我的这本书，把他的著作《创新学习论》寄给我，但是很遗憾，我没收到。隔了一年，龚春燕先生应逢甲大学校长刘安之教授的邀请，出席"2001 终身学习国际学术研讨会"，与会议联络组再次打探我的电话及邮箱地址，又及时与我联系。可不知怎么回事，我仍没有收到。2001 年 10 月，逢甲大学谢慧贞小姐再次与龚先生联系，告知我秘书的一个电话，终于联系上了。我们海峡两岸研究同一方向的两位教育工作者终于联系在了一起。龚老师再次给我寄来了《创新学习论》及他近期发表的一系列论文、课题研究的成果和学生使用的创新学习实验教材，我拜读后深受感动。龚老师就是在这个领域研究颇深、成果甚丰的学者。他所研究的课题是一项意义重大、很有前瞻性的项目，也是教育改革的重要指标。在这方面，如我开篇所说，多年在一个领域研究，就成了这方面的专家。今天再细读龚老师的近作《创新学习：学习方式的革命》，它有如下特点。

（一）观点新颖

创新学习是一个新的学习理念，作者认为是学习者学习方式的革命，我很赞同。综观全书，观点新颖："创新学习指的是学习者在学习过程中，不拘泥于书本，不迷信权威，不依循常规，而是用已有的知识为基础，结合当前的实践，独立思考，大胆探索，别出心裁，积极提出自己的新思想、新观点、新思路、新设计、新意图、新途径、新方法、新点子……的学习活动。"教师传道授业解惑是一个方面，但更重要的是教师是学生学习活动的组织者、引导者。""学习要从学会到会学再到创新学。""创新学习是学会学习的目的。""教为主导、学为主体、疑为主轴、动为主线的'四为主'教学原则。"……处处是闪光点，处处是作者新奇的观点。

（二）体系完整

全书共 12 个专题，从创新学习的内涵、创新学习的特征、创新学习的理论基础、创新学习的相关因素、创新学习的原则，到创新学习的方法、创新学习的思维、创新学习的策略、创新学习的问题、创新学习的途径，再到创新学习的课堂、创新学习的环境，环环相扣，逻辑严密，构建起了较为完整的创新学习理论与操作体系。

（三）策略具体

创新学习，是一种全新的学习观，也存在着一些具体的方法与策略。作者构思的自主学习法、问题学习法、开放学习法、案例学习法、课题学习法及获取与联想策略、编码策略、搜集与重组策略等，操作性强，确实体现了创新。在内地的 22 个省、市的近 1 000 所实验学校得到验证。

（四）影响巨大

从龚老师的资料和一些内地学术刊物显示，创新学习已在内地众多省市实验研究 4 年多。中国教育部机关刊物《人民教育》进行了 13 次共 10 万字的报道，中国教育电视台、《中国教育报》、中国教育信息网及其他各省市媒体报道了 100 余次，已有 22 个省、市、自治区的 100 多个教育考察团到重庆实地察看，同时，香港教育界也在积极地参与研究。龚春燕老师还应邀在中国内地以及香港和台湾做学术报告 200 余场次，听众达 30 万人之多。最近，该项研究列入联合国教科文组织研究课题，他的研究成果更会向国际化迈进。

目前，启发学生创造力的教育已成为世界各国教育发展的趋势，我所创立的台北市立师范学院创造思考教育中心和龚春燕老师创立的重庆市（全国）创新学习研究，应该说有很多相同的研究领域。我们正在积极地整合，为两岸教育尤其是创新学习的发展做出贡献。

（作者系台北实践大学创造与思考研究所所长、教授、博士生导师，
"中华创造学研究会"理事长）

十六、"向世界宣布了创新学习"

Hakkila

在过去的 16 年里，我曾在美国多所大学担任物理学、天文学教授，而且是 NASA 的研究人员。可以说，我对学习的过程已是了解甚多。成长阶段的教育过程产生的强烈影响，对于外国学生来说尤其明显。在空间科学的研究中，我指导过、教过的许多大学生和研究生都来自于中国。在一些以规则为基础的学科（如数学、语言、逻辑和电学）上基础很好，但与他们的美国或欧洲同学相比，却普遍缺乏对问题解决的创造性。中国的教育体系和文化引导学生善于学习、运用规则，却很少教他们如何创造性地描述那些与规则相悖的事物。中国现行的教育体系似乎并没有很好地发展学生的想象力和创造力。

在龚春燕先生写《创新学习论》《创新学习：学习方式的革命》的过程中，我很荣幸地和他讨论了这些问题。在他的书中，龚先生提出要将中国的教育由一种"满足现状"的体系转变为以"创新学习"为基础的体系。龚春燕先生已经对西方教育中影响创造力和想象力培养的有利因素进行了深入的研究，并思考了如何将之创造性地融入中国的教育体系中去。他提出了许多激发学生学习主动性的方法，比如，头脑风暴法、动手实践和动机训练等，并建议大量运用班级讨论、班级会议的方法促使新观点的产生。

寻求新的、有利于中国教育体系和下一代教育的教育方法，龚春燕先生具有极大的勇气和创造性的视角。这种勇气甚至在书名中就很明显地表现了出来，因为他

选择了《创新学习论》《创新学习：学习方式的革命》，而不是《创新学习初探》。如果他靠近后者，那么来自反对派的批评会少得多。他选择了前者，就意味着他向世界宣布了创新学习，也表明了对于这一方法的大胆接受将是这一方法在中国成功的必要条件。

（作者系美国 NASA 科学家，查尔斯顿大学副校长、博士生导师、教授）

十七、创新教学的蓝图
——龚春燕的《创新学习：学习方式的革命》评价

苏启祯

2002 年 5 月，应香港教育工作者联会与香港教师中心的邀请，在"创新学习国际学术研讨会"上，我发表了有关创新教学的主题演讲"比喻：创意教学的一种技巧"。这次到香港，和朋友叙旧，也结交对创意教学有共同兴趣的新朋友。留给我印象最深刻的是重庆市教育科学研究院的龚春燕主任，而他的新著《创新学习：学习方式的革命》更使我叹羡不已。

假如我不是孤陋寡闻，对中国教育学者在创意教学的认识不足，我要承认的是，龚春燕先生的《创新学习：学习方式的革命》是我多年以来所读的有关创意的群书当中，最引我深思的一部。

该书的写述，秉承了中国教育学家的传统，讲求体系的建立，注重理论的推演，在必要处援引适当的实例佐证。虽然这本书的涵盖面巨大无比，但它的思路网络和课题发挥都能使人亦步亦趋，跟随作者一同探究，毫无在浩瀚中迷失方向的感觉。

该书先从创新学习的界定着手，带出创新学习的特征，进而充实以创新学习的哲学、教育学、心理学与脑科学的基础，以及各种与创新学习相关的因素，然后推演出创新学习的原则。这是非常富有逻辑性也非常科学化的动作方式，先帮读者对创新学习的理论根据做全方位的认识。

龚先生给创新学习所做的界定是：学习过程中，不拘泥于书本，不迷信权威，不依循常规，而以自己已有的知识为基础，结合当前的实践，独立思考，大胆探索，标新立异，别出心裁，积极提出自己的新思想、新观点、新思路、新设计、新意图、新途径、新方法的学习活动。

以这个定义为起点，龚春燕先生对创新学习和创新教学之间的关系做了很清楚的区别。他认为创意教学应该融入创新教学，成为后者的手段。这一看法和西方学者认为创新（innovation）的较低层次是创意（creativity）的看法，恰恰相反。谁是谁非，可能只因观点不同，可能只是同一概念用不同词语表达的结果。

但是，龚先生强调自主学习、问题学习、开放学习、案例学习、课题学习，点出了未来学生终身学习的需要和途径，并认为教育的最高目标在于培养创新人才。这个建议在目前的传统教育体系中可能一时还不能被全面认可进而付诸实践，但这也是最符合知识型社会的需求。

该书最先的五章着重理论的探讨、分析和推衍，以后的七章则以实践为主。创新学习的四个原则（动机性、差异性、开放性和实践性）被演化为方法与策略。如果前一部分吸引创意学者的注意，那么，后一部分是有意推行创新教学的教师会感兴趣的。

"创新学习的方法"（第六章）介绍了自主学习、问题学习、开放学习、案例学习和课题学习五种学习方法。其中，案例学习法是目前在管理学中非常通行的，而课题学习法则在中小学普遍使用。例如，新加坡中小学生每年都要完成至少一项专题作业，即课题作业，而专题作业是升入大学的必要条件之一。龚先生在这一章里列举重庆市一些中小学生的作品，将理论和现实结合，读来有很强的真实感。这些实例不但生动有趣，更重要的是，它们是如何将理论转化为实践的有效导引。

"创新学习的思维"（第七章）介绍批判思考、发散思考和聚合思考的步骤与过程。在研究的文献中，一般将批判思考和创意思考（包括发散思考和聚合思考）当作两个独立课题处理。

"创新学习与问题"（第九章）和"创新学习的环境"（第十二章）互相呼应，从个人（学生）和环境（课堂与学校）的立场，探讨有利于创新学习所必需的主观和客观条件，对教师和学校行政人员多有启示。"创新学习的途径"（第十章）先举出美国小课题实验的例子，再以中国本土例子探讨，兼顾科学与文化。这应当是一般教师最欢迎的部分，因为它们给教师介绍了实际的具体范例，让有意尝试创新教学的教师可以从模仿渐进，达到教师自己的创新。课堂气氛和课堂管理是教学的两个重要的相关课题，而这对创新教学的推行更是不可忽视，因为创新学习是"不拘泥于书本，不迷信权威，不依循常规"的学习方式，很容易被看作离经叛道，不守章法。这可能是传统教师和学校行政人员所不能容忍或不愿接受的。"创新学习的课堂"（第十一章）提出开放的和有心理安全的课堂，以及对学生提出的问题和他们的情感的对策，能帮助教师和行政人员调整对课堂秩序的态度，从而提供创新学习所需要的课堂和学校气氛。

总的说来，龚春燕先生的《创新学习：学习方式的革命》，从理论开始到原则的确立，再将原则转化为实践并以实际经验例证，一脉相承，逐步推衍，是一部思路缜密、写述严谨的难得好书。它既能引发创新（创意）学者的深思，又能开导有意创新教学的教师，充实他们的认识和巩固他们的信心。假以时日，该部书对创新教学的发展会有显著的贡献。由于他的逻辑系统化，如果说它可以当作创新教学今后发展的蓝图，应该不会言过其实。

（作者系新加坡南洋理工大学高级院士、国立教育学院教授）

十八、创新学习，国际瞩目

Soerbot

2002 年 7 月在北京举行的"全球第九届学习大会"上，我认识了龚春燕。会议期间，我们多次讨论，听龚先生的报告，我们在培养年轻人的终身学习能力及创造性的重要性方面有很多共同的想法与观点。

"创新学习研究与实验"这个由联合国教科文组织设立的令人激动的课题，在今天这个教改的时代具有重要的意义。国际教育者们已把重心放在了如何使学校和课堂更具有吸纳性、包容性和创造性方面，放在教师通过什么方式帮助学生发展学习能力，从而使学生成为学习中更积极的合作与创新者。最近对思维分类学的研究，增加了我们对发展学生技能、对学习类型的理解以及学习需要的重要性的理解。对于教材来讲，一个重要的角色就是要发展学生的元认知，即思考自己的思考过程。培养学生的元认知，对于促进学生成为独立的、自律的学习者这一目标非常重要。自律的学生能适应新的挑战环境，并对科技快速发展的 21 世纪做出敏捷的反应。他们能在自己的领域中，灵活应用并有创造性；他们能积极地、充满渴望地面对学习的机会，并能认识自己的学习，帮助和锻炼自己，达到目标。

创新学习课题的开展，将会改进教师的教学，提高教学能力，培养学生的创新性，从而对中国的素质教育做出巨大的贡献。

（作者系英国纽卡斯尔大学国际中心教育主任、教授）

十九、有境界，自成高格

胡　方

春华秋实，夏阳冬雪，根深几尺，叶发几度。毕业后在重庆市教育科学研究院工作的数年转瞬即逝。在这数年中，我有幸遇到龚春燕先生，并参加了他主持的创新学习课题研究。从工作的关系来讲，我是他的下属、助手，但是我更欣喜地发现，在"教育研究"这条没有止境的探索道路上，我遇到了一位多么难能可贵的良师益友，心甚谢之。

仍然记得 2000 年秋天，灿烂的日子、丰收的季节，梧桐正用它金黄的叶子摇醒天空。我则刚踏入工作岗位，在研究中如一只无头苍蝇，不知该从何入手。一个平常的下午，在下班的路上偶遇了龚先生，他正要去接待两位从天津来重庆学习"创新学习研究"经验的老师。一路上说起了不断发展中的创新学习课题和即将成立的创新学习研究中心，龚先生又忽然问我有没有兴趣参加创新学习课题的研究。这是一个令人欣喜的邀请，因为"大树底下好乘凉"的道理是世人皆知的。在以后的日子中，当我执笔撰写《创新学习中期研究报告》，面对着龚春燕先生和其他专家提出的数十条修改意见，数易其稿时；当我和课题组的研究人员一起反复讨论、修改课题研究计划、课题论证方案、课题成果资料时；当我接手"中小学师生创造性现状调查"的任务，面对堆积如山的数据时；当我们完成联合国教科文组织布置的研究任务后，翻出尘封的英语辞典，字斟句酌，挑灯夜战，以期按时优质完成翻译任务时；当我面对全市乃至全国数百所课题实验学校的种种管理任务时……我不禁怀疑自己到底是选择了一棵好乘凉的大树，还是上了一辆全速前进的战车，然而我也深知，正是这辆战车带着我——一个曾经在评课时支支吾吾、无话可说的旁观者，一个曾经对基础教育科研工作知之甚少的局外人，在教育科研的这片大草原上飞奔，鼓励我一次又一次张开疲惫的帆，不断地向前、向前，带着信心和勇气去追寻明天的太阳！

回首这几年的工作历程，真正是"忙并成长着"。在这一过程中，龚春燕先生以自己的一言一行给了我终身受用的启迪。

（一）执着的学术理想

现今的人，由于欲望太多，常常心浮气躁，埋头做学问的人少了，都恨不得一夜暴富，一蹴而就。像李白、杜甫那样一生就写诗，徐霞客那样一生就是行路，曹雪芹那样一生就想写好一部书，梅兰芳那样一生就想唱好一个"角"的人，真正有抱负、成事业的人寥寥无几。正是在这样一个浮躁的现实世界中，龚春燕先生仍然执着于自己的理想，尤其是学术理想，那就是真正达到陶行知先生曾说过的"人人是创造之人，时时是创造之时，处处是创造之处"的境界。2002 年，"创新学习研究与实验"课题成功申报为联合国教科文组织研究项目和全国教育科学"十五"规划课题。此时，龚春燕先生在"学习科学（对学生进行有效的学习指导）"的领域里耕耘研究已经有十余年，距他最早提出"创新学习"这一理念也有四年多。研究从来就不是一帆风顺的。在课题提出之初，有许多人对这一构想泼冷水。有的专家、学者认为"创新学习"提出的操作模式尚可，理论研究欠缺；也有人认为创新学习只对如何"创新地教"做了回答，归根结底，学生如何"创新地学"却比较模糊。还有，随着教育改革发展的形势变化，新课程改革成为所有教育工作者的首要任务，创新学习如何与之结合？怎样评价学生和教师的创新？诸多问题纷至沓来。光明使我们看见许多东西，也使我们看不见许多东西。假如没有黑夜，我们便看不见闪亮的星辰。因此，正是研究中的这许多困难和挫折，使龚春燕先生的意志更加坚定，学术思想更为成熟。我们已经看到他在 1998 年撰写的《创新学习论》的基础上，对创新学习的理论架构、学生创新学习的"思、问、动、创"模式、学生创新学习的方式等问题进行了新的、深入的思考，并于 2002 年拿出了《创新学习：学习方式的革命》等一系列新的研究成果。

在课题的实验中，我们同样面临着老师难以跳出原有的教学模式、不敢放手让学生创新等难题。因此，除了在书斋中的研究外，龚先生更拿出了相当多的精力投入到教学第一线，让创新的教育思想变成现实，而不是一纸空谈。他无数次地深入课堂听课，与老师们一起讨论诸如"为什么不把课堂还给学生""为什么不让学生自己提问""为什么不抓住孩子们闪光的奇思异想"等问题。往往是老师们在研究中感到彷徨、失望时，他娓娓地给大家讲一个个精彩的教育案例，深入浅出地分析创新学习的理论，将荧光点点般的启迪赠予大家。他更无数次地奔走于偏远的乡村，在破旧的教室中，激情勃发地开设讲座，将最新的教育思想、教育理论带给老师们。在那里，我仿佛听到了一支号角在奏响前进的乐章，唤起了更多的教师参与到创新学习的研究中，投身到教育改革的洪流中！

前几天，他又谈起想在重庆策划一个有世界各地的学习科学研究专家到会的"全球创新学习论坛"，把世界最先进的学习理论介绍给重庆乃至全国的教育工作者，将重庆乃至全国的学习科学研究成果推向国际。这是一个多么美好的设想，可谁也无法回避它在操作中的难度。但我相信，以他对学习科学研究执着的热情，他可以做得到。正如约瑟夫·基尔施纳曾说过的："如果你正在做一件事，就不应该再考虑其他事。如果你的手在这里，你的思想也应该同时在这里。如果开始行动，就不要迟疑。"龚春燕先生正是这样做的。

（二）迸发的学术灵感

妨碍我们思维发展的不是未知的东西，而往往是已有的知识框架。要敢于踏上前人的肩膀，才能摘下他们未曾摘下来的更丰硕的学术成果。这要求探索者的思路要散得开，敢于幻想，敢于假设，敢于寻觅，敢于提出新奇的问题，敢于建立惊人的假说、概念和理论体系，哪怕它极为幼稚甚至谬误百出。没有两千多年前古希腊的哲学家德谟克利特提出的幼稚可笑的原子概念，就没有今天的科学的原子、分子论。塞缪尔·亨廷顿曾经说过："如果一个学者没有什么新东西的话，他就应该保持沉默。对真理的探求与学术争论是一回事。"龚春燕先生正是一个在研究中敢于推陈出新、挑战自我、挑战权威的人。在研究的发展方向上，1998 年，龚春燕先生在全国率先提出了"创新学习"的理念，其后他又在创新学习五年研究的基础上，跳出教学改革与学生学习方式革命的现有框架，战略性地提出"打造创新重庆"的宏观的、全局性的研究思路，并于 2003 年成功申报为重庆市哲学社会科学重点课题。在研究的内容体系上，2000 年秋，他带领课题组研究人员奔赴上海，学习其时在全国方兴未艾的研究性学习，我们进大同、赴进才、学二中……在上海实施经验的基础上，结合创新学习的研究要求和重庆市在开展研究性学习中的资源特质，提出开展学生小课题研究，并组织精干力量在重庆率先推出了研究性学习的学生用书。又如，他创新地提出学生创新学习的"思、问、动、创"模式、创新学习评价的四边形理论等模式，无一不闪烁着智慧的火花，丰富和发展了创新学习的研究内涵。为了帮助老师们在教学中将学生的创新能力培养落到实处，他又深入研究了教学的每个微观环节。例如，在教学目标环节提出将"创新技能培养"列入其中，并创造性地将新课标提出的"知识与技能、过程与方法、情感与态度"进行了细分；在教学流程中创新地将"自学""问题"等环节单列，给予了学生自主思考、自我创新的时间和空间；要求教师备出教材中可能蕴藏的数个有利于学生创新的知识点。在课题的宣传方式上，除了有自己主办的《创新学习》杂志（教师用）、《创新学习报》（学生用），更连续两年在《人民教育》杂志上开设"创新学习"专栏，引起了全国各地教育工作者的关注。除了传统的媒介外，更利用网络时代的便捷条件，开设创新学习网站，及时传递、交流新的研究动态。他还在撰写理论著作之外，组织相关人员编写了电视片《创新学习——创新魂》（由重庆电视台录制）的脚本，以全新的方式将创新学习呈现在各界人士面前……他在研究中不断迸发的学术灵感像夜空中的星辰一样繁多，源源不断地降临和产生；又如同那不知疲倦的潮汐，永无休止地拍打着礁石之岸，令人为之赞叹。

据说，成汤王的浴盆上镌刻着这样的铭文："苟日新，日日新，又日新。"我想龚春燕先生深知其中之意。

（三）求真求实的学术人格

做学问是一种高尚的精神追求，须有严谨的治学作风和科学态度。20 世纪初，章太炎先生立志振兴国学时提出了"治经"的六条原则：审名实；重佐证；戒妄牵；守凡例；断感情；汰华词。一篇好的学术文章，一部好的专业著作，无不凝结着作者对真理孜孜以求的人格魅力，体现着作者求真务实的品格和开拓创新的精神。创新学习的研究历程和研究成果，无一不体现着龚春燕先生求真求实的学术人格。2002年秋，经过课题组成员长时期的思考、研究和反复的讨论、修改，我们终于拿出了联合国教科文组织要求完成的四份报告（《务实研究，追求卓越——创新学习的成果概述》《革新方法，振兴教育——中国创新教育方法革新回顾》《创新学习评价研究》《开展创新学习研究，促进基础教育课程改革》）。在大家终于松了一口气，准备稍息片刻的时候，龚先生却请来了市内近20位相关方面的专家，召开了专题研讨会，会议的主题就是请大家给这四份报告提意见。这样的例子不胜枚举。"海纳百川，有容乃大"，正是因为龚先生有这种豁达的气度、博大的胸襟，在研究中不断学习、不断反思、不断进行批评与自我批评，创新学习研究才可能有今天的成就！

现代教育家夏丏尊先生在谈到著名教育家、艺术家李叔同时曾说过："李先生教图画、音乐，学生对图画、音乐看得比国文、数学等更重。这是有人格做背景的缘故。因为他教图画、音乐，而他所懂得的不仅是图画、音乐；他的诗文比国文先生的更好，他的书法比习字先生的更好，他的英文比英文先生的更好……这好比一尊佛像，有后光，故能令人敬仰。"这段话引起了我对"人格背景"的思考。所谓"人格背景"，就是以高尚的师德、超人的才情、深厚的学养为基础，升华而成的具有感召性的人格魅力和精神气质。我想，这正是那么多教育同人追随在龚春燕先生身后，团结在创新学习研究周围的原因吧。

很多人在年轻的时候都有过自己美好的理想，但理想不能实现也无可奈何，只得渐渐承认现实，被现实同化。很多人在内心中都有一个属于自己的信条，这个信条就是做人的基本原则，但由于现实中的种种诱惑、打击和灾难，逐渐放弃了自己的原则。龚春燕先生却是一个内心沉静、头脑清醒、能始终坚持自己的理想和原则的人，所以，他就是自己的上帝，整个世界都将为他让出一条道路！

（作者系重庆市教育评估院研究员、博士）

二十、网上评述选

读《龚春燕与创新学习》有感

书犹药也，善读可以医愚。因而，我利用闲暇之时品读了《龚春燕与创新学习》这本书。通过细细品味，我懂得了不少知识，受益匪浅。现在就自己的一点体会谈出来与大家一同分享。

1. 不怕吃苦，勤于思考的习惯

龚老师在数学教学中大胆尝试培养学生自学能力的做法，在没有结果之前，各种意见都有，其中不乏尖锐的批评与责难。但他顶住各种压力，坚持三年，改革效果的确很好。他根据自己的研究特色和基础，选择了"学习学"这门学科作为研究内容。他从外因教学入手，研究兴趣教学，探讨用怎样的方式引起学生有兴趣地学习。他收集过去写的教学反思、教育案例、教育随笔、教改实验研究数据、报告，并查阅研究文献，整理出兴趣教学的原则与方法，并在教学中实施，不断总结归纳，写出了论文《兴趣学习的思考》。他也是一个善于思考的人。他最爱在读书中做"对比归纳"。经常分析老师讲课的特点，把书本知识做归纳整理，总结出"见物思理，思理想物"的方法。这是学习物理的最佳方法之一。读到这儿，我想龚老师的确是一个不怕吃苦、善于思考、善于总结的人，我一定要以他为榜样，不断总结、不断改进自己的教学教法，积极投身于课堂教学改革之中。

2. 爱生如子，倾注无数心血

龚老师坚持对学生坦诚相待，学生就和他亲密无间。学生病了，他掏钱陪学生看病；学生家中亲人去世，他组织班上学生一起去祭奠；有个学生因腿骨折不能来校上课，他就每天到学生家为这位学生补课；和喜欢书法的学生练习书法；和喜欢音乐的学生一起弹琴、听音乐；学生们比赛就自任啦啦队队长；个别男生有较严重的不良习惯，他就让这些学生搬到他的寝室和他同吃同住。通过言传身教，晓之以理，动之以情，一段时间之后，这些男生身上的坏习惯就慢慢改掉了。确实是啊，在以后的教育教学工作中，我要用这种爱心洒向每一颗心灵的幼苗，让孩子们健康苗壮地成长。要有一颗慈母般的心，时刻关爱他们。做他们的良师益友，创建一个自信、快乐、乐观、向上、文明、守纪的班集体。

龚老师一生不断地读书、学习、钻研、探索，令人多么佩服啊！我要把书当成知识财富，不断地挖掘、品读，让书香伴我成长。

（来源：www.tzsy.cn/eduarticle/lunwen/yuwen/2009/11/10）

创新学习与教学有效性

庄力群

新课程实施好多年了，学校老师们普遍感觉困惑：一方面是强调素质教育、个性化发展、能力与技能培养、智能多元化、教材多元化、探索式学习方式、课堂教学的互动等新理念；另一方面，实实在在的考试评价体系、升学压力却一点也没有松动的迹象，教师和学生们依然背负着沉重的升学压力，不敢有任何的怠慢。双重压力之下，学生的学习负担反而成倍增加，课程改革的实际作用完全违背了其本来的减轻学生负担的基本宗旨。大家颇感困惑，课程改革也步入了形式主义的怪圈。今天，龚春燕研究员的讲座中的两个命题：创新学习与有效教学，我认为恰恰切中了当前课程改革的主要矛盾。我尤其欣赏他的三个观点。

1. 创新学（习）、学会（知识）、会学（习）三者形成互为促进、相互依存的三角关系

这一观点不仅纠正了课程改革中过分强调教学的创新性，而忽视基本知识内容学习的错误思想，也进一步明晰了"创新必须以基本知识的积累和学习能力的形成作为基础"这一原则。

2. 充分强调教学的有效性

任何形式的教学都必须追求效率最大化。无论是讲授式的课堂教学模式，还是探究型学习模式；无论是以训练考试为目的的应试教育，还是以提高学生基本能力的素质教育，在"教学有效性"这个主题上，都能够得到和谐地统一。而教学的有效性，其实还包括了学习的有效性，学习有效性就是指"会学习""能学习"。因此，龚春燕研究员提出的这个"学习三角关系"，我认为能够成为破解当前课程改革诸多矛盾问题的理论依据。

3. 教学共同体理论

新课程理念强调一个转变——从以教师为主体转变成学生为主体，在这样的思想指导下，课堂教学追求以学生自主探究活动为主，有时甚至花费大量的时间将一个简单的教学问题互动成极其复杂的课堂讨论，在这样的讨论中，教师似乎成了欲言而不能言的旁观者。教学共同体理论认为：教师、学生、课程、环境是构成教学系统的四个要素，它们形成共同体，教学的有效性必须同时考虑四个要素的相互作用。我觉得这个理论比以教师为主的教授式学习模式和以学生为主体的探索式学习模式，更具有实际应用的价值。

总的来说，今天的讲座颇有新意，学员们普遍评价较高。

（作者系厦门教育科学研究院，

来源：www. blog. sina. com. cn/s/blog_4635009c0100a13x. html）

建设师生共同发展的课堂文化

陈温柔

一周以来的培训，印象最深刻的应当是龚春燕老师的课，讲的是后现代教育，一种对现代化教育的批判与反思。龚老师的课，最能触动我的不是那缜密清晰的思维、旁征博引的论证，也不是那激情四射的语言、妙趣横生的比喻，而是那发自内心的对学生的人文关怀。在他的叙述中，我体会到什么是我们应当极力去追求的最为理想化的课堂，那就是：能让学生展示自我、发现自我、发展自我的课堂，也就是最有利于学生成长的课堂。他进一步认为，这样的课堂应当是开放的、互动的、问题的、动手的、安全的和情感的。

他的声情并茂的演讲深得我心。我一边无比崇拜地吸收着他的观点，一边进行思考。最后，我认为他的观点还可以有以下两个发展。

第一，课堂还应当是有文化的，也就是应当把"提高课堂教学质量"上升到"建设课堂文化"的层次上。我们知道，教育改革最终发生在课堂上，从某种程度上说，课堂是教育改革成败的关键所在。课堂是学校教学的主要场所，课堂学习是学生承传人类文化的基本形式。课堂既是一种研究的趋势，也是提高教学质量的内核所在，甚至专家们也提出了"改革最终发生在课堂上"的观点，所以，龚老师不遗余力地提倡课堂教学质量的提高。但是现在教育界提出的更高要求是：推进课堂文化建设。如何实现课堂文化？龚老师的阐述已经涉及许多角度，这里就不一一赘述。

第二，真正人文关怀的课堂不仅应当以学生的发展为本，还应当关注教师。没有教师的发展，哪有学生的发展？当所有的教师在其教学生涯中都体会不到由衷的快乐，而是到处都在发出"职业倦怠"之类的抱怨时；当学生的快乐成长建立在教师的痛苦奉献基础上时，这样的课堂难道是人本主义的吗？所以，我更愿意把龚老师的理想课堂描述为：能让学生和教师都展示自我、发现自我、发展自我的课堂，也就是最有利于学生和教师一起成长的课堂。

（作者单位：厦门市双十中学，

来源：www. xmaes. cn/jypx/ggsjpx/200908/t20090830）

附录

一、"创新学习"研究大事记

1. 1998 年新春，组建"创新学习"课题组。

2. 1998 年 5 月，重庆市教委正式批准立项，当时是三县三所学校：即重庆市丰都县、重庆市开县、重庆市南川县（现为南川区），重庆 42 中、重庆 53 中、重庆沙坪坝区实验一小。

3. 1998 年 7 月，到重庆 42 中、重庆 53 中、重庆沙坪坝区实验一小培训教师，9 月开展实验，各选择一个起始年级班，并进行实验前测。

4. 1999 年 1 月，"创新学习理论与实践研究"开题会隆重召开，著名教育改革家魏书生、学习科学研究专家张笛梅和 13 个区县教研机构领导到会进行论证。

5. 1999 年 5 月，在重庆 42 中召开创新学习实验阶段总结及现场会，16 个区县 400 余教师参加，实验推广到了多个学校。

6. 1999 年 12 月，课题主持人龚春燕应香港教育工作者联会邀请，前往香港做创新学习专题报告，在香港产生了影响。

7. 1999 年 12 月，龚春燕、何云山主编的《创新学习论》由红旗出版社出版发行，获中国学习科学学会 1995—1999 年度成果一等奖。中国学习科学学会会长周之良教授认为它是"面向 21 世纪学习科学大会"的重要成果。

8. 2000 年 1 月，教育部《人民教育》编辑部副总编辑翟福英、总编室张新洲副主任来到重庆实地考察。4 天时间中，与学校学生、教师、领导及区县教委领导多次座谈或听课，给予创新学习研究高度评价。

9. 2000 年 3 月，《人民教育》发表了有重要影响的文章：《创新学习：21 世纪学习观》，并加有编者按。

10. 2000 年 5 月，《人民教育》编辑部在重庆召开了"全国创新学习理论与实践研讨会"，来自全国 26 个省（市、自治区）近 5 000 名代表聆听了教育部原部长助理、基础教育司司长李连宁以及《人民教育》原总编辑傅国亮等领导专家的报告。他们在报告中给予重庆创新学习研究高度评价："创新学习研究意义重大。""创新学习研究已在全国树起了一面旗帜。"

11. 2000 年 8 月，《人民教育》第 7、8 期合刊，用 7 万字的篇幅集中介绍了重庆创新学习研究的成果及具体做法，得到了一致好评。

12. 2000 年 10 月，重庆市创新学习研究中心成立。中共重庆市委教育工作委员会书记、重庆市教委主任到会讲话，《人民教育》编辑部总编室副主任张新洲到会致辞。

13. 2001 年 1 月，《人民教育》杂志开辟"创新学习"专题栏目。

14. 2001 年 4 月，龚春燕应中国社会科学院研究生院邀请，前往北京为校长研究生班做创新学习专题报告。

15. 2001 年 5 月，中国学习科学学会在重庆召开"全国创新学习研究与实验学术研讨会"，中国学习科学学会会长周之良、国家教育部课程发展中心主任助理刘坚、全国教育科学规划领导小组办公室副主任金宝成等领导到会做报告。

16. 2001 年 5 月，由北京师范大学、华东师范大学、西南师范大学（现为西南大学）、全国教育科学规划办公室、中国学习科学学会、重庆师范大学、重庆市教育科学研究院等单位 9 名知名教育专家组成鉴定小组，对创新学习研究做了中期鉴定，对创新学习研究给予了高度评价："起步早，规模大，成果丰，已在全国产生了广泛影响"，并对研究人员的探索精神予以了充分肯定。

17. 2001 年 6 月，由重庆市教委、重庆市科协主办，重庆市创新学习研究中心组织"'启蒙杯'重庆市中小学创新大赛"，全市 1 200 多名学生参赛。

18. 2001 年 10 月，应台湾逢甲大学校长刘安之教授的邀请，龚春燕出席"2001终身学习国际学术研讨会"，并做"终身学习的关键：学会提问"专题报告。

19. 2001 年 12 月，"创新学习研究与实验"课题获联合国教科文组织立项并受资助。

20. 2001 年 12 月，总课题组在中国香港、广东、新疆、重庆的 300 多所学校中，对 48 100 名学生、3 100 名教师进行了学生、教师创造性调查。

21. 2002 年 1 月，由海南省教育厅承办的"全国创新学习理论与实践研讨会"在海口市举行，2 000 余名代表参会。

22. 2002 年 2 月，创新学习实验教材 3～8 年级共 12 册教材由西南师范大学出版社出版发行。

23. 2002 年 2 月,《学习方法报（创新学习版）》创刊,面向全国公开发行。

24. 2002 年 3 月,由课题组主编的《创新学习:教育改革新视野》一书,由西南师范大学出版社出版发行,总计 35 万字。

25. 2002 年 4 月,重庆市"创新学习第 10 次培训会"召开,1 500 名实验教师参加会议,市教委领导做重要讲话。

26. 2002 年 4 月,重庆市第二届创新学习现场课大赛举行,全市各区、县共推荐课例 20 节。通过评比,评出一等奖 4 项。

27. 2002 年 5 月,由香港教育署、香港教育工作者联合会、香港教师中心出资近 20 万港币,在香港召开了"创新学习研究与实践国际学术研讨会"。美国、新加坡等世界各地近 200 名专家、学者莅临会议,龚春燕同志做专题报告。

28. 2002 年 6 月,由重庆市教委、重庆市团委、重庆市少工委、重庆市科协主办,重庆市创新学习中心承办的"'重外杯'中小学创新大赛暨'小哥白尼杯'创新小能手竞赛"在重庆外国语学校举行。近 1 000 名选手围绕 202 个项目进行了激烈的比赛。

29. 2002 年 7 月,龚春燕同志参加"全球第九届学习大会",并做"创新学习:学习方式的革命"专题报告。

30. 2002 年 7 月,创新学习研究前阶段各子课题结题评审会召开,评审组组长宋乃庆教授（原西南师范大学校长）及重庆师范大学、重庆教育学院、重庆市教科院的专家、学者通过近一个月的评审,于 7 月底评审完毕。

31. 2002 年 8 月,重庆市教委对创新学习研究先进集体、先进个人和优秀成果进行表彰。

32. 2002 年 8 月,"全国创新学习学术研讨会"在四川绵阳召开。

33. 2002 年 9 月,根据联合国教科文组织的项目要求,进行了"创新学习前期（1998—2001 年）研究成果概述""创新学习相对其他方法研究""创新学习与新课程改革研究""创新学习评估研究"四个方面的研究,完成中英文文稿并送交联合国教科文组织中国委员会。

34. 2002 年 10 月,重庆市创新学习研究中心聘请原西南师范大学校长、博士生导师宋乃庆教授为组长,重庆师范大学副校长黄翔教授、重庆教育学院副院长唐清华副教授、重庆市教科院研究员唐果南等为成员,对各实验校申报的 120 项课题中期成果进行了评审，评出一等奖 13 项、二等奖 29 项。

35. 2002 年 11 月，由重庆市教育委员会、中国学习科学学会主办，重庆市教育科学研究院、重庆市教育学会承办，重庆市创新学习研究中心具体承办的"创新学习国际学术研讨会"在重庆召开。来自联合国教科文组织、美国、英国、新加坡等国际组织和国家与中国港、澳、台地区及国内 20 余省市的 200 多位专家到会参与研讨。大会主题为"深化创新学习研究，提升全民族创新素质"。

36. 2002 年 11 月，联合国教科文组织研究项目"创新学习研究与实验"开题会召开，国内外 50 余人参会，并为联合国教科文组织研究项目 47 所子课题学校授牌。

37. 2002 年 12 月，全国教育科学"十五"规划课题"创新学习研究与实验"举行开题会，总课题组领导及全国各子课题组共 200 多人参会，并进行课题研究培训。

38. 2003 年 2 月，"创新学习研究与实验"南方片区、西北片区开题会分别在广东潮州市、新疆乌鲁木齐市召开。

39. 2003 年 5 月，"创新学习研究与实验"华中地区、东北片区开题会分别在湖北鄂州、黑龙江大庆市召开。

40. 2002 年 9 月，创新学习研究中心与《人民教育》编辑部合作编写的《创新学习理论与实践》（上、下）共 130 万字在科技文献出版社出版。书中文章从近两年全国广大教师积极撰写的 5 000 余篇论文中精选出来。

41. 2002 年 10 月，《小学课堂教学模式探索与实践》《中学课堂教学模式探索与实践》在科技文献出版社出版，共 32 万字。

42. 2002 年 10 月，课题组撰写的《创新学习理论基础》《中小学师生创造性现状调查报告》《初中数学例题创新模式初探》《以创新学习为突破口，扎实发展综合实践活动》《我与电视》等 21 篇论文（或教案），被香港出版的《创新学习研究与实践》收录。

43. 2002 年 11 月，由课题组改编并在科技文献出版社出版了台湾创造学家陈龙安博士的三本专著：《启发学生创造力策略》《创造思考教学策略》《学生脑力开发策略》。

44. 2002 年 11 月，《人民教育》编辑部举行创新学习征文评奖活动，从应征的 5 000 多篇文章中评出一等奖 10 篇、二等奖 40 篇、三等奖 200 篇。

45. 2002 年 12 月，在科技文献出版社出版《创新学习研究与实验丛书》10 本；除总课题组的成果外，重庆市长寿区凤城四小的《小学生自主创新学习》、南岸区课题组的《创新学习思考与实践》、南岸珊瑚小学的《"三创"教学》等一批成果出版。

46. 2003年12月，由教育部、国务院港澳事务办公室、国务院台湾事务办公室主办，教育部课程改革发展中心承办的"华夏园丁大联欢——创新论坛"在北京人民大会堂隆重召开。龚春燕同志作为内地唯一的报告专家，在创新论坛上向大会做"创新学习——学生创造性培养新途径"专题报告，获得境内外代表好评。

47. 2003年1月，创新学习座谈会召开，重庆市教委领导在会上做了重要发言，要求扩大实验面，在不同类型学校进行实验。

48. 2003年1月，《"创新学习研究与实验"课题管理办法》正式颁发。

49. 2003年2月，《创新学习》杂志设为大16开，栏目也进行了调整。

50. 2003年3月，"创新学习研究与实验第12次培训会"在重庆忠县召开，重庆地区实验学校近400人参加了会议。龚春燕同志做创新思维方面的专题报告。忠县实验小学、忠州中学教师执教公开课，特级教师谭小林、沈仕洲、刘云生、陈庆霞进行了评课。

51. 2003年4月，在美国芝加哥大学召开的"2003国际教育发展大会"上，龚春燕同志做"创新学习理论与实践"的专题报告，其报告8 000字被收录到美国出版的《2003年教育发展》（光盘）中。

52. 2003年4月，由西安市教育局承办的"全国创新教学艺术研讨会"在西安华山小学召开。总课题组专家董国华到会做学术报告，邱学华、靳家彦等小学语文、数学专家也到会做学术报告。

53. 2003年4月，乌鲁木齐进行了15所学校（幼儿园）的教师、学生创新现场的调查。对象既有重点中小学校学生，也有一般学校的学生；既有汉族学生，也有少数民族学生。

54. 2003年5月，由台北市教育局主办的"创新学习国际研讨会"在台北市教研中心召开，龚春燕同志应邀到会并做学术报告。

55. 2003年6月，《创新学习》第二版教材修订完成，并由西南师范大学出版社出版发行。

56. 2003年7月，龚春燕同志应澳大利亚皇家墨尔本理工大学教育文化学院和伦敦大学邀请，在全球第10届学习大会上做"创新学习研究与发展"专题报告。

57. 2003年8月，《创新学习报》分小学中段版、小学高段版出版发行。

58. 2003 年 8 月，重庆市创新学习研究中心根据重庆市广电局、重庆电视台要求，撰编了电视片《创新学习——创新魂》脚本。

59. 2003 年 9 月，龚春燕同志在原西南师范大学召开的"数学家大会"上做"从幻方构造谈创新学习思维"的专题发言。

60. 2003 年 9 月，总课题研究成果《创新学习思索》在科技文献出版社出版。

61. 2003 年 10 月，重庆市第 3 届创新学习研究优秀论文、教案评选，共收到近 3 000 篇论文、教案，评出一等奖 2.5%，二等奖 15%，三等奖 21%。

62. 2003 年 10 月，龚春燕在西藏自治区教科所所长张应吉的邀请下，为拉萨市教师做了创新学习方面的专题报告。

63. 2003 年 11 月，在湖北鄂州市大礼堂召开了"创新学习研究成果交流会"，来自 22 个省市的 1 700 名代表参会。

64. 2003 年 11 月，在重庆市铜梁县召开"创新学习第 13 次培训大会"，重庆市各区、县（市）共 350 人参加了会议。原西南师范大学教科所所长、博士生导师张大均教授，重庆市教科院院长万明春教授参会并做了报告。

65. 2003 年 12 月，"创新教学智能系统研讨会"召开。

66. 2004 年 1 月，创新学习论坛在上海建平实验学校召开。中国科协副主席、中国工程院院士、教育部原副部长韦钰博士到会并做学术报告，龚春燕到会做创新学习报告。

67. 2004 年 2 月，重庆市创新学习研究中心与《人民教育》编辑部联合征集体现创新学习的新课标教材的课件、教案。

68. 2004 年 3 月，"创新学习第 14 次培训会"召开，原西南师范大学副校长、博士生导师陈时见教授做专题报告。

69. 2004 年 3 月，"新理念·新课程·新学习·I³S 会议"召开，近 5 000 名代表参会。著名专家李燕杰、宋乃庆、魏书生、靳家彦、赵谦翔、朱煜及优秀教师康华、袁宇、李妹、李秀华做报告或执教公开课，龚春燕做了"I³S 的理论与实践"报告。

70. 2004 年 4 月，龚春燕同志应美国联邦教育科学研究院 Duc de To 主席邀请，前往美国出席"世界教育大会（AERA）"，并做了"创新学习评价四边形理论"的学术报告。

71. 2004 年 5 月，由江苏省南通市教育局承办的"创新学习课题交流会"在南通市召开。著名教育专家周之良教授和魏书生、董国华、龚春燕做学术报告，全国创新学习实验学校共 20 人次执教公开课，全国参会代表共 460 人。

72. 2004 年 5 月，由香港教育统筹局资助，香港创新教育学会、香港教师中心主办的"创意教学国际研讨会"在香港召开，香港教育统筹局领导到会致辞。龚春燕同志做学术报告，课题组成员重庆外国语学校李凝昕、重庆莲光小学黄玲到会执教公开课，300 多名各国（地区）代表参会。

73. 2004 年 6 月，根据创新学习理论开发的创新教学智能软件获得国家信息产业部电子推广项目和国家科技部、财政部"创新基金项目"。

74. 2004 年 7 月，创新教学智能软件得到专家评审通过，获得中国软件版权中心版权。

75. 2004 年 8 月，《重庆市教育委员会关于深化创新学习研究、推广创新学习研究成果的通知》下发至重庆各区县（自治县、市）教委（教育局），对创新学习 7 年研究的成果给予了充分肯定。

76. 2004 年 8 月，《创新学习》杂志在香港批准公开发行。

77. 2004 年 9 月，总课题组召开"创新重庆战略研究"研讨会。

78. 2004 年 10 月，"创新学习第 15 次培训会暨创新教学智能软件推广会"在重庆市黔江区召开，500 余名教师参会。总课题组组长龚春燕同志做"脑科学与创新教学智能"专题报告，莲光小学刘美娟、十一中林聆老师等执教了现场课。

79. 2004 年 12 月，由总课题组组织，在全市开展了创新学习研究反思的研讨活动。

80. 2004 年 12 月，创新学习研究中心与《人民教育》编辑部联合组织"天骄俊才杯"课件评比大赛，评出一等奖 9 名。

81. 2005 年 1 月，"创新学习暨创新教学智能系统汇报会"召开，重庆市领导出席会议，并充分肯定了创新学习研究取得的突出成果。

82. 2005 年 1 月，重庆市第 3 届教改科研成果表彰大会召开，创新学习前期研究成果"创新学习理论与实践研究"获一等奖第一名，《创新学习：学习方式的革命》获著述一等奖。

83. 2005 年 3 月，中国教育电视台赴重庆对创新学习课题研究进行了专题采访，并制作"创新学习：引领教育新理念"专题节目（30 分钟）。

84. 2005 年 3 月，在广州市举行了"全国创新学习课题阶段研讨会"，1 500 余名代表参会。著名教育专家周之良教授和魏书生、董国华、龚春燕做学术报告，全国创新学习实验学校共 30 人次执教公开课，重庆市高新区森林小学实验教师谢国美执教了音乐课。

85. 2005 年 4 月，应香港教育统筹局邀请，创新学习总课题组和 I³S 研究组赴香港，就创新教学智能系统在香港的推广、创新学习课题的开展等问题，与香港教育统筹局领导进行了广泛的研讨。同时还赴香港福建中学（小西湾）、福建中学（观塘）、培侨小学等学校进行了实地指导和考察。

86. 2005 年 5 月，爱尔兰柯克大学 J. Hang 博士一行飞抵重庆，对创新学习研究进行了详细的考察，并给予了高度评价。

87. 2005 年 5 月，"全国教学创新学术研讨会暨创新学习第 16 次培训会"在重庆召开。教育部基教司副巡视员郑增仪，《人民教育》编辑部傅国亮总编辑、副总编辑喻让等领导，张思明、孙双金、华应龙、唐江澎等专家到会，并做学术报告。

88. 2005 年 5 月，美国查尔斯顿大学教育学院院长威尔奇博士一行三人飞抵重庆，对创新学习研究进行了为期三天的考察与学习，并到创新学习实验学校大足中学考察，对其给予了极高的评价，并达成友好合作研究协议。

89. 2005 年 5 月，英国布里斯托大学创新项目负责人 Buth Deakin Crick 博士对创新学习进行了深入的考察，并达成联合研究的协议。

90. 2005 年 6 月，龚春燕同志向全国人大常委会副委员长、中国民主促进会中央主席许嘉璐同志汇报了创新学习研究的概况，许嘉璐副委员长认真听取汇报，并给予好评。

91. 2005 年 11 月，课题组策划、联合国教科文组织中国委员会主办的"全球创新学习大会"召开，英国、法国、澳大利亚、新西兰及中国香港、澳门、台湾地区与内地专家到会；同时召开了联合国教科文组织项目"创新学习研究与实验"结题会。著名脑科学家东尼·博赞先生到会做报告。

92. 2005 年 12 月，创新学习研究人员一行三人在香港举行的"创新学习国际研讨会"上做专题发言，并执教现场课。

93. 2006 年 7 月，"创新智能教学理论与实践研究"获准为全国教育科学"十一五"规划教育部规划课题。

94. 2006 年 10 月，"创新智能教学理论与实践研究"开题会在广西召开，全国 16 个省市近 160 名代表参会。

95. 2006 年 12 月，龚春燕著作的《创新学习：学习方式革命》获重庆市人民政府社科成果二等奖。

96. 2007 年 1 月，"创意教学国际研讨会"在香港召开，多个国家或地区代表参加会议，龚春燕做专题报告，卞小娟、李殊、练小菊分别执教小学数学、初中数学、初中语文，体现创新的课。

97. 2007 年 5 月，"重庆市创新智能教学研讨会"召开。

98. 2007 年 7 月，由台湾"中华创新教育学会"与台北县政府主办的"两岸创新教育研讨会"在台北召开，龚春燕、丁荣新、田益、卞小娟参加会议，龚春燕做专题报告，卞小娟执教现场课。

99. 2008 年 3 月，"创新智能教学中期研讨会"在广东省汕头市召开。

100. 2008 年 3 月，《创新学习论纲》获教育部全国第 3 届教育科研成果三等奖。

101. 2008 年 4 月，龚春燕一行应美国联邦教育科学研究院的邀请，赴美国纽约做学术交流，并在国际教育大会上专设创新学习的分论坛。

102. 2008 年 7 月，由新加坡教育部与全国学习科学研究会组织召开的"中新创新学习国际会"在新加坡召开，中国有 21 位代表参加，新加坡有 57 人参加。龚春燕做专题报告，卞小娟执教小学数学现场课，王君执教初中语文课。

103. 2008 年 12 月，龚春燕主持的"创新学习与创新城市研究"获重庆市人民政府社科成果二等奖。

104. 2009 年 4 月，中国科学院刘益东教授来重庆调研，创新学习案例写入国家人社部编撰的全国科技人员培训教材中。

105. 2009 年 5 月，"创新学习研讨会"在重庆江津召开，著名教育家魏书生到会做报告。

106. 2009 年 9 月，"创新学习研究成果"获教育部第 3 届成果三等奖。

107. 2009 年 10 月，"创新学习研究与实验"获重庆市人民政府教学成果一等奖。

108. 2009 年 11 月，"创意教学国际研讨会"在香港召开，龚春燕及卞小娟、冯友余等参加会议，龚春燕做报告，卞小娟、冯友余执教现场课。

109. 2009 年 12 月，《创新智能教学论》由未来出版社出版，顾明远教授作序。

110. 2010 年 5 月，《创新教学策略》由北京师范大学出版社出版。

111. 2010 年 11 月，应澳门教育暨青年局邀请，龚春燕及卞小娟赴澳门讲课。

112. 2011 年 1 月，龚春燕应澳门教育暨青年局邀请，前往澳门讲学。

113. 2011 年 5 月，"创新智能教学理论与实践研究"由全国教育科学规划办公室主持结题并通过。

114. 2011 年 9 月，"创新学习研讨会"在重庆市黔江区召开。

115. 2012 年 5 月，叶瑞祥教授主编的《创新智能学习能力》一书，由汕头大学出版社出版。

116. 2012 年 6 月，《创新智能教学理论与实践》获重庆市教委著述二等奖。

117. 2012 年 12 月，"创新学习研讨会"在香港学习中心召开，香港学习中心胡成总监主持召开。

118. 2013 年 4 月，"创新学习与创新思维"沙龙在南京召开，张光鉴教授、张宝辉教授、龚春燕研究员、丁荣新研究员参加。

119. 2013 年 4 月，龚春燕撰写的《实施创新学习，建设学习型社会》在《中国教育报》理论版刊发。

120. 2013 年 7 月，"全国学习科学年会"在清华大学召开，教育部督导团林仕梁副主任、中国高教学会会长瞿振元、中国教育学会名誉会长顾明远、教育部关心下一代工作委员会常务副主任傅国亮等人参加会议。

121. 2013 年 10 月，"创新学习深化研究"沙龙在北京 19 中召开。

122. 2014 年 5 月，《创新教育学》在北京师范大学出版社出版。

123. 2014 年 9 月，"中小学创新学习研究与实践"获国家教学成果二等奖。

124. 2015 年 1 月，开发中小学创新学习课程。

二、个人著述及研究课题

（一）著作

1.《记忆新法》，合著，12 万字，成都科技大学出版社，1993 年。

2.《教学艺术》，参与编写，龚春燕负责第一章和第十九章，共 40 000 字，成都科技大学出版社，1995 年，获湖北省政府二等奖。

3.《快乐教学》，专著，12 万字，电子科技大学出版社，1994 年，获全国现代教学艺术论研究会一等奖。

4.《快乐学习》，专著，26 万字，电子科技大学出版社，1995 年，获中国学习科学学会二等奖。

5.《初中生学习指导》，主编，17 万字，西南师范大学出版社，1995 年。

6.《中小学教育科研实用方法》，参与编写，西南师范大学出版社，19 万字，1996 年，获重庆市政府优秀成果奖。

7.《中小学课堂教学艺术》，主编之一，24 万字，科技文献出版社，1996 年，获全国学习科学学会一等奖。

8.《目标教学理论与实践》，主编之一，19 万字，电子科技大学出版社，1996 年。

9.《高中生学习指导》，主编，17 万字，西南师范大学出版社，1996 年。

10.《整体改革理论与实践》，参与编写，19 万字，西南师范大学出版社，1996 年。

11.《学习科学大辞典》，副主编之一，100 万字，新华出版社，应用卷（共五卷），1996 年。

12.《小学生学习 ABC》，主编，12 万字，重庆大学出版社，1997 年。

13.《小学生创新学习指导》，主编，10 万字，红旗出版社，1998 年。

14.《初中生创新学习指导》，主编，17 万字，红旗出版社，1998 年。

15.《魏书生课堂教学艺术》，主编，18 万字，漓江出版社，1998 年。

16.《魏书生班主任工作艺术》，主编，17 万字，漓江出版社，1998 年。

17.《魏书生教书育人艺术》，主编，19 万字，漓江出版社，1998 年。

18.《魏书生学校管理艺术》，主编，17.5 万字，漓江出版社，1998 年。

19.《魏书生学习指导艺术》，主编，20 万字，漓江出版社，1998 年。

20.《学生学习 600 法》，主编，30 万字，漓江出版社，1998 年。

21.《创新学习论》，专著，37 万字，红旗出版社，1999 年，获中国学习科学学会一等奖、重庆市人民政府社科成果三等奖。

22.《教育科研指南》，主编，17万字，红旗出版社，1999年，获重庆市教委一等奖。

23.《魏书生与六步教学法》，主编，15万字，中国青年出版社，2002年。

24.《顾泠沅与青浦实验》，主编，17万字，中国青年出版社，2002年。

25.《创新学习：学习方式的革命》，专著，26万字，科学技术文献出版社，2002年，获中国学习科学学会一等奖、重庆市人民政府社科成果二等奖。

26.《创新学习（高中）》，主编，20万字，西南师范大学出版社，2003年。

27.《魏书生的六步教学》，主编，28万字，国际文化出版公司，2003年。

28.《顾泠沅的青浦实验》，主编，28万字，国际文化出版公司，2003年。

29.《创新学习》（3～8年级实验教材系列，共24册），主编，150万字，西南师范大学出版社，2003年。

30.《综合实践活动》（义务教育教材系列，共16种），主编，180万字，人民出版社，2004年（已重印数次）。

31.《创新学习论纲》，专著，36万字，人民教育出版社，2005年，获重庆市教委著述一等奖。

32.《On Innovative Learning》（英文），主编，100万字，香港创新教育学会出版，2005年。

33.《创新学习与创新城市研究》，主编，26万字，西南师范大学出版社，2005年；获重庆市人民政府社科成果二等奖。

34.《从幻方构造谈创新学习思维》，专著，30万字，西藏人民出版社，2005年。

35.《校本研究：教育科研回归》，主编，26万字，重庆出版社，2006年。

36.《特色学校战略论》，主编之一，30万字，重庆出版社，2008年，获重庆市人民政府社科成果二等奖。

37.《创新智能教学论》，专著，30万字，未来出版社，2009年，获重庆市教委著述二等奖。

38.《特色学校建设：学校内涵发展突破》，主编，40万字，2010年，获教育部全国教育科研成果三等奖。

39.《创新教学策略》，主编，28万字，北京师范大学出版社，2010年。

40.《魏书生特色教育论》，主编，23 万字，重庆出版社，2011 年。

41.《综合实践》（高一上下册与高二全册），主编，50 万字，人民出版社，2011 年。

42.《中国进城务工农民子女教育研究》，主编之一，30 万字，教育科学出版社，2011 年，获重庆市人民政府社科成果二等奖。

43.《龚春燕：创新学习》，专著，36 万字，首都师范大学出版社，2011 年。

44.《中小学教师如何成长为名师》，主编，35 万字，北京师范大学出版社，2012 年。

45.《魏书生教育特色》，主编，25 万字，北京师范大学出版社，2012 年。

46.《重庆：特色学校建设》，主编，45 万字，首都师范大学出版社，2012 年。

47.《中小学特色学校建设策略》，主编，41 万字，教育科学出版社，2013 年。

48.《创新教育学》，主编，30 万字，北京师范大学出版社，2014 年。

49.《大数据：教育监测评估发展》，主编，45 万字，重庆出版社，2014 年。

（二）论文

1.《培养学生数学自学能力浅议》，载《涪陵教研》，1986 年第 2 期。

2.《反证法教学有待加强》，载《教改探索》，1987 年第 9 期。

3.《寓美于教学之中》，载《青海教育》，1987 年第 8 期。

4.《数学课堂评价初探》，载《高教研究》，1990 年第 2 期。

5.《改革教学方法，提高教学质量》，载《高等师范研究》，1991 年第 2 期。

6.《浅谈启发式教学的运用》，载《涪陵师范专科学校学报（高教研究）》，1991 年第 6 期。

7.《培养"兴趣"四要》，载《湖南教育报》，1991 年 1 月 25 日。

8.《4K 阶强幻方构造法》，载《重庆师范学院学报》，1991 年第 3 期。

9.《2K＋1 阶、4K 阶幻方构造法及快速 BASIC 生成程序》，载《涪陵师专学报》，1991 年第 2 期。

10.《奇数阶幻方链构造法》，载《教改探索》，1991 年第 2 期。

11.《积幻方构造法》，载《重师教学通讯》，1991 年第 2 期。

12.《单偶阶幻方构造法》，载《重庆师范学院学报》，1992 年第 2 期。

13.《最优化幻方构造法》，载《达县师专学报》，1992 年第 3 期。

14.《4K 阶双料幻方构造法》，载《重庆师范学院学报》，1992 年第 4 期。该文在中国科学院主办的《中国科学》1993 年第 1 期上摘要转发，《数学文摘》1993 年第 2 期上转发。

15.《教改中要渗透学法》，载《教育周报》，1992 年 1 月 1 日。

16.《掌握学习理论》，载《教育周报》，1992 年 7 月 2 日。

17.《论学习兴趣的培养》，载《鞍山教育》，1992 年第 4 期。

18.《从国外教育模式谈我国教育模式》，载《地质教育研究》，1992 年第 4 期。

19.《德国职业教育给予的启示》，载《重庆教育研究》，1992 年第 6 期。

20.《数学测验"双向细目表"的编制》，载《目标教学理论与实践》，1993 年第 3 期。

21.《学会思考，发展科学思维能力》，载《四川工业学院学报》，1993 年第 2 期。

22.《现代学习论与目标教学》，载《汕头教育》，1994 年第 1 期。

23.《情感领域教学目标谈》，载《广西教研》，1995 年第 4 期。

24.《从加涅加工信息学习模式谈我国学生学习模式》，载《重庆教育研究》，1996 年第 5 期。

25.《学习指导是全面实施素质教育的重要途径》，载《教育科学论坛》，1997 年第 1 期。

26.《学会学习与素质教育》，载中央教育科学研究所编《教育改革文选》，光明日报出版社，获中央教育科学研究所一等奖，1997 年 6 月。

27.《创新学习论》，载《重庆教育》，1998 年第 1 期。

28.《创新学习研究的途径与方法》，载《重庆教育》，1999 年第 2 期。

29.《创新学习论》，载《香港教育》，1999 年 12 月。

30.《创新学习：21 世纪学习观》，第一作者，载《人民教育》，2000 年第 3 期。

31.《创新学习研究与探索》，载《人民教育》，2000 年第 8 期。

32.《开展创新学习的有效途径：学生"小课题"实验》，载《人民教育》，2001 年第 2 期。

33.《创新学习的关键：会问》，载《重庆教育》，2001年第1期。

34.《创新学习与校外环境》，载《香港教育》，2001年第7期。

35.《创新学习的研究模式》，载《北京教育》，2001年第7期。

36.《创新学习的方法》，载《人民教育》，2002年第4期。

37.《终身学习的关键：学会创新》，载《台湾逢甲大学国际会议论文集（光盘）》，2001年10月。

38.《教育科研的实效性》，载《人民政协报》，2003年3月17日。

39.《创新学习的方法》，载《现代教育报》，2003年第10～15期连载。

40.《创新学习研究与发展》，载美国AERA会议文集《2003年教育发展》（光盘）。

41.《创新学习课堂教学"六境界"》，第一作者，载《人民教育》，2004年第4期。

42.《创新学习研究与实践》，载《教育科学研究》，2004年第8期。

43.《创新学习评价研究》，第一作者，载《香港教师中心学报》，2004年2卷。

44.《创新学习课堂教学"六境界"》，载《人民教育》，2004年第7期。

45.《创新学习的策略与实施模式》，载《教育科学研究》，2004年第4期。

46.《创新学习的关键：学会提问》，载《中小学教材教学》，2004年第13期。

47.《创新学习评价四边形理论》，载美国《2004年教育发展》（光盘）和2004年《创新学习研究（香港教育论文集）》。

48.《论创新智能教学》，载《今日教育》，2004年第9期。

49.《论课堂中风险交往》，作者之一，载《教学与管理》，2005年第4期。

50.《创新智能教学，创生新的课堂》，载《教育科学论坛》，2005年第10期。

51.《读·思·悟——我的教育科研之路》，载《人民教育》，2005年第15～16期。

52.《以学为本，建设学习型学校》，载《中国教育学刊》，2006年第1期。

53.《实施学校发展计划，促进教育和谐发展》，载《中国教育学刊》，2006年第8期。

54.《美国教育给我们的启示》，载《今日教育》，2006年第7期。

55.《创新学习的哲学思考》，载《教育科学论坛》，2007年第8期。

56.《创新学习再认识》，载《人民教育》，2007年第22期。

57.《学习与创新：社会发展的永恒主题》，载《中国教育报》，2007 年 12 月 4 日第 6 版。

58.《创特色学校，育创新人才》，载《中国教育学刊》，2008 年第 2 期。

59.《中小学特色学校评价的思考》，载《人民教育》，2009 年第 3/4 期。

60.《做好特色学校发展规划》，载《人民教育》，2009 年第 3/4 期。

61.《好课是一场有效对话》，载《人民教育》，2009 年第 8 期。

62.《中小学特色学校评估再思考》，载《人民教育》，2010 年 3/4 期。

63.《爱尔兰教育的启示》，载《今日教育》，2010 年第 9 期。

64.《创新学习：创新人才培养的基石》，载《人民教育》，2010 年第 13/14 期。

65.《创新学习：培养创新人才》，载《基础教育参考》，2011 年第 2 期。

66.《城乡教育一体化：理论、指标与测算》，载《教育研究》，2012 年第 2 期。

67.《对义务教育均衡发展系数模型与评估的思考》，载《人民教育》，2012 年第 12 期。

68.《义务教育均衡发展评估思考》，载《上海教育评估研究》，2013 年第 3 期。

69.《政策驱动、学术交流、学校主动发展》，载《人民教育》，2013 年第 7 期。

70.《实施新学习，建设学习型社会》，载《中国教育报》（理论版），2013 年 4 月 19 日。

71.《特色学校建设策略》（连载），载《学校品牌管理》，2013 年，第3～12 期。

72.《创新学习理论与实践》，载《创新人才教育》，2014 年第 1 期。

73.《心动课堂，实现学生全面建构和发展》，载《人民教育》，2014 年第 4 期。

74.《高校重点学科建设专项资金绩效评估的理论与实践》，载《中国教育政策评论》，2014 年。

75.《贫困地区教育现代化评估指标研究》，载《教育发展研究》，2015 年第 1 期。

（三）研究的课题

1. 国家教委"八五"规划重点课题"学生学会学习现状调查与学习指导研究"，主研人员。

2. 国家教委"九五"规划重点课题"义务教育阶段学生学会学习研究",主研人员。

3. 国家教委"九五"规划青年课题"学生学习负担量调查和软件设计",主研人员。

4. 四川省教改科研重点课题"学生学习现状研究",主研人员。

5. 重庆市科委课题"学生学习质量监测系统研究",研究人员。

6. 重庆市教委重点课题"学生学习矫正及分类指导研究",主研人员。

7. 重庆市教委重点课题"创新学习理论与实践研究",主持研究,课题组组长。

8. 全国教育科学"十五"规划课题"创新学习研究与实验",课题组组长。

9. 联合国教科文组织研究项目"创新学习研究与实验",项目主持人。

10. 重庆市哲学社会科学重点项目"深化创新学习,打造创新重庆战略研究",课题组组长。

11. 中共重庆市委课题"面对WTO,重庆教育的问题与对策研究",主持人。

12. 重庆市科委项目"适应社会主义新农村建设的农村教育机制研究",主持人。

13. 中共重庆市委课题"重庆建设学习化城市的战略研究",主持人。

14. 国家科技部科技创新基金项目"创新教学智能系统",主持人。

15. 全国教育科学"十一五"规划课题"创新智能教学理论与实践",主持人。

16. 全国教育科学"十一五"规划教育重点课题"中小学特色学校战略研究",负责人。

17. 教育部委托课题"中小学师德建设长效机制",主持人之一。

18. 教育部委托课题"贫困地区教育现代化监测评价指标研究",主持人。

19. 中国进城务工农民子女教育研究及数据库建设,中国教育科学研究院重大项目,主持人之一。

20. 重庆市科委课题"重庆市职业教育面临的问题与对策研究",主持人。

21. 重庆市科委课题"学区制机制与评估研究",主持人。

22. 重庆市社科重点课题"重庆市儿童青少年能力模型与评价研究",主持人。

三、创新学习赋

天行健兮，以葆常新；地旋疾兮，而载万物。无创造兮，即无进步；有学习兮，乃有更新。伟哉创新，合天地运行之机！大哉学习，破古今慧悟之秘！消百家学派之歧，唯凭开放；化人我是非之辩，端赖争鸣！

"创新学习"之倡，可不溯其源乎？

巨木参天兮，必固其本，学习创新兮，其成也艰。公元九七，四君子也，播创新学习之种子于重庆；历时数载，众师生也，苗实验研究之新苗于神州！理念之提出兮，顺时代趋势，应教育所需。实验之过程兮，得师生参与，引媒体宣传。研究之深入兮，融古今智慧，纳中外所长。内地专家筹策，港台学者献计。由实验研究而起步，开理论创新之新境。沸沸乎，热巴渝之城乡；恢恢乎，廓寰宇之东西。

国内，研究会成立，研究遍及诸省；国外，联合国立项，影响达于英美。参研教师，全国献课，主研专家，全球畅言。北京礼堂，报告切磋；港台大学，讲学谈经。创新学习之论，海外生根发芽；"四边评价之说"，跨国开花结果。

或问创新学习，魅力何在？其必曰："法"做书山捷径，"乐"为学海导航。或问创新学习，追求为何？其必曰：令学习充满情趣，让校园成为天堂！"学为主体，教为主导，疑为主轴，动为主线"，四个为主，乃其核心思想。启疑激思，教之根本，善问敢创，学之愿景；"四导"模式，堪称有效流程。"安全情感，互动开放，问题实践"，六大境界，构筑课堂极致！创新智能软件，国家立项；实验指导文本，华夏名扬。创新学习者，实乃教育振兴之希望，学习社会之基础，人类生存之灯塔，文明复兴之太阳！

尽善兮，宇宙苍穹，创新无止境；尽美兮，乾坤无极，学习无穷期。走实验研究之路，攀理论探索之巅。